LE
LATIN
MYSTIQUE

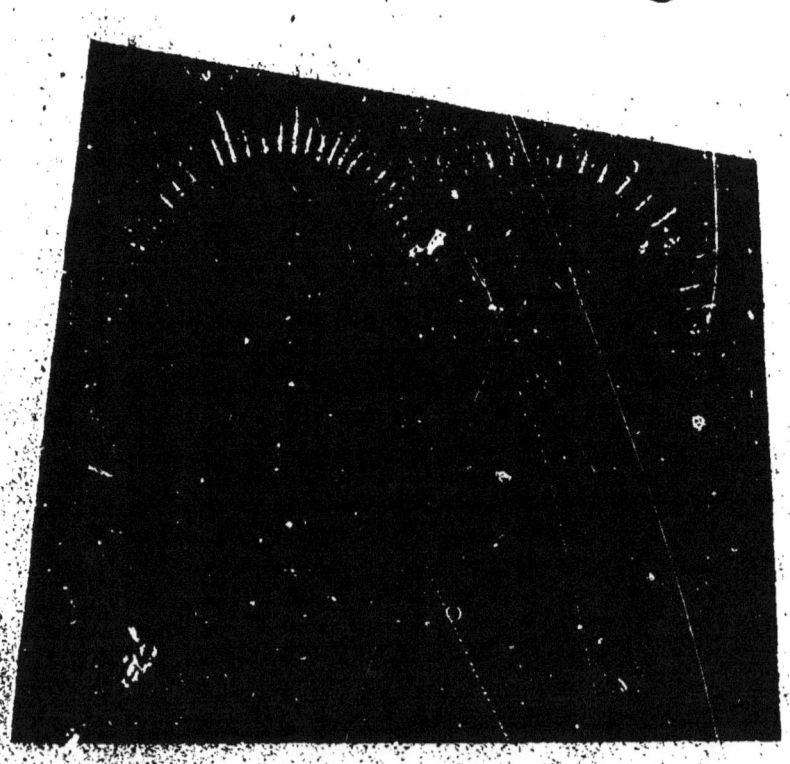

M DCCC L XXXX II

LE LATIN MYSTIQUE

TIRAGE DE L'ÉDITION DES SOUSCRIPTEURS

1 ex. sur Whatman.
1 — — Van Gelder.
2 — — Vergé des Vosges à la forme.
7 — — Japon pourpre cardinalice.
9 — — Japon violet évêque.
10 — — Hollande.
190 — — Papier teinté.

220 exemplaires numérotés et signés par l'auteur.

LE LATIN MYSTIQVE. LES POÈTES DE L'ANTIPHONAIRE ET LA SYMBOLIQVE AV MOYEN AGE. PAR REMY DE GOVRMONT. PRÉFACE DE J. K. HVYSMANS. MINIATVRE DE FILIGER.

A PARIS
ÉDITION DV « MERCVRE DE FRANCE »
ET SE VEND CHEZ LÉON VANIER, LIBRAIRE
XIX, QVAI SAINT-MICHEL
M DCCC L XXXX II

PRÉFACE

Il paraît que la jeunesse littéraire devient mystique. Ce bruit courut récemment dans Paris et de sagaces reporters s'empressèrent de nous annoncer cette étonnante aubaine.

Elle nous fut confirmée par d'importants témoins. A cette occasion, quelques icoglans échappés des haras de l'École Normale où l'on n'avait même pas eu la peine de les hongrer, intervinrent pour expliquer le néo-christianisme aux foules. L'un d'eux, une sorte de suisse, du nom de Desjardins, constata la gestation aérienne de la jeunesse et dans un opuscule intitulé « Le Devoir présent » il prêcha l'idéalisme gai et prétendit apporter aux âmes endolories un réconfort.

D'autre part, diverses revues se fondèrent pour proclamer la nécessité d'être mystique. Ce fut alors une pluie de choses pieuses. Les poètes lâchèrent Vénus pour la Vierge et ils traitèrent les Bienheureuses comme des Nymphes. Aux Déités du Paganisme si longtemps choyées par le Parnasse, on substitua Sainte Madeleine ; les autres Saintes furent épargnées, la science hagiographique des débutants étant à peu près nulle ; puis des poètes tentèrent des hymnes laïques en l'honneur de la Madeleine ; des innovations enfantines surgirent ; l'on s'empara des formes liturgiques pour les appliquer aux passions humaines et l'on rabaissa jusqu'au niveau des cuvettes ces bas pastiches. Enfin une pratique du Midi se déclara tout à la fois mage et mystique, mais nous entrons avec elle sur les territoires du Satanisme. Bornons-nous donc à constater que ses boniments servirent aux journaux à étayer leur opinion que l'art aiguillait décidément sur des stations religieuses à destination du Ciel.

Toutes ces fariboles seraient, en somme, demeurées stériles, sans intérêt pour les gens qui s'occupent de la santé d'un temps, si le théâtre ne s'en était mêlé. Alors le Muflisme fusa, s'épanouit en gerbe. M. Darzens commit une « Amante du Christ. » M. Haraucourt versilla je ne sais plus quoi qui fut débité dans un cirque ; enfin M. Grandmougin alla plus loin ; il atteignit le pur sacrilège en mettant le Golgotha sur la scène et il trouva sans trop de peine, je pense, un cabot qui osa représenter le Christ !

Ces gens s'imaginèrent sans doute que la Passion était un sujet comme un autre ; et, désireux d'enlever un succès, ils ramassèrent la boue des théâtres et ils en barbouillèrent la patiente Face.

Ce ne fut pas tout encore ; des entreprises de marionnettes et d'ombres chinoises sévirent et l'on vit, pour célébrer la Noël, des guignols qui sautaient autour d'un poupon de bois allaité par une pantine.

Du coup, le public fut résolument convaincu que les tendances de l'art étaient mystiques.

En eût-il douté que la peinture l'eût raffermi dans cette croyance. L'an dernier, M. Béraud peignit Jésus dans une salle à manger, assis au milieu de banquiers juifs. Les cigarettes étaient allumées et le café servi. A plat ventre, une fille s'hystérisait sur les pieds du Christ. Dans la pensée du peintre, cette drôlesse représentait Sainte Madeleine. C'était, comme on le voit, d'un goût capiteux et d'un tact sûr. Encouragé par l'abjection du public qui vanta cette toile, ce même individu peignit, cette année, un crucifiement à Montmartre. Lâchant le ghetto pour la bibine, il modela un Christ en bougie qu'il fit détacher de son moule par des voyous.

De son côté, un autre peintre du nom de Blanche installa le Rédempteur dans un peignoir japonais, au milieu d'apôtres en redingotes. Représenté, après l'apéritif, je pense, au moment du repas, le Sauveur regarde les convives et rompt le pain. M. Blanche a sans doute voulu rajeunir la scène de la Pâque, la mettre à la portée des gens du monde. Il y a réussi et je ne doute pas que ceux-ci ne halètent devant son œuvre.

En face d'aussi piètres attentats, il n'y a pas lieu de s'indigner, je crois; il suffit de hausser les épaules; serait-on compris d'ailleurs si l'on déclarait que ces torchons de couleur ne sont que de pénibles blasphèmes? laissons-les donc, mais constatons que ces exhibitions ont, une fois de plus, aidé le public à se convaincre que décidément la piété était en hausse.

Aussi quelques feuilles libres penseuses s'émurent et déplorèrent cet état d'âme. Ah! qu'elles se rassurent! — A cette question : l'art sera-t-il maintenant mystique? l'on peut répondre avec certitude : non!

Et la raison en est bien simple.

C'est que l'on ne fait pas de la mystique comme on fait du roman naturaliste, idéaliste ou psychologue. Il ne suffit point d'être instruit, d'être ingénieux, de s'assimiler plus ou moins bien les œuvres des autres; il ne suffirait même pas d'être un grand, d'être un initial artiste; il faut d'abord et avant tout, avoir la Foi; il faut ensuite la cultiver dans une vie propre.

Sans user ici de définitions purement théologiques, l'on peut dire de la Mystique qu'elle est l'âme et qu'elle est l'art de l'Église même. Or, elle appartient au catholicisme et elle est à lui seul. Il ne faut pas, en effet, confondre le vague à l'âme, ou ce qu'on appelle l'idéalisme et le spiritualisme, ou même encore le déisme, c'est-à-dire de confuses postulations vers l'inconnu, vers un au-delà plus ou moins trouble, voire même vers une puissance plus ou moins occulte, avec la Mystique qui sait ce qu'elle veut et où elle va, qui cherche à étreindre un Dieu qu'elle connaît et qu'elle précise, qui veut s'abîmer en Lui, tandis que Lui-même s'épand en elle.

La Mystique a donc une acception délimitée et un but net, et elle n'a aucun rapport avec les élancements plus ou moins littéraires dont on nous parle; c'est elle qui a produit les plus grandes œuvres qui aient jamais existé, les tableaux des Primitifs dans la peinture; les œuvres de saint Bernard, de saint Bonaventure, de saint Thomas d'Aquin, de saint Jean de la Croix, de sainte Térèse, d'Angèle de Foligno, de Ruysbroeck, et de combien d'autres! dans les poésies et dans les proses; c'est elle qui a créé le plain-chant, dans la musique; le roman et le gothique, dans l'architecture.

Le don de la grâce qui est indispensable pour enfanter une œuvre mystique semble maintenant refusé aux artistes de ce sale temps. Une seule fois, à un certain moment de sa vie, après une crise d'âme, ce don magnifique fut dévolu à un poète alors repentant, à Paul Verlaine. Il nous valut l'admirable livre qu'est « Sagesse. »

A nul autre de ma connaissance, une telle faveur ne fut cédée, mais il convient de le dire aussi, pour que le Très-Haut la dispense cette faveur, encore faut-il qu'il trouve une âme simple et qui croit et qui la veuille et qui ne soit point délayée et toute en boue. Or, que sont les quelques-uns qui parlent aujourd'hui de la Mystique ou qui s'imaginent la posséder en art? Ce sont des gens fort occupés à brasser des filles, à tapoter des absinthes et à lamper des bocks; ce sont des gens qui ne vivent même pas à l'écart d'une société infâme, qui subissent les honteuses promiscuités des lettres; ce sont des gens qui n'ont pas compris surtout que tant qu'une femme reste dans votre vie, aucune mystique n'est possible, que pour se rapproprier, il importe de se libérer du servage encombrant des chairs et de vivre, dans la prière, seul.

Il est donc évident que, pour qu'un artiste fasse un volume mystique,- un volume blanc, il faut tout d'abord qu'il possède ou qu'il ait retrouvé la Foi, et, pour qu'elle jaillisse hors de lui, dans une œuvre, il est nécessaire qu'il répudie cette vaine existence que nous menons, tous, dans les lettres. A défaut de couvent, de refuge, il est indispensable de vivre dans les églises, à ces heures solitaires où des femmes prostrées demandent au Seigneur l'apaisement de leurs maux.

Il importe de renoncer au véhicule des péchés, à l'alcool, de se cogner avec sa chair et de la mater. Il sied enfin de se confesser, de s'approcher des Sacrements et puis... et puis... il faut encore que le Christ veuille bien répondre au désir de l'âme qui l'appelle, il faut bien des choses, il en faut tant que les journaux libres-penseurs peuvent dormir en paix! Ils ne rencontreront pas d'artistes qui aient le courage, même en se rendant compte de l'inanité de leurs passions et de l'absurdité de leur vie, de se renverser de fond en comble, de se renoncer, de vivre en plein Paris, dans leurs cellules, comme des moines.

La littérature mystique n'a donc aucune chance d'éclore ; saint Jean de la Croix, Ruysbrœck restent jusqu'à nouvel ordre sans géniture. Le mouvement que des pions de l'École Normale et que des feuilles ont annoncé est donc, en somme, nul. Il se trouvera peut-être de vagues dilettantes, quelques sceptiques qui rôderont, en littérature, autour des choses pieuses et les saliront en y touchant, et ce sera tout; il en sera de même pour les autres arts ; on découvrira, comme à l'exposition des Rose-Croix, des peintres qui choisiront l'article religieux, s'il est en vogue, et dessineront des personnages frustes qu'ils cercleront avec du fil de fer, après les avoirs remplis de couleurs crues. Ce seront de froides singeries, de faux décalques des Primitifs ; ce sera tout ce que l'on voudra, sauf l'œuvre de peintres originaux et croyants ; tout cela n'aura rien à voir avec la Mystique dont on invoquera, une fois de plus, le nom.

Mes espoirs en une jeunesse littéraire qui serait mystique et qui nous sauverait au moins de l'implacable sottise de celle qui ne l'est point, sont donc bien peu vivaces, mais, on doit le déclarer aussi, l'Église qui devrait ensemencer les âmes arables se désintéresse de ces cultures; elle se détourne des flores rares, ne prépare, ni n'aide les vocations en art. Elle encourage tout juste les œuvres d'érudition, ne se préoccupe même pas des livres qui éclaireraient au moins une partie de la question, en étudiant les origines de la langue mystique, en montrant la succession ininterrompue des écrivains qui la créèrent (1). Si nous mettons de côté la substantielle histoire de la littérature au moyen âge d'Ebert, les fermes études sur les hymnes du Bréviaire romain de l'abbé Pimont, quelques parties tout à la fois fades et sèches des Institutions Liturgiques du savant Dom Guéranger, certaines monographies d'écrivains pieux, certaines études spéciales d'Ozanam, de Léon Gautier, etc. et une terne et molle histoire de la poésie chrétienne de Félix Clément, parue, autrefois, chez Gaume, nous n'apercevons, en France, du moins, sur le latin mystique, aucun livre qui nous permette de le suivre dans sa marche et de le voir se profiler dans son ensemble.

Encore, ces ouvrages sont-ils, pour la plupart, volumineux et gastralgiques, de mastication difficile et de rasade lourde. Ce qui manquait, c'était une étude alerte et condensée qui ne fût pas rédigée par d'affreux cuistres ; et rien n'était plus malaisé à faire que cette étude ; outre, en effet, qu'il s'agissait surtout de trier des textes et de les enrober dans le coulis d'une savoureuse et brève glose, il fallait aussi être singulièrement détaché des préjugés universitaires pour se dédier à une semblable tâche. Il fallait encore sentir l'âme du latin même, se convaincre de cette vérité que cet idiome qui fut, pendant tant de siècles, un idiome de servitude terrestre et d'esclavage sensuel, se mourait, avachi par les gaudrioles du Paganisme, exténué par les mesquines emphases de ses rhéteurs, lorsqu'au pied de la croix des Saints le recueillirent.

Il pela entre leurs mains et changea de peau. Il abandonna l'immobile indigence de sa syntaxe, agrandit les sentiers de son lexique, usa de tournures nouvelles, d'armatures neuves,

(1) Il faut dire, à la décharge de l'Église, que le parti catholique est inégalablement hostile à la science et bouché à l'art. Il y a quelques années, parut une Revue « Les Lettres Chrétiennes » qui contint des études vraiment remarquables sur l'archéologie, sur le latin religieux, sur tout le moyen âge. Elle est morte, faute de lecteurs !

parvint à forer les tréfonds des âmes, à rendre ces sentiments que fit éclore la venue du Christ : les adorations et les puretés, les contritions et les transes.

Cette langue qui sentait le cautère et la rose s'arrêta de puer ; le christianisme la désinfecta, fit repousser ses chairs, aviva leur pâleur d'anémone avec l'orfroi des chapes.

La langue latine parlée au moyen âge, est assez dédaigneusement désignée sous le nom de latin de cuisine. Il est bien évident que le vocabulaire populacier est sans gloire, mais encore ne sied-il pas de le rebuter, puisque de nombreux mots français y cherchèrent leur origine. On ne saurait, assurément, proclamer que des termes tels que : « barberius », barbier, « claca » claque, « plancha » planche, « paillardus » paillard, « moustarderius » marchand de moutarde, « demanda » demande, « servietta » serviette, que des verbes tels qu' « empoysonare », « bêchare », « ronflare » que des synonymes ridiculement longs comme « honorificabilitudinitas » employé à la place du mot « honor » étaient d'une beauté vraiment altière, mais cette basse latinité se révèle souvent moins infirme et moins fruste ; parfois elle devient ironique lorsqu'elle désigne la concubine d'un prêtre sous le nom de « coquilla » ; parfois encore, elle se vêt d'images colorées ainsi que celles de l'argot. Au pluriel, l'adjectif « mollis » finit par signifier tout à la fois « des empreintes, des forceps et des bardaches, et le verbe « cucurbitare » poser des ventouses, prend un sens charnel et indique les ébats serrés des couples. Toute une gaieté de peuple s'ébaudit dans le lexique qui se met à tirer la langue, à grimacer comme une gargouille.

Eh bien ! de même qu'elle laissa se jouer de fantasques sculptures sur le porche de ses cathédrales, l'Église admit aussi quelques-uns des mots de la langue parlée, dans ses proses. Avec un tact imperturbable, avec un art indéfectible, elle fouille dans le pêle-mêle de ces rogatons et elle en sort d'indispensables termes. Avec eux, avec les néologismes qu'elle invente, avec les emprunts qu'elle fait aux dialectes des pays voisins et qu'elle sème dans le latin reprisé de la vieille Rome, elle se forge le verbe magnifique et qui dit tout. Elle seule a atteint le style grandiose et simple, définitif, dans la Vulgate et, lorsque, lasse de planer, elle vient se mettre à la portée des humbles, elle invente des tendresses, des pitiés d'expressions, joue, maternelle, avec la série des diminutifs, trouve ces caresses de mots : « angelulus », « angelotus », le petit ange, « animola », l'âme des nouveau-nés, crée même dans les Actes des Saints un « Jesulus » pour manifester les grâces enfantines du petit Jésus.

Certes, ces quelques remarques ne sauraient attester que le latin d'église fut toujours impeccable et qu'il atteignit, du premier coup, à la perfection de la langue mystique de saint Bonaventure, au style glorieux de l'office du Saint Sacrement de saint Thomas, à la forme admirable de saint Bernard. Non, il resta longtemps, roide et dur comme ces figures véhémentes et glacées du moyen âge, comme ces vierges rigides dans leurs robes cassées à longs plis ou bouillonnées par de petites ondes, mais ainsi qu'elles déjà il se dresse, solennel et plaintif, sanglote de pures larmes, s'exalte en de célestes envolées, suit, sans s'évaguer, les visions du dedans. On peut le dire, nous sommes, dès la première heure, très loin avec le latin ecclésiastique du verbe rampant du Paganisme, du langage subalterne balbutié pendant tant d'années à Rome !

Eh bien ! le livre qui devait affirmer tout cela, M. Remy de Gourmont l'a fait ; et il vient à son temps pour montrer aux gens épris de ce soi-disant départ religieux auquel nous assistons, ce que fut la Mystique et quel art merveilleux elle créa au moyen âge.

M. de Gourmont n'a dans ce volume abordé que les poètes catholiques, mais il complètera sans doute son ouvrage en nous donnant, un jour, l'histoire de la prose latine chrétienne.

Tel qu'il est, dans sa brièveté voulue, ce compendium farci de textes enserrés dans d'essentiels commentaires, rétablit les poésies inhumées dans la patrologie de Migne, des séquences perdues dans d'inattaquables in-folios, dans des bréviaires périmés de la province. Après l'abbé Pimont, il nous présente, complètes, les hymnes abrégées pour les besoins des offices ou dépecées et altérées par le vandalisme des Santeul. Par de doctes persuasions, il nous impose de probables dates pour des chefs-d'œuvre, tels que le *Dies iræ* et le *Stabat*; dans tout le choix des pièces disparues, des œuvres égarées, M. de Gourmont se révèle vraiment expert. Quelle sévère et puissante page d'Odon de Cluny il nous exhibe sur les vains et sur les dégoûtants appas des femmes! quelles sagaces études il écrit sur les Litanies, les horloges de la Passion, sur saint Anselme, sur Pierre le Diacre, sur saint Ambroise! Avec quelle charitable compréhension il présente et défend le grand poète que fut Prudence, l'austère mystique que fut Damien! avec quelle adresse il déterre et époussète le vieux traité de la chasteté de Fulbert dont il aurait bien dû réimprimer aussi les magnifiques répons pour la Nativité de la Vierge, qui ne se chantent plus, hélas! que dans les églises du Mans, le jour de l'Assomption, avant la messe.

Je laisse maintenant de côté une partie du livre qui, je l'avoue sincèrement, me gêne un peu, celle des traductions. Souvent, elles me paraissent rester inertes et parfois elles ne sont pas, à mon avis du moins, suffisamment littérales et exactes. Mais, sauf cette réserve, il est légitime de glorifier le livre, car, en dehors même de sa parfaite chimie qui parvint à condenser en de brèves pages la masse de documents épars dans de copieux bouquins, il relève et assaisonne des sujets jusqu'alors cuits à l'étuvée et dans de l'eau de pompe par de bas cuistres.

La preuve de cette assertion est, dès les premières lignes du volume, visible. Si l'on veut bien, par exemple, se reporter à la page 16, l'on y trouvera une phrase pénétrante sur le

Stabat, une phrase qui semble tramée avec les fils en argent dédoré d'une vieille étole. L'on peut citer encore le début du chapitre sur saint Bernard, écrit dans une langue vraiment haute, et, dans ce même chapitre, savourer plus loin un juste et féroce alinéa sur la peur que suscite maintenant la mort. Nous sommes tout de même loin, avec ces passages-là, des éternelles futaines, couleur de pierre ponce, tissées dans les Sorbonnes!

M. de Gourmont a proclamé dans le vestibule de son livre que « seule la littérature mystique convenait à notre immense fatigue ». Il est, en effet, certain qu'à l'heure actuelle la littérature divague et s'abandonne dans ses langes ; le naturalisme est mort et aucun des essais qui tentèrent de le supplanter ne semble viable. Partout, dans les lettres, il y a foison de vanité et disette d'art. Le talent n'abonde pas précisément chez les jeunes. Pour les quelques-uns qui lisent encore, il n'y a plus maintenant de délices à attendre d'un volume neuf.

Les seules soirées à Paris qui valent, celles où l'on est solitaire, chez soi, à l'abri des mufles, exigent l'alternance des lectures et des rêves. Et où les chercher sinon dans les vieux mystiques qui nous enlèvent loin du cloaque pestilentiel de ce temps, qui nous permettent d'oublier les vaines ou les malpropres journées que nous vécûmes ?

Pour ces quelques-uns qui n'attendant plus rien des présomptions du siècle, aiment à s'isoler dans l'oubli silencieux des livres, l'ouvrage de M. de Gourmont sera propice. Il les mettra sur la piste d'œuvres admirables et inconnues et il leur assurera — s'ils n'ont pas l'âme par trop fétide — la joie d'inoubliables heures.

J. K. HUYSMANS.

LE LATIN MYSTIQUE

SOMMAIRES

INTRODUCTION

Le latin d'église et la superstition classique. — Les Décadents. — L'esprit de chasteté. — Le catholicisme en littérature.. Page 11

I. — COMMODIEN DE GAZA

Commodien et la naissance de la poésie chrétienne. — Les Acrostiches. — Le *Carmen apologeticum.* — La légende de Néron. — La fin du monde. — La langue de Commodien............ Page 23

II. — HILAIRE, AMBROISE, DAMASE

Juvencus. — Le *De Jona* et le *De Sodoma.* — Lactance et le *De Phoenice.* — Claudien. — Marius Victorinus. — Ausone et S. Paulin de Nole. — S. Hilaire de Poitiers. — S. Ambroise et les Heures canoniales. — S. Damase. — Le sadisme tortionaire et les outils à martyriser........ .... Page 35

III. — PRUDENCE

Prudence. — Le *Cathemerinon*. — Le *Peristephanon*. — *L'Apothéose*. — La *Psychomachie* : Combats de la Sodomie et de la Pudicité, de la Sensualité et de la Sobriété. — *L'Hamartigeneia* : Le coït légendaire des vipères et les parturitions mentales..... Page 47

IV. — SIDOINE APOLLINAIRE, ORIENTIUS, MARIUS VICTOR

Sidoine Apollinaire et les invasions barbares. — Sedulius. — Paulin de Pella, le Pénitent. — Les *Commonitoires* d'Orientius. — Claudius Marius Victor : Les Gallo-Romaines du V° siècle. — Avitus de Vienne. — Dracontius................................ Page 59

V. — CLAUDIEN MAMERT ET FORTUNAT

Claudien Mamert et Fortunat. — Le *Pange lingua* et le *Vexilla Regis*. — Le *Salve, festa dies*. — Les lettres de Fortunat à Grégoire de Tours. — Enumération : Tyro Prosper ; Hilaire d'Arles ; Prosper d'Aquitaine ; Paulin de Périgueux ; Arator ; S. Grégoire le Grand ; Boèce et sa femme, Helpidie. — Ennodius. — L'école africaine. — Rusticus Elpidius................................ Page 73

VI. — L'EPOQUE CARLOVINGIENNE

S. Columban et les origines de la renaissance carlovingienne. — *L'Antiphonaire* de Bangor et l'*Antiphonaire* de Saint-Gall. — La Liturgie mozarabe. — Ancien rit de la consécration eucharistique. — Eugène de Tolède. — Alcuin. — Théodulphe et le *Gloria, laus*. — Adhelme et la Virginité. — Paul Diacre et Charlemagne. — Le diacre Flore. — Bède le Vénérable. — Raban Maur : Le *Veni Creator*. — Wandalbert. — Abbon. — Ermold le Noir. — Walafrid Strabo. —

Inauthenticité du théâtre et des poèmes de Roswitha. — Odon de Cluny.. Page 83

VII. — LES SÉQUENTIAIRES

Origine des séquences. — Jumièges et Saint-Gall. — Les Tropes. — Trope du *Kyrie*. — Notker Balbulus. — Le Panthéisme chrétien : Ennodius, Notker, Pierre de Corbeil. — Ekkehard le Vieux. — Ekkehard le Palatin, Hucbald le Chauve et Milon. — Berno. — Godeschalk .... Page 103

VIII. — LES SÉQUENTIAIRES (Suite)

Wipo, Notker II, le *Victimae paschali laudes*. — L'*Ave praeclara maris stella*. — Henricus monachus, Hermanus Contractus, Albertus Magnus? — Hermanus Contractus : le *Salve Regina* et le Χαῖρε μοι ὦ Βασίλεια de Jean le Géomètre. — Sainte Hildegarde. — Le culte du Saint-Esprit : S. Ambroise, Guillaume de Conches, Robert de France, S. Jean Damascène. — Le *Liber vitae meritorum* : Hildegarde et Dante... Page 119

IX. — LES LITANIES

Origine des Litanies. — Le *Libellus Precum* de Bède. — Litanies allemandes. — Litanies de l'école de Saint-Gall. — Litanies versifiées de S. Bernard. — Litanies franciscaines, anglo-saxonnes, mozarabes. — Litanies des Saints du X° siècle. — Litanies dialoguées. — Code, cérémonial et litanies des pénitences publiques. — Litanies de la Bénédiction de l'huile. — Cérémonial et litanies des Jugements de Dieu. — Litanies des *Laudes* du Jeudi saint. — « *Litanies de grande consolation* ». — Litanies de la Vierge. — Le *Chapelet de Virginité*. — Conrad de Haimbourg et son *Hortus B. M. V.* — Appellations symboliques... Page 133

X. — LA SÉQUENCE RÉGULIÈRE

La Séquence régulière et la poésie latine syllabique. — L'*Ave, maris stella*. — L'asclépiade et l'alexandrin : le *Sanctorum meritis*. — Robert de France : le *Veni, Sancte Spiritus*. — S. Pierre Damien. — Le clergé du XIe siècle. — Le cénobite Fromond. — Rythmes singuliers : Théodule et Bernard de Morlaix. — Héribert d'Eichstad. — Alphanus. — Fulbert de Chartres : *Les six degrés de la chasteté.*   Page   151

XI. — HILDEBERT ET ALAIN DE LISLE

Hildebert de Lavardin. — Son *Physiologus*. — Symbolisme de la Sirène-Oiseau ; de l'Homme-Ane ; de la Panthère. — Le Dragon, le Léviathan, la Licorne. — La *Lamentation* d'Hildebert. — Alain de Lisle, poète scolastique. — Le *Liber de planctu Naturae*. — Symbolisme planétaire des gemmes. — Dialogue d'Alain et de la Nature.
Page . 165

XII. — MARBODE

Marbode. — *De Meretrice*. — Le *Livre des gemmes*. — Symbolisme des pierres précieuses : l'Agate, l'Alectoire, le Jaspe, le Saphir, l'Émeraude, l'Onyx, la Chysolyte et la Topaze, le Béryl, l'Hyacinthe, la Chrysoprase, la Chélidoine, le Jayet, l'Aimant, le Corail, la Cornaline, l'Escarboucle. — L'*Hymne des Douze pierres*. — L'*Urbs beata Jerusalem*. — Autre symbolisme des pierres, selon Conrad de Haimbourg.. Page   179

XIII. — S. BERNARD

S. Bernard, abbé de Clairvaux. — Le Verbe, l'Acte, l'Amour. — Le *Carmen ad Rainaldum*. — Le Rythme sur le mépris du monde. —

S. Bernard, Jacopon de Todi et François Villon. — La Mort de saint Innocent. — Martial d'Auvergne et la *Dance des Femmes*. — L'*Hortus deliciarum*. — S. Bernard, poète liturgique. — Le *Laetabundus*. — Les Hymnes à la Vierge. — *Jesu, dulcis memoria*. — L'amour divin : Ulrich de Wessobrunn, S. François d'Assise. — La *Rythmica oratio* et ses imitations. — Les obédiences monacales, d'après S. Bernard et Thomas à Kempis.. Page 203

XIV. — DE S. ANSELME A PIERRE DE BLOIS

Anselme de Cantorbéry. — Pierre de Riga. — La littérature des énigmes : S. Boniface; Philippe de Harveng. — Reinier (*Reinerus*). — Mathieu de Vendôme. — Pierre Abailard. — Pierre le Vénérable et S. Benoît. — Pierre le Diacre et Pierre de Blois........ Page 219

XV. — ADAM DE SAINT-VICTOR ET S. THOMAS D'AQUIN

Adam de Saint-Victor. — Ses défauts; son génie verbal et musical. — Ses séquences. — Son épitaphe. — S. Thomas d'Aquin. — *Lauda Sion*. — *Ecce panis angelorum*. — *Verbum supernum*. — *O Salutaris Hostia*. — *Pange lingua gloriosi corporis*. — La poésie eucharistique : l'*In coena Domini* de Flavius. — Deux strophes de Rottach. — Un imitateur d'Adam et de S. Thomas : Henricus Pistor.. Page 235

XVI. — INNOCENT III ET S. BONAVENTURE

Innocent III. — La poésie franciscaine. — S. Bonaventure. — *Philomena* — L'Horloge de la Passion. — Symbolisme du Lion. — Les quatre figures de Jésus-Christ. — Les Christs à tête de lion. — Le *Recordare Sanctae Crucis*. — L'Arbre-Croix. — Le *Psalterium B. Mariae Virginis*. — Le *Sub tuum praesidium*. — *Adeste fideles*. — Le *Planctus de Christo*... Page 253

XVII. — LE CYCLE ANONYME DE LA VIERGE

Le Jardin de Marie. — Séquence dialoguée. — Le *Lamentum lacrymabile*, la *Sequentia contra Turcas* et les *Complaintes* de Rutebeuf. — Chronologie de quelques proses anonymes. — L'*Ave, virgo singularis*. — L'*Inviolata*. — Le *Hac clara die turma festiva*. — Les multiples symboles de Marie. — Les *Cantiones bohemicae* et Ulrich Stöcklins de Rottach. — Métaphores et antithèses touchant la Vierge-Mère. — Comparaisons avec les hymnaires grecs, Côme de Jérusalem, Théophane, Joseph l'hymnographe. — Discussions théologiques sur le rôle de l'Esprit-Saint dans l'Incarnation. — La formule *Sine virili semine* — Chasteté du latin mystique................. Page 267

XVIII. — HISTOIRE DU *DIES IRAE*

Thomas de Celano. — Le *Libera* et ses variantes. — Deux *Proses des Morts*. — Les Prophéties sibyllines. — Sources diverses : Othlonus, Hildebert, S. Pierre Damien, S. Anselme, le Rit mozarabe. — *Languentibus in purgatorio*. — Le prophète Sophonie. — Prototypes immédiats du *Dies irae* : Le *Terret me dies terroris* et le *Cum recordor diem mortis*. — Texte du *Dies irae*. — Traduction rythmique.. Page 287

XIX. — HISTOIRE DU *STABAT MATER*

Jacopone de Todi. — *De compassione B. M. V.* — Le *Moestae parentis Christi* et autres *Planctus*. — *De tribulatione B. M. V.* — S. Bonaventure. — *De pietate M. V.* — Le *O quot undis lacrymarum* et le *Planctus ante nescia*. — Diverses proses touchant la Passion et le *De Quinque Vulneribus*. — Les Évangiles. — S. Ambroise. — Joseph l'hymnographe. — S. Bernard. — *Pianto de la Madonna*. — Une terre cuite peinte du Louvre. — Texte du *Stabat Mater*. — Traduction rythmique. — La poésie du Christ. — Le Verbe. — Hypographe.
Page 307

APPENDICE A. — THOMAS A KEMPIS POËTE

Thomas a Kempis et les séquences dissimulées dans l'*Imitation*. — Autres œuvres du même où se rencontrent des séquences irrégulières et régulières : *Vallis liliorum.* — *Soliloquium animae.* — *Hortulus rosarum.* — *Orationes piae*.................. Page 325

APPENDICE B. — HISTOIRE DU BRÉVIAIRE ROMAIN

Formation du bréviaire romain actuel. — Liste de toutes les proses, hymnes et principales antiphones du *Paroissien romain complet à l'usage de Paris,* avec les noms des auteurs ; à défaut, la date approximative ou la source le plus anciennement connue........ Page 335
TABLE CHRONOLOGIQUE.................. Page 315
BIBLIOGRAPHIE............................ — 319
NOTES..................................... — 359
INDEX GÉNÉRAL........................... — 367

INTRODUCTION.

Le latin d'église et la superstition classique. — Les décadents. — L'esprit de chasteté. — Le catholicisme en littérature.

LE LATIN MYSTIQUE

INTRODUCTION

Les ordinaires historiques de la littérature latine se clôturent sous la main des cuistres scandalisés, vers le IVe siècle. Claudien, mentionné par condescendance, le compilateur orthodoxe, craint d'avoir été un peu loin et conseille, en épilogue, une relecture de l'*Epître aux Pisons*. Pour de telles gens, pour tous les professeurs, universitaires ou ecclésiastiques, franchir cette approximative date, c'est blasphémer, c'est attenter à une religion, c'est introduire dans le Canon les Apocryphes : — pas d'herbes fraîches : du foin.

Pendant que ceux-là broutent au râtelier classique, quelques indépendants, libérés de l'étable et reprenant, comme l'Ane d'Apulée, la forme humaine, se mirent à botaniser parmi les vastes prés de la poésie latine : de ces chercheurs le plus mémorable fut Ebert, dont l'œuvre sûre s'arrête malheureusement à l'époque carlovingienne ; d'autres recueillirent des documents, prouvèrent une bonne volonté.

L'ouvrage d'Ebert est un monument d'érudition et de critique directe; les études que nous entreprenons à sa suite sont un travail, non d'érudition, mais de littérature, où l'exactitude a été priée, non la science ; le plan selon lequel elles se développeront est assez modeste : on voudrait établir une anthologie de la poésie latine du IIIe au XIVe siècle et entremêler de notes les citations et les traductions. Aucun des textes qui seront mis en français n'avaient encore été interprétés selon la méthode littéraire-littérale et la plupart n'avaient jamais été traduits : à ce point de vue, et aussi par son ensemble et sa logique, ce travail aura donc un intérêt certain pour tous ceux qui ne sont pas atteints de misonéisme, qui ont échappé à l'incuriosité de ce siècle, à sa stupidité, à son incapacité spirituelle.

C'est à l'époque précise où on la délaisse que la langue latine commence à offrir çà et là les séductions de la décomposition stylistique, à s'exprimer non plus en un immuable jargon de rhéteur, mais selon le tempérament personnel d'orientaux ou de barbares étrangers à la discipline romaine, — jusqu'à ce que la victoire définitive des idiomes populaires la relègue au musée des instruments oratoires. Définitive, cette victoire, mais combien tardive : longtemps les deux langues, la mère et la fille, vécurent côte à côte dans les pays romans, parlées l'une et l'autre par de différents clients ; le *Libera* qui est du xi⁰ siècle est écrit en une langue aussi vivante que la *Chanson de Roland* et encore au xiv⁰ siècle, après l'expansion prodigieuse du français, le latin avait gardé de fidèles, qui n'auraient su formuler selon la mode du plus grand nombre ni leurs pensées, ni leurs prières.

Ce latin, méprisamment connu sous le nom de latin d'église, est, nous semble-t-il, un peu plus attirant que celui d'Horace, et l'âme de ces ascètes plus riche d'idéalité que celle du vieux podagre égoïste et sournois.

Seule, que l'on soit croyant ou non, seule la littérature mystique convient à notre immense fatigue, et pour nous qui ne prévoyons qu'un au delà misères de plus en plus sûrement, de plus en plus rapidement réalisé, nous voulons nous borner à la connaissance de nous-mêmes et des obscurs rêves, divins ou sataniques, qui se donnent rendez-vous en nos âmes de jadis.

Horace, pour ce dessein, ni Térence, ne nous sera d'aucun secours et de préférence nous nous adresserons à la *Psychomachie* de Prudence, aux *Séquences* de sainte Hildegarde, aux *Rhythmes* de saint Bernard, — mais cela sans nier la valeur, dite par les siècles, de spontanés tels que Catulle, ce Verlaine ; de tendrement tragiques tels que

Virgile ; de roués, comme Ovide; de philosophes, comme Plaute. Il s'agit moins de détruire les vieilles admirations que d'en créer d'autres.

Mystiques, barbares, ou décadents, il les a bien jugés, cet ermite (auquel ne convient que peu le *de Laude Eremi* de saint Eucher), — et cela serait une surprise pour qui ne connaîtrait pas l'absolue conscience littéraire de M. Huysmans, qu'en dix-huit pages sur ces ténébreux auteurs, l'épluchage le plus minutieux ne puisse trouver une épithète ou une glose, qui ne soit d'une merveilleuse précision.

Ni pour la première période de cette littérature oubliée, ni pour la seconde, plus inconnue encore, nous n'avons cru nécessaires de bien particuliers détails biographiques. Moines, prêtres, évêques, ces poètes, à part quelques-uns, comme Théodulphe, comme saint Bernard, menèrent les vies les plus obscures et les plus monotones, des vies qui, écourtées, rapidement résumées, apparaîtraient toutes les mêmes, sans aventures, sans événements, sans presque de relations avec l'extérieur. Un fait général surprend, c'est qu'à partir des environs du xie siècle, presque tous les poètes, presque tous les écrivains sont des abbés de monastère ou des évêques : une poésie très différente de la poésie monacale allemande, très différente aussi des inspirations mystiques des Franciscains et des Dominicains, une poésie surgit, parénétique et sermonnaire, lyrique et pastorale. La surprise, c'est de voir qu'en des temps mal réputés, les évêques étaient choisis parmi les doctes, les doués de talent et d'indépendance d'esprit, parmi les dignes, — tandis qu'à cette heure ces fonctions très hautes sont uniquement conférées aux plus adroits quémandeurs, que les évêques ne sont plus que des préfets en robe violette, aussi peu mystiques que les autres. Les xe et xie siècles, c'est l'époque, avec les évêques, les abbés et les moines, de la séquence, de l'allitération et de la rime intérieure ; c'est, depuis Godeschalk et les séquentiaires anonymes, une langue nouvelle, d'une simplicité magnifiquement compliquée par des musiciens barbares, que l'amour désordonné du verbe induit parfois aux trouvailles harmoniques les plus inattendues.

L'objection éternelle et professorale contre de tels poètes, contre tous les poètes de la Croix, c'est ce qu'on dénomme, en termes de maître répétiteur ou d'académicien, l'incorrection de leur latin, c'est-à-dire la non conformité de leur lexique et de leur grammaire avec les règles verbales et syntaxiques d'usage aux temps augustes, aux siècles n° 0 et n° 1, aux deux siècles qui contiennent, précèdent ou suivent le règne du premier imperator romain. Il ne faut pas mentir; quelques-unes s'efforcent vers cette écriture-type : ce sont les médiocres, les anti-poètes, les versificateurs de proses antérieures, les centonistes. D'autres écrivent le latin que l'on parlait de leur temps, du moins le latin littéraire tel qu'il s'était incessamment modifié de livre en livre : là leur mérite et leur intérêt. Il demeure difficile de le faire admettre. C'est le bon M. Hauréau, irréprochable savant, mais classique naïvement servile, geignant que les vers de Théodulphe offrent « beaucoup de locutions inconnues au siècle d'Auguste ». C'est un autre, navré, qu'Abbon (Abbo le Courbé) néglige la césure, — loi émanée de Dieu même, loi primordiale, règle incréée. C'est un autre reconnaissant en une thèse doctorale à Marius Victor, une louable verbalité classique. C'est encore M. Hauréau félicitant un carlovingien, le grammairien Smaragde d'une langue « sobre d'images, plus sobre encore de subtilités ou de trivialités mystiques ». Et c'est le même encore qui nous affirme: « L'art gothique est élégant, subtil, ingénieux, mais il manque de style », — sottise que devait rééditer M. Renan.

Pas plus que le respect du vocabulaire, ne nous séduit le culte de la prosodie. Le poète, s'il n'est lui-même, ce qui importe peu, créateur de règles, admet celles que lui dicte son temps, ou bien les récuse et n'en reçoit aucunes: des querelles sont, à ce sujet, bien vaines; il faut le prendre tel que sa fantaisie l'a façonné. Plus urgente encore cette nécessaire bonne volonté, quand il s'agit d'une versification aussi factice que la latine, factice même aux années de sa gloire, toute grecque, importée violemment, insensible à des oreilles latines faites seulement pour la numération, l'allitération, la rime, l'assonnance.

Selon la plus stricte littéralité, on entre avec le christianisme dans un nouvel univers : les idées sont baptisées, et les mots. « C'est, dit en son étude très savante sur Grégoire de Nazianze, M. A. Grenier, un des rares dévots de l'art rénové, c'est une langue neuve, indépendante, caractérisée, faite pour des sentiments nouveaux, ne relevant d'aucune grammaire classique, d'aucun modèle, imprégnée d'hébraïsmes, abondante en locution et en images populaires, dure et barbare, mais grande dans sa dureté, et souvent d'une grâce divine dans sa barbarie. Elle se forma comme le métal de Corinthe, merveilleux alliage dont on ignore les proportions, dans l'incendie et la fusion du vieux monde. Se souvient-on de Virgile, d'Horace, d'Ovide, en écoutant le *Pange lingua* ? Pense-t-on à Didon ou à Ariane, en lisant le *Salve Regina* ? »

Cette langue rigoureusement neuve, le texte latin de la Vulgate la contient toute et c'est là que vinrent, l'un après l'autre, puiser tous les écrivains mystiques, — et cette langue est au latin classique ce que Notre-Dame est au Parthénon, ce qu'un poème de pierres et de larmes est à une ode de Pindare, ce que le Calvaire est aux jeux pythiques, ce que Marie est à Diane. Hello, en son livre, *l'Homme*, dit cela avec la simplicité de celui qui profère l'incontestable et le définitif : « Quant à saint Jérôme, il a créé le magnifique idiome dans lequel il a parlé. Tacite et Juvénal sont les balbutiements humains de la langue que saint Jérôme a parlée divinement. »

Plus d'un trait de figure caractéristique des poètes latins du christianisme se retrouve en la présente poésie française, — et deux sont frappants : la quête d'un idéal différent des postulats officiels de la nation résumés en une vocifération vers un paganisme scientifique et confortable (déification de la nature, de la science, de la force, de l'argent, de l'hygiène, culte de l'enfant, du petit soldat et de la gymnastique, etc.); et, pour ce qui est des normes prosodiques, un grand dédain. A cause, sans doute de ces semblances vaguement perçues, le nom nous fut donné de décadents; il ne peut convenir. La décadence d'une langue c'est sa mort lente; elle ne peut être perçue qu'après son extinction totale. Décadents furent relativement les poètes qui sculptèrent en un bois vermineux ; décadents par fatalité; le mot est de convention : pour en référer encore, par exemple, au *Stabat Mater*, quels signes de décadence reconnaître en ce poème œuvré par une main douloureuse mais sûre, selon des lignes très nobles, des voiles raidis comme par des larmes de sang, en cette robe de deuil mais frangée d'or vert, mais stellée d'améthystes?

Ne furent-ils pas bien plutôt les décadents, les Italiens qui alors, ou plus tard un peu, ovidifiaient de mythologiques lamentations?

Et en ces récentes années, quel fut l'authentique décadent, du poète chercheur de formes, d'images, du poète forgeur de son verbe; d'un Laforgue ou d'un Sully-Prud'homme ; de ce fol ivre d'impossible ou de ce rédacteur de vers, à l'âme polytechnique et morale?

« Je vous en supplie, écrivait Commodien de Gaza, apprenez à discerner le Bon, — et méfiez-vous des simulacres » :

Discite quaeso bonum, cives, simulacra cavete.

Mais nous savons et nous allons communier à des tables moins prostituées, — bien ailleurs! disait Laforgue, en mourant :

> Oui, sous ces airs supérieurs,
> Le cœur me piaffe de génie
> En labyrinthes d'insomnies !
> Et puis, et puis, c'est bien ailleurs
> Que je communie...

Maintenant, si, au cours de cette étude, j'ai été amené à

des citations particulièrement afférentes au « péché de la chair », c'est que les poètes ecclésiastiques s'adonnent sans relâche à panser cette large plaie des chrétientés.

« Entre toutes les attaques du démon, dit saint Augustin dans son livre *de Honestate mulierum,* les plus violentes sont celles de la chasteté ; les combats en sont très fréquents et les victoires très rares. »

Leurs gémissements sur le siècle aboutissent là. Du bélier de leurs homélies, ils battent en vain les remparts de l'éternelle chair, et les pierres des frondes sacrées glissent sur les seins et sur les ventres, plus caressantes peut-être que blessantes. Ne pouvant vaincre ce péché, les théologiens, plus tard, le codifièrent, créèrent la mœchialogie ; cela devint une science, la science de la luxure (et, si Marius Victor est assez supérieur à Stace, comme poète, Liguori, comme moraliste, peut faire oublier Sénèque) : nos poètes n'en profèrent que les premiers vagissements ; comme théologues, n'en posent que les premières notions : cela suffit pour qu'à la prééminence verbale sur les contemporains d'Horace, ils joignent encore celle de la clairvoyance morale.

Le passage entre l'esprit païen qui est de jouissance et l'esprit chrétien, qui est de renoncement, n'avait été ni soudain, ni inattendu. Les Alexandrins d'avant l'évangile vantaient, souvent pratiquaient la chasteté ; et après que le christianisme fut devenu quasi universel, sous les premières années du règne de Constantin, on voyait des platoniciens attardés, comme Proclos, le dernier des grands rhéteurs de l'école d'Athènes, refuser de se marier, moins par amour de la liberté que par dégoût charnel, — Proclos qui combattait les doctrines chrétiennes, qui suivait pour la science et pour les mœurs des devanciers purement philosophes.

Sans doute, le mépris de la chair est essentiellement chrétien, mais il ne fut pas imposé par le christianisme, qui ne fit que l'adopter, le prôner, l'exagérer jusqu'à la plus noble et la plus absolue haine. Saint Paul n'a pour la chair nulle mansuétude, ni Tertullien, ni aucun des premiers pères : c'est à peine s'ils tolèrent le mariage, s'ils admettent en cette matière les vertus sacramentelles, mais ce ne fut qu'en la plénitude de son autorité, après l'apaisement du paganisme et l'apaisement des invasions, que l'Église osa entrer dans la charnalité, comme dans un laboratoire d'anatomie, et là, dépecer vivant le futur cadavre humain.

Odon de Cluny, le plus violent, apparaît, en ce rôle, triste et grand, d'une hardiesse de langue qui fait pâlir jusqu'à l'évanouissement, rapetisse jusqu'à la puérilité, les plus osées des analyses modernes, les autopsies les plus brutales. Voici de ce moine une assez cruelle analyse de la beauté corporelle (*Collationes*, liv. II) :

« ... Corporea pulchritudo in pelle solummodo constat. Nam si viderent homines hoc quod subtus pellem est, sicut lynces in Boeotia cernere interiore dicuntur, mulieres videre nausearent. Iste decor in flegmate et sanguine et humore ac felle constitit. Si quis enim considerat quae intra nares et quae intra fauces et quae intra ventrem lateant, sordes utique reperiet... Et si nec extremis digitis flegma vel stercus tangere patimur, quomodo ipsum stercoris saccum amplecti desideramus ! — La beauté du corps est tout entière dans la peau. En effet, si les hommes voyaient ce qui est sous la peau, doués comme les lynx de Béotie d'intérieure pénétration visuelle, la vue seule des femmes leur serait nauséabonde : cette féminine grâce n'est que saburre, sang, humeur, fiel. Considérez ce qui se cache dans les narines, dans la gorge, dans le ventre : saletés, partout... Et nous qui répugnons à toucher même du bout du doigt de la vomissure ou du fumier, comment donc pouvons-nous désirer de serrer dans nos bras un simple sac d'excréments ! »

C'est ce que répète Anselme de Cantorbéry, avec non moins de précision (*De Contemptu mundi*) :

> ... Clara facie satis est et forma venusta
> Et tibi non minimum lactea tota placet.

Viscera si pateant occulta et caetera carnis
Carnes quas sordes contegat alba cutis!...

(Elle est, la femme, de face claire assez et de forme venuste, et elle ne te plaît pas médiocrement la créature toute lactée ! Ah ! si les viscères s'ouvraient et tous les autres coffrets de la chair, quelles sales chairs ne verrais-tu pas, sous la blanche peau !...)

Et saint Bernard, en son style toujours vêtu de mysticisme, donne de pareils arguments contre le culte charnel ; ainsi, au traité *De interiori Domo* :

« Considera quomodo morieris... inter longa suspiria et difficiles singultus, inter diversos dolores et timores... Tunc veniet corpus in pallorem et horrorem, in saniem et fetorem; erit vermis et cibus vermium... — Considère comment tu mourras, parmi les longs soupirs et les rudes hoquets, parmi toutes les douleurs et toutes les terreurs... Ton corps s'en ira en pâleur et en horreur, en sanie et en fétidité, ver et nourriture des vers... »

Ainsi, dans son sermon sur l'*Impureté* (*Immunditia*) *du cœur et du corps* : La fornication est un appétit d'obscène commixtion. « Elle est quadriforme... Première espèce, quand, en esprit seulement, le concupiscent désire entrer dans les obscènes voluptés de la chair... Deuxième, lorsque l'homme, entré dans la copulation charnelle, conduit à l'apogée cette même œuvre de voluptueuse concupiscence... Troisième, lorsque, échauffé de désirs terrestres, il aime la créature plus que le créateur... Quatrième enfin, lorsque, vénérant les simulacres ... ce de Dieu, il se livre en servitude aux démons. — Sci... am quod fornicatio quadriformis intelligitur.,. Prima ... que hujus quadripartitae fornicationis species est quae quisque mente tantum obscoenis carnis voluptatibus misceri concupiscit... Altera autem qua ipsius voluptatis opus concupitum copula carnali admistus ad effectum perducit... Tertia vero, qua terrenis desideriis aestuans plus creaturam quam Creatorem creaturarum diligit... Quarta vero, qua simulacra pro Deo venerans, daemonibus servitutem impendit... »

Allusion, cette dernière phrase, à la parole de Jérémie disant de la nation juive : « *Moechata est cum ligno et lapide.* » C'est la fornication avec le bois et avec la pierre, le culte de la matière riche ou enrichie, l'adoration minérale et végétale, le veau d'or ou le panneau, les délices d'une copulation spirituelle, induc et vaine.

Tels, avec du lyrisme d'amour et de gloire, de larmes et de peur, les fondements de la littérature catholique. Toujours elle proclama la vie intolérable et sordide ; et pour mieux nous en dégoûter, elle s'ingénie à réduire à l'ordure le plaisir pour lequel l'humanité, qui en est fille, travaille jusqu'au désespoir : besogne, qu'en l'absence de l'Église, occupée à de pauvres intrigues, il nous échoit, peut-être, à quelques-uns, de continuer, — en attendant les moines futurs :

> Ah ! Seigneur ! donnez-moi la force et le courage
> De contempler mon cœur et mon corps sans dégoût

1

Commodien de Gaza et la naissance de la poésie chrétienne. — Les acrostiches. — Le *Carmen Apologeticum*. — La légende de Néron. — La fin du monde. — La langue de Commodien.

I. — COMMODIEN DE GAZA

Au concile tenu à Rome, l'an 496, par le pape Gélase, on dressa une liste des livres autorisés et des livres défendus (c'est la première édition de cet *Index librorum prohibitorum* que la patience de la sainte congrégation afférente ne suffit plus à tenir au courant des foudres excommunicatoires). Parmi les ouvrages chrétiens prohibés comme apocryphes (non orthodoxes), les évêques inscrivirent les opuscules d'un certain Commodien, de Gaza, syriaque.

Vers le même temps, Gennadius insère cette note à l'article *Commodianus* de son *Catalogue des hommes illustres* : « C'était un païen converti qui, voulant faire quelque chose pour le Christ, auteur de son salut, écrivit, en un style médiocre, des manières de vers contre les gentils. »

Nul ne prononça plus le nom de Commodien avant le P. Sirmond, qui cita quelques-uns de ses acrostiches à la suite de son édition d'Ennodius, en 1611, et ses œuvres complètes ne furent publiées qu'en ce siècle, par le cardinal Pitra, d'abord, puis, à diverses reprises, sous une critique sûre, par les Allemands.

Avec stupeur, ayant lu les acrostiches de ce poète d'une si ingénieuse barbarie, on apprend qu'il rédigeait en plein IIIe siècle, parmi les exemples encore récents de la plus correcte latinité, au temps de Justin et avant Quinte-Curce. Il est vrai que l'on date de cette époque la définitive rédaction des évangiles et les premiers efforts des chrétiens à inaugurer une littérature nouvelle. Commodien signe le prologue de la lente défaite d'une mythologie qui ne contient plus que de symboliques gaudrioles : il s'en fait l'exorciste, l'eau bénite de ses anathèmes chasse les antiques démons, et le Christ, en spondée, clôt les lourds hexamètres. Il semble que déjà l'on entende comme de lointains psalmodiements ; une conscience nouvelle crie dans les âmes : le monde est délivré ! Le sensualisme rentre dans la nuit (où il se confectionne en secret d'hypocrites robes) ; les gens ont appris une vérité merveilleuse et terrible : Celui-là est mort qui ne vit pas en Dieu. C'est la naissance de la Tristesse. L'homme regarde autour de lui, ne voit plus rien de visible et se réfugie en lui-même, où l'invisible vient le visiter : c'est aussi la naissance de l'Idéalisme.

Commodien de Gaza, l'esprit chrétien l'incite à un profond mépris de la traditionnelle métrique. Ce fut, sans doute, un évêque qui arrangeait pour les catéchumènes un sommaire versifié du *Credo*. Mais l'indignation jointe à une énergique foi impriment à son style une originalité bizarre. Il n'imite pas Virgile (le trouvant sur son chemin, M. Gaston Boissier le lui reprocha amèrement), il se permet des assonnances et même des rimes, remplace par un fracas de sonorités la traditionnelle et enfantine harmonie imitative, s'élève ainsi à une sorte d'éloquence toute verbale. Voici, par exemple, un acrostiche où l'on sent déjà frémir quelques-uns des grondements du *Dies irae ;* je le cite entièrement, car un acrostiche ne se peut couper et, d'ailleurs (que cela soit dit une fois pour toutes), je prétends mettre dans les citations multipliées de ces poètes inconnus, l'intérêt premier de cette étude :

DE SAECULI ISTIUS FINE

D at tuba coelo signum sublato leone,
E t fiunt de subito tenebrae cum coeli fragore.

S ubmittit oculos Dominus, ut terra tremescat,
A delamat et jam ut audiant omnes in orbem :
E cce diu tacui sufferens tanto tempore vestra !
C onclamant pariter plangentes sero gementes,
U lulatur, ploratur, nec spatium datur iniquis.
L actanti quid faciet mater, cum ipsa crematur ?
I n flamma ignis Dominus judicabit iniquos :

I ustos autem non tanget ignis, sed immo delinget.
S ub uno morantur, sed pars in sententia flebit.
T antus erit ardor, ut lapides ipsi liquescant,

I n fulmine cogunt venti, furit ira coelestis,
U t, quacumque fugit, impius occupetur ab igne ;
S uppetium nullum tunc erit, nec nauticae puppes.

F lamma tamen gentes media partitaque servans,
I n annis mille ut ferant corpora sanctis.
N am inde post annos mille gehennae traduntur,
E t fabrica cujus orant cum ipsa cremantur.

(*De la fin du siècle.* — Dans les cieux, la trompette a donné le signal, le Lion s'abolit, et soudain voici les ténèbres avec un grand fracas d'en haut. Dieu regarde la terre afin que la terre tremble, il vocifère afin que tous entendent jusqu'au bout de la terre : « Je me suis tu longtemps, si longtemps j'ai souffert vos crimes ! » Et vocifèrent avec lui ceux qui pleurent trop tard et trop tard gémissent. On hurle, on aboie, on implore ; en vain : pas un instant n'est accordé aux méchants. Que peut-elle pour son nourrisson la mère plongée dans les flammes ? C'est dans les flammes du feu que le Seigneur jugera les méchants. Quant aux justes, le feu ne les touchera pas, ne les lèchera même pas. Les voilà tous assemblés, les hommes, et la moitié d'entre eux va pleurer sous la sentence. Si grande est la chaleur que les pierres se liquéfient, les vents sont pareils à la foudre, la colère céleste s'enrage, l'impie a beau fuir, le feu saura le rejoindre ; nul secours, nul recours, nul navire pour franchir les mers. Et la flamme cependant épargnera la moitié de ces damnés, afin qu'au bout de mille ans leurs corps soient portés devant les bienheureux. Car c'est après ces mille ans qu'ils seront livrés à la gehenne et avec le monde dont ils faisaient partie, consumés.)

Est-ce que l'effroi de la damnation, les inutiles gémissements, les *aboiements* sinistres des maudits ne sont pas exprimés avec quelque force e.. ces vers pénibles comme des fardeaux, écrasants comme des chaînes ?

Conclamant pariter *plangentes* sero *gementes*,
Ululatur, ploratur, nec spatium *datur* iniquis...

Avec son effroyable férocité de nouveau converti, de chrétien sûr de passer à droite, convaincu d'un inéluctable salut, le barbare multiplie, sur le jour de terreur, les acrostiches et les solécismes. A l'abri des peurs qu'il évoque, de la divine rage qu'il attise furieusement, des torsions infernales où il se voudrait tortionnaire (rêve bien légitime pour une âme qui aurait moins de dégoût que de colère), le bon catéchiste, croquemitaine plus encore que bourreau, s'ingénie à faire trembler, tels que des petits enfants, son prochain : « A cause des incrédules, j'ajoute ceci sur le Jour du Jugement : Pour la seconde fois le feu du Seigneur va maîtriser le monde : la terre et les choses poussent leurs suprêmes gémissements, la terre, les gentils et tous les incrédules : seules sont épargnées les demeures des saints. La nature entière n'est plus qu'une flamme unique : la terre brûle dans ses profondeurs et les montagnes se liquéfient. De la mer il ne reste rien : elle est vaincue par la puissance du feu ; le ciel périt, la terre se transforme et surgissent une autre nouveauté de ciel, une terre éternelle. Alors ceux qui le méritent seront envoyés à une seconde mort, tandis que les justes entreront dans leurs habitacles. »

DE DIE JUDICII

D e die judicii propter incredulos addo :
E missus iterum Deo dominabitur ignis ;

D at gemitum terra rerum tunc in ultima fine,
I n terra gentes ut tunc incredulae cunctae ;
E t tamem evitat sanctorum castra suorum.

I n una flamma convertitur tota natura
U ritur ab imis terra montesque liquescunt,
D e mare nil remanet, vincetur ab igne potente,
I nterit hoc coelum et ista terra mutatur,
C omponitur alia novitas coeli terraque perennis.
I nde qui mereunt mittuntur in morte secunda,
I nterius autem habitaculis justi locantur.

Le *Carmen apologeticum* n'est pas rédigé selon une plus respectueuse prosodie, mais bien que les dactyles de Commodien soient très hérétiques (*ge | hennae tra | duntur*) et ses spondées (*dat iu | ba*), bien qu'il ne fasse pas les élisions, ses vers marchent quand même, l'oreille n'est pas choquée et rien ne démontre mieux tout ce que la versification virgilienne avait d'artificiel. Commodien n'est pas cependant illettré : il a lu les poètes classiques dont çà et là il reproduit les tours et les expressions favorites ; il connaît très bien les Écritures et les apologistes de sa religion, Hermas, Cyprien, Tertullien, Minucius Félix. Donc, s'il commet les plus inconcevables fautes de métrique et même de langage, c'est par mépris peut-être plus que par ignorance ; une grande part de ces incorrections doit également être dévolue à de très ignorants copistes. Les plus savants éditeurs allemands n'ont pas triomphé d'une obscurité qui rend souvent très douteuse les partielles traductions que l'on essaie ici pour la première fois.

Carmen apologeticum adversus Judaeos et gentes : cela commence par un exposé de la doctrine, par une démonstration que les disciples de Jésus sont dans la bonne voie : *Rectum iter vobis.* Il affirme la résurrection, base sa créance sur la parole de Dieu et la vraisemblance de la parole de Dieu sur la renaissance du phénix :

> Sicut avis Phoenix meditatur a morte renasci,
> Dat nobis exemplum post funera surgere posse...

C'est ensuite une revue des prophètes, des considérations sur la vie, simples et justes, telles que : « C'est un grand tourment que de vivre en un tel siècle ! »

> Tormentum est totum quod vivimus isto sub aevo...

Après de nouvelles morales il joint enfin son vrai sujet, l'histoire de la fin du monde. Il en donne les signes. Des barbares viendront ; il les nomme les Goths ; ils ont pour roi Apollyon :

> Rex Apollyon erit cum ipsis nomine dirus
> Qui persecutionem dissipet sanctorum in armis.
> Pergit ad Romam cum multa milia gentis
> Decretoque Dei captivat ex parte subactos.
> Multi senatorum tunc enim captivi deflebunt
> Et Deum coelorum blasphemant a barbaro victi...
> ... Luxuriosos et idola vana colentes
> Persecuntur enim et senatum sub jugo mittunt...
> Exurgit interea sub ipso tempore Cyrus
> Qui terreat hostes et liberet inde senatum.
> Ex infero redit, qui fuerat regno praeceptus
> Et diu servatus cum pristino corpore notus.
> Dicimus hunc autem Neronem esse vetustum
> Qui Petrum et Paulum prius punivit in urbe.
> Ipse redit iterum sub ipso saeculi fine
> Ex locis apocryphis, qui fuit reservatus in ista...
> Qui cum apparuerit, quasi deum esse putabunt.

« Ils ont pour roi Apollyon, au renom de cruauté, qui, par la force des armes, abolira la persécution des saints. Il marche vers Rome avec beaucoup de milliers de Gentils et sur le décret de Dieu, capture une partie des vaincus. Beaucoup de sénateurs prisonniers pleureront et vaincus par un barbare blasphèmeront le Dieu des cieux...

« On poursuit les luxurieux et les adorateurs des vaines idoles, on courbe sous le joug les sénateurs... Dans le même temps surgit le roi Cyrus qui terrifie les ennemis et libère le Sénat. Revient de l'enfer celui qui avait été arraché à son trône et il a repris l'ancien corps sous lequel il était connu : Disons-le, il s'agit du vieux Néron, de celui qui fit périr Pierre et Paul à Rome. Il revient à la fin du monde, du fond des abîmes apocryphes, celui qui avait été réservé là...

« Dès qu'il apparaît, on le regarde comme un Dieu... »

Maître à nouveau du monde, le dur et inique roi, dont le Très Haut a induré le cœur méchant, fait jeter les chrétiens hoi de la ville, et s'étant adjoint deux lieutenants s'excite à de plus âpres persécutions. Des édits sont lancés ; « on veut déchristianiser le monde. »

Ut genus hoc hominum faciant sine nomine Christi.

« Alors, il n'y a plus un seul jour de paix, il n'y a plus une seule oblation au Christ. Le sang partout stagne, c'est indescriptible : les larmes coulent, les mains tombent, les cœurs tremblent à ce spectacle, devant les martyrs subissant de telles angoisses. Sur les mers, sur les terres, jusqu'au fond des îles et des tanières, on les poursuit sans trêve, il faut pour victimes les ennemis mêmes du sang versé... »Cela dure trois ans, puis vient l'heure de la vengeance ; le tyran tombe...

Nulla dies pacis tunc erit nec oblatio Christo,
Sed cruor ubique manat, quem describere vincor ;
Vincunt enim lacrimae, deficit manus, corda tremescunt,
Quamquam sit martyribus aptum tot funera ferre ;
Per mare, per terras, per insulas atque latebras
Scrutanturque diu, execratos victimam ducunt.
Haec Nero tunc faciet triennio tempore toto...
Pro cujus facinore veniet vindicta letalis...
Tollatur imperium...

Un autre roi se lève que suivent quatre nations ; il emplit la mer de beaucoup de milliers de navires, il s'empare d'abord de Tyr et de Sidon et quiconque lui résiste est mis à mort.

« Soudain le fracas de la trompette retentit et tous les cœurs sont profondément troublés. Un quadrige de feu apparaît dans les airs et un flambeau le précède, symbole du feu qui va dévorer les nations... » Néron, toujours au pouvoir, marche avec ses lieutenants contre le nouveau roi, « mais ils sont occis et leur corps est donné en pâture aux oiseaux. » Il se fait un grand carnage; Rome est détruite « et la ville se lamentera durant toute l'éternité, qui se croyait éternelle. »

Enfin, après divers incidents, les anges du Très Haut ravagent la terre ; ils vont tels que des lions, dévastant toutes choses, et comme le Seigneur est avec eux, rien ne leur résiste : c'est la fin du monde ; les étoiles tombent, car il faut que les astres soient jugés, la comburation est universelle : les justes, à l'abri, regardent. La totale annihilation accomplie, les morts surgissent ; le jugement dernier se déroule : la Justice règne.

Le Carmen apologeticum semble, avec l'*Apocalypse*, la plus ancienne prédiction d'origine chrétienne relatant la destruction de la terre par le feu ; ce poème rapporte évidemment les croyances populaires répandues alors parmi « les fils du Christ » : son orthodoxie, contestée par le pape Gélase, est assez incertaine ; cependant la tradition catholique ne peut le répudier, sinon en certains détails aventureux.

Commodien ne s'érige pas toujours en furieux vaticinateur. Il a parfois de l'esprit, surtout lorsqu'il raille les dieux dont il contourne rudement le profil ridicule.

Ainsi nous fait-il voir Mercure portant dans une sacoche de la monnaie, affublé d'une robe ouverte sous laquelle il apparaît nu, coiffé d'un casque inutile, armé d'ailes minuscules et absurdes ! « Allez, suivez-le, peut-être la sacoche crèvera-t-elle ! Peut-être que de l'argent va pleuvoir ! » Après les dieux, le constant objet de sa moquerie et de sa haine, ce sont les Juifs, le « peuple au col roide », et il les peint, d'un seul vers, éternellement fourbes et entêtés :

> Improbi semper et dura cervice recalces.

Les Gentils, ses frères de jadis, il les traite beaucoup moins durement, les engage à ne pas errer par les forêts, comme un pauvre bétail à la merci des loups, à venir retrouver le bœuf dans l'étable :

> Intrate stabulis silvestris ad praesepia tauri,
> Latronibus tuti sub regia tecta manentes.
> In silva lupi...

C'est un métaphoriste coutumier d'images aussi expressives que « les yeux concupiscents, poignards insatiablement avides. »

> Oculorum acies nunquam satiatur avara.

Ce vers se trouve dans son acrostiche *De zelo concupiscentiæ*. Le dernier des quatre-vingts acrostiches de ce poète singulier est fabriqué à rebours sur la légende *Commodianus mendicus Christi* est entièrement assonnancé en *o*. Il y exprime le regret de n'avoir pu tout dire en un si mince volume et termine par cet appel aux esprits ingénieux, aux sphynx pieux, retors et « doctes » : « Maintenant trouvez mon nom. ».

> Omnia non possum comprehendere parvo libello.
> Curiositas docti inveniet nomen in isto.

Sa langue est toute pleine de mots nouveaux, soit qu'il les ait forgés, soit qu'il les ait empruntés au populaire : *Crucistultitia*, la folie de la Croix, *judaeidiare*, judaïser, *indisciplinatus, monstrivorus, subsannare*, railler, *victualia*, victuailles. Il écrit pour le besoin de ses acrostiches, *Capelli* par K, chérit les éclatants gérondifs, qui dans le style ecclésiastique remplaceront très souvent le sourd participe présent, constelle ses vers de sonorités telles que *blandiendo, clamando, praeliando, prosequendo, zelando*.

II

Juvencus. — Le *De Jona* et le *De Sodoma*. — Lactance et le *De Phoenice*. — Claudien. — Marius Victorinus. — Ausone et S. Paulin de Nole. — S. Hilaire de Poitiers. — S. Ambroise et les Heures canoniales. — S. Damase. — Le Sadisme tortionnaire et les outils à martyriser.

II. — HILAIRE, AMBROISE, DAMASE

Il faut franchir presque un siècle pour rencontrer un second poète chrétien, Juvencus. Celui-ci fut médiocre et illustre, expliqué jusqu'à nos jours dans les petits séminaires, car il n'avait pas craint, dit saint Jérôme, « de faire passer sous les lois du mètre la majesté de l'Evangile. » C'est en somme un pauvre paraphraseur de saint Mathieu, qui invoque à la fois Jésus et Maron, fait proférer aux saintes femmes des centons de Virgile. On trouve dans le livre IV de son poème, *Historia Evangelica*, une prosopopée du jugement dernier bien inférieure au tonitruant acrostiche de Commodien. Tout au plus peut-on s'arrêter un instant à de curieuses expressions dévotes, toutes nouvelles alors en latin, comme, *visendi solatia*, visite de consolation, *dubitata fides*, foi chancelante; mais en tel autre passage, il recule devant l'évangélique *scandalum*, qu'il traduit par *erroris laqueos*, les filets de l'erreur!

Parfois, mais sans bien claire raison, deux autres poèmes lui sont attribués, le *De Jona* et le *De Sodoma*; ce sont encore des paraphrases de l'Écriture, toutefois plus libres, même poussées jusqu'à de curieuses créances légendaires : ainsi l'auteur affirme que la statue de sel de la femme de Loth se dressait encore de son temps sur la route de Sodome et, comme preuve de la miraculeuse transformation, il nous apprend qu'elle avait gardé la véritable habitude des exonérations mensuelles !

Du même siècle, le quatrième, inscrit à Tertullien, à Cyprien, à Lactance, le *De Phoenice*, poème symbolique sur la résurrection. C'est un bizarre mélange de paganisme et de christianisme, de mythes orientaux et de philosophisme alexandrin. Le phénix y apparaît tel qu'un fabuleux oiseau, prêtre d'Hélios qui offre, au lever du soleil, les douze sacrifices lavatoires; quand l'heure de sa mort provisoire est venue, il se construit un bûcher de parfums où de sa propre chaleur il se consume :

> Tunc inter varios animam commendat odores,
> Depositi tanti nec timet illa fidem.

La foi n'est pas déçue : une larve née de la cendre tiède rend le mort à la vie, — et le poète, affirme par ce mythe cet universel besoin, ce désir indiscret et presque furieux, cette irréfragable volonté d'une survie, raison d'être première, et la plus haute, du Christianisme.

Un autre *Phoenix* est inscrit à Claudien ; ni le poème, ni le poète n'avouent des âmes chrétiennes : ce sont de beaux vers et rien de plus. De Claudien encore quelques-uns affirment l'éjaculation *Ad Christum Salvatorem :*

> Christe potens rerum, redeuntis conditor aevi,
> Vox summi sensusque Dei...

(O Christ, maître des choses, ô fondateur des siècles rénovés, ô verbe, ô sentiment du très haut Dieu...)

Mais le christianisme de Claudien est fort douteux, — ou bien, comme tel poète que nous connûmes, il enfermait, à l'heure des écritures, sa foi sous clef, pour qu'elle n'effarouchât Diane ou Proserpine.

Le *De Beneficiis suis Christus*, d'un inconnu et *les Macchabées* de Marius Victorinus n'exigent pas autre chose qu'une simple mention.

Une des plus antiques éditions d'Ausone, celle que Philippe Junte donna en 1517 à Florence semble l'image même de cette cervelle trouble. Simple copie imprimée d'un manuscrit, elle entremêle dans un inquiétant fouillis les vers pieux du poète et ses légères et mêmes légèrement obscènes épigrammes. Voici au recto du feuillet seizième une édifiante série de *Versus Paschales* et en face une ambiguë dissertation *in Puerum formosum*.

Les vers édifiants disent :

> Sancta salutiferi redeunt solemnia Christi
> Et devota pii celebrant jejunia mystae...

Les vers ambigus psalmodient ce répons :

> Cum dubitat natura marem faceret ne puellam,
> Factus es, o pulcher, pene puella, puer.

Ausone est un poète curieux de tout, riche d'imagination et par conséquent de contradiction, hanté de visions charnelles dont il se débarasse en les écrivant à ses amis : « Lasciva est nobis pagina, vita proba », écrit-il à saint Paulin, auquel il inflige, non sans remords des pages telles que le dernier chapitre du *Cento Nuptialis*. D'un charme très spécial et tout neuf dans la poésie latine, son poème de *La Moselle* demeure une suite exquise comme d'aquarelles ; c'est de la littérature connue ou qui en a l'air, sans quoi il serait agréable de s'amuser, par exemple, à traduire les trente vers qui suivent celui-ci (ou d'autres, car tout le poème est lumineux et transparent) :

> Spectaris vitreo per levia terga profundo,
> Secreti nihil amnis habens...

Sa correspondance avec Paulin nous fait revenir à la controverse religieuse, aux formes nouvelles de la poésie chrétienne. Croyant, mais d'âme païenne et de culture classique, Ausone incite son disciple à ne point mépriser les lettres profanes et Paulin répond : « Les cœurs voués au Christ se refusent aux Muses, sont fermés à Apollon... Le Christ est la lumière de vérité, la voie de notre vie, la force, l'esprit, la main, la vertu du Père, — soleil d'équité, fontaine de joie, fleur de Dieu, fils de Dieu, auteur du monde, vie de notre mortalité, mort de notre mort... »

> Negant camoenis, nec patent Apollini
> Dicata Christo pectora...

> Hic veritatis lumen est, vitae via,
> Vis, mens, manus, virtus Patris,
> Sol aequitatis, fons bonorum, flos Dei,
> Natus Deo, mundi sator,
> Mortalitatis vita nostrae, et mors necis...

Ausone mourut et Paulin eut le dernier mot contre l'impénitent virgilien. Une assez belle prière est attribuée à l'ermite de Nole :

> Omnipotens, solo mentis mihi cognite cultu...

Mais, la vraie poésie liturgique s'incarne alors en Hilaire de Poitiers, qui sans briser encore la métrique horatienne, sans rejeter l'asclépiade, l'iambe, ni le choriambe, évite le remplacement permis d'une longue par deux brèves, donne à ses vers, du moins, une apparence syllabique et balance ses strophes sur le solide appui des rimes :

> Jesus refulsit omnium
> Pius redemptor gentium :
> Totum genus fidelium
> Laudes celebret dramatum.
>
> Quem stella natum fulgida
> Monstrat micans per aethera,
> Magosque duxit praevia
> Ipsius ad cunabula.
>
> Illi cadentes parvulum
> Pannis adorant obsitum,
> Verum fatentur ut Deum
> Munus fruendo mysticum...

(Jésus a resplendi, rédempteur pieux de toutes les nations : que le chœur entier des fidèles chante le glorieux drame divin. — Le nouveau-né, une éclatante étoile le signale, qui brille dans les airs et conduit les Mages jusqu'au pied du berceau. — Et les Mages tombent à genoux, adorent le petit dans ses langes, reconnaissent sa divinité par l'offrande des dons mystiques.)

Cette hymne qui est peut-être le plus ancien noël latin se chante encore, au lieu de l'*Hostis Herodes impie* de Sedulius en quelques églises provinciales.

Ambroise, « l'auteur d'indigestes homélies, l'ennuyeux Cicéron chrétien » comme le juge des Esseintes, écrivit cependant, selon la même forme, de charmantes hymnes. Sa langue poétique originale et hardie, aborde les métaphores les plus neuves, et l'entrecroisement de ses rimes est assez séduisant :

> Veni redemptor gentium,
> Ostende partum virginis :
> Miretur omne seculum,
> Talis decet partus Deum.
>
> Non ex virili semine,
> Sed mystico spiramine,
> Verbum Dei factum est caro,
> Fructusque ventris floruit.
>
> Alvus tumescit Virginis,
> Claustrum pudoris permanet,
> Vexilla virtutum micant.
> Versatur in templo Deus.
>
> Procedit e thalamo suo,
> Pudoris aula regia,
> Geminae gigas substantiae,
> Alacris ut currat viam...

« Viens, Rédempteur des nations, montre l'accouchement d'une vierge, et que tous les siècles disent étonnés : C'est ainsi que devait naître un Dieu. — Sans nulle semence humaine, mais créé par un souffle mystique, le Verbe de Dieu s'est fait chair, et le fruit du ventre a fleuri. — Le ventre de la Vierge s'est gonflé, le cloître de la pudeur demeure ; l'étendard de la puissance resplendit : Dieu se tient dans son temple. — Il

ort de la chambre nuptiale, il sort de la royale cour de la
pudeur, géant de la double substance, tout prêt pour les acti-
vités de la vie... »

Plusieurs fois, avec d'analogues images, il évoque cette
merveilleuse parturition ; ainsi dans l'hymne, *Conditor alme
siderum* :

>   Vergente mundi vespere
>   Uti sponsus de thalamo
>   Egressus honestissima
>   Virginis matris clausula.

« Vers le déclin du soir du monde, comme l'époux sort de
son lit, il est sorti des très honnêtes issues de la Vierge
mère. »

Il trouve, pour fleurir le chœur des vierges, de délicieuses
floraisons de mots :

>   Jesu corona virginum...
>   Qui pascis inter lilia
>   Septus choreis virginum...
>
>   Quocumque pergis, virgines
>   Sequuntur, atque laudibus
>   Post te canentes cursitant
>   Hymnosque dulces personant.

« O Jésus, couronne des vierges... tu vas paissant parmi
les lis, entouré d'une ronde de vierges... — Partout les vierges,
te suivent et de louanges, en chantant, te poursuivent, et les
douces hymnes résonnent. »

Saint Ambroise rédigea de courtes hymnes pour chacune
des heures canoniales ; elles sont toujours d'usage, obligatoi-
rement récitées par la lecture du bréviaire ; chantées aux offices des chanoines, moines et nonnes, et le dimanche de
tous :

>   A Matines : Æterne rerum conditor
>   Noctem diemque qui regis...

A Prime :   Jam lucis orto sidere
                Deum precemur supplices...

A Tierce :   Nunc sancte nobis Spiritus...

A Sexte :   Rector potens, verax Deus...

A None :   Rerum Deus tenax vigor,
                Immotus in te permanens...

A Vêpres :   Lucis creator optime
                Lucem dierum proferens,
                Primordiis lucis novae
                Mundi parans originem...

A Complies :   Te lucis ante terminum
                Rerum creator poscimus
                Ut pro tua clementia
                Sis praesul ad custodiam.

                Procul recedant somnia
                Et noctium phantasmata
                Hostemque nostrum comprime
                Ne polluantur corpora.

(Avant la chute du jour, toi, créateur des choses, nous te supplions qu'au nom de ta clémence tu veilles sur nous tel qu'un chef de garde. — Mets en fuite les vains songes, les phantasmes de la nuit, et défiens notre ennemi afin que nos corps échappent à la souillure.)

Respectées en toutes les révolutions de l'antiphonaire, les odes de saint Ambroise sont demeurées parmi les plus exquises fleurs du symbolique jardin de la liturgie et l'on comprend cette salutation que lui adresse un vieux moine suédois : « Salut, vase du saint Amour, vase tout rempli de rosée céleste. »

                Salve sancti vas Amoris
                Vas celestis plenum roris,

Il y a peu de vers plus divins que ce fragment de l'*Aurora lucis rutilat*, qui fait partie du Commun des Apôtres :

> Tristes erant Apostoli
> De nece sui Domini
> Quem poena mortis crudeli
> Servi damnárunt impii.
>
> Sermone blando Angelus
> Praedixit mulieribus :
> In Galilea Dominus
> Videndus est quantocius.
>
> Illae dum pergunt concitae
> Apostolis hoc dicere,
> Videntes eum vivere
> Osculantur pedes Domini...

(Tristes étaient les Apôtres de la mort de leur Seigneur, au tourment d'une cruelle agonie par des esclaves impies condamné. — Avec de très douces paroles, un ange dit aux femmes : Prochainement en Galilée le Seigneur apparaîtra. — Et pendant qu'elles vont vite dire la nouvelle aux Apôtres, elles le voient devant elles vivant et elles baisent les pieds du Seigneur...)

A saint Ambroise (non moins qu'à saint Augustin et à d'autres) on attribue le *Te Deum* : ce psaume de gloire est de la pure poésie biblique.

Le « lapidaire » Damase, pape et saint, est, en ses hymnes, comme en ses épitaphes, net, clair, un peu sec. Il semble pressé d'accumuler, en le nombre de mots le plus restreint, une quantité de sens divers, les uns et les autres enchevêtrés.

Ainsi, à propos du martyre de sainte Agathe :

> Fortior haec trucibusque viris
> Exposuit sua membra flagris,
> Pectore quàm fuerit valido
> Torta mamilla docet patulò.

« Mais celle-ci, plus forte que ses tourmenteurs, des hommes, livra ses membres aux flagellations ; combien son cœur est valeureux, clairement le montre à tous sa mamelle suppliciée. »

Une antienne du Bréviaire rapporte une curieuse apostrophe de la sainte aux bourreaux, qui, au moyen de tenailles rougies, lui arrachaient les seins. Elle leur dit : « Comment, vous n'avez pas honte d'amputer une femme de cette mamelle que vous avez sucée dans les bras de votre mère ! » Et selon la paraphrase d'Albert de Prague (xive siècle) :

> Non confusus est, dixisti,
> Amputare quod suxisti
> Solus tu in femina ?
> Me habere mammas gratas,
> Integras, scias, sacratas
> Domino in animâ.

Ah ! les mamelles des vierges, « favorites, intègres, sacrées !.. » les deux mamelles de la femme rénovée, symboles de l'Ancien et du Nouveau Testament, de même que les deux Lions gardiens du trône de Salomon, de même que l'Agneau et le Léopard qui surveillent l'ouverture du livre des Sept sceaux !

A-t-on remarqué cet étonnant sadisme des tortionnaires qui, dans la femme, cherchent à faire souffrir les organes spécialement féminins, soit qu'ils torturent les seins avec d'horribles outils, soit qu'ils agrippent avec les ongles de fer d'une monstrueuse bête les secrètes virginités des audacieuses vierges !

« On se servait principalement, dit dom Ruinart, dans ses notes aux *Acta Sincera*, de trois sortes d'instruments pour déchirer les martyrs : *Ungulae*, des ongles de fer ; c'étaient des tenailles dont les pinces étaient pleines de dents qu'on imprimait en les serrant dans la chair des martyrs ; *Unci*, des crocs ; c'étaient de longs bâtons dont le bout était armé d'un fer recourbé ; on arrachait avec cela les entrailles par les larges ouvertures que les fouets faisaient aux côtés ;

Pectines, des peignes de fer, faits à peu près comme ceux dont on peigne la laine, avec cette différence que les manches en étaient plus longs. »

Les crocs : quelle tentation pour d'obscènes questionnaires que d'aller ravager la gaine sacrée indubitablement close à leur lasciveté ! Ainsi se vengea un juge nommé Maximin sur Valentine de Césarée, qui fut « profondément perforée » ; et les peignes : peigner comme une bourre saignante le ventre déchiqueté de Théa de Gaza ; les ongles : enserrer d'une féroce griffe les jeunes seins de la Tyrienne Théodosia, les écraser, les pressurer, grenades pitoyables, grappes douloureuses !

> Virginei tumuere sinus…

dit quelque part Damase : les seins vierges se sont gonflés de lait ; ils se sont aussi gonflés de sang. Le sang n'était pas moins nécessaire : il est baptismal et symbolique.

III

Prudence. — Le *Cathemerinon*. — Le *Peristephanon*. — L'*Apothéose*. — La *Psychomachie* : Combat de la Sodomie et de la Pudicité, de la Sensualité et de la Sobriété. — L'*Hamartigeneia* : Le coït légendaire des vipères et les parturitions mentales.

III. — PRUDENCE

Aurelius Prudentius Clemens, le prudent et fertile poète, et maître en la métrique, comme l'appelle son compatriote Théodulphe,

> Diversoque potens prudenter promere plura
> Metro, o Prudenti, noster et ipse parens,

Prudence, qui inaugure le fécond cinquième siècle par des poèmes didactiques, polémiques ou panégyriques, par des hymnes imitées de saint Ambroise, le premier et le grand fabricateur, Prudence de Sarragosse a recouvré quelque faveur près de l'érudition ecclésiastique. On ne peut plus avoir la prétention de l'exhumer; néanmoins, si ce n'est jadis quelques hymnes, nulle de ses œuvres ne fut jamais traduite. Entre toutes, les plus connues sont le *Cathemerinon* où se trouve un court fragment charmant, le *Salvete flores martyrum* et le *Peristephanon* qui renferme une curieuse complainte sur sainte Eulalie, prototype, peut-être, du plus ancien poème en langue française, la *Cantilène de sainte Eulalie* :

> Buona pulcella fut Eulalia.
> Bel avret corps, bellezour anima.
> Voldrent la veincre li deo inimi.
> Voldrent la faire diavle servir.
> Elle nor eskoltet les mals conseilliers...

Le *Salvete*, qui se chante le jour de fête des Saints Innocents renferme une image ingénieuse et presque touchante : que peuvent-ils faire de leurs palmes et de leurs couronnes, les petits enfants martyrs ? Ils jouent avec : en mourant, ils ont conquis la possession de jouets éternels qui toute l'éternité les amuseront. La première strophe symbolise leur occision en une moisson de roses :

> Salvete, flores martyrum
> Quos lucis ipso in limine
> Christi insecutor substulit :
> Ceu turbo nascentes rosas.
>
> Vos prima Christi victima,
> Grex immolatorum tener,
> Aram sub ipsam simplices
> Palma et coronis luditis.

Et l'antiphone du bréviaire ajoute naïvement : « Voici ceux qui ne se sont pas souillés avec la femme. »

L'hymne sur le martyre d'Eulalie est une véritable complainte, en quarante-quatre strophes de cinq vers, où la rime n'est ni cherchée ni évitée, mais pleine d'intentions allitératives et de consonnances intérieures. Quant au style, il est d'un mauvais goût délicieux et çà et là, dans le détail des supplices, d'une poignante élégance : « Le sang, paraphrase la traduction française des *Acta sincera*, où ce poème fut recueilli par Dom Ruinart, le sang pur et vermeil qui coule de ses blessures ne sert qu'à relever sa blancheur naturelle d'un nouveau coloris : c'est un fard innocent qui la rend plus vive et plus belle : »

> Membraque picta cruore novo
> Fonte cutem recalente lavant.

On dirait que c'est Prudence qui paraphrase la Cantilène :

> In figure de colomb volat a ciel.

A l'exubérance du grand poète il faut une strophe entière pour la même image :

> Emicat inde columba repens
> Martyris os nive candidior
> Visa relinquere, et astra sequi :
> Spiritus hic erat Eulaliae
> Lacteolus, celer, innocuus.

Ce passage est ainsi rendu en une ancienne traduction :

> Sortoit de la bouche d'elle
> Une blanche colombelle,
> Qui vola tout droit aux cieux :
> C'estoit l'esprit glorieux
> De la sacrée pucelle.

Si, après le *Peristephanon* ou *Livre des Couronnes* on entr'ouvre les grands poèmes de Prudence, plus d'un passage encore révèle un réel poète; ses hexamètres roulent comme les limoneuses vagues d'un large fleuve, tout pleins de la vie grouillante des vieux mots régénérés. Telle, dans l'*Apothéose*, sa grande et éloquente prosopopée de la résurrection de Lazare : « La pierre tombale se soulève et la funéraire horreur revomit les vivantes funérailles d'un cadavre qui marche. Déroulez, sœurs joyeuses, les douloureuses bandelettes : c'est l'odeur des aromates dont le soupirail laisse passer l'effluence, le souffle des caveaux sordides n'exhale aucune purulente puanteur. Voilà que la sanie qui fermait les yeux dégoutte et les prunelles ont recouvré leur éclat premier; les joues putréfiées reprennent leurs anciennes pourpres. Qui donc a rendu leur âme à ces membres fluides ? Qui donc à cette âme a rendu des membres ? Qui donc, sinon celui qui insuffla la vie dans les veines humides de la douve marécageuse et qui changea en sang rouge la lymphe boueuse de la putrescente argile ? »

> Nec mora, funereus revolutis rupibus horror
> Evomit exsequias gradiente cadavere vivas.
> Solvite jam laetae redolentia vincla sorores :
> Solus odor sparsi spiramen aromatis efflat,
> Nec de corporeo nidorem sordida tabo
> Aura refert, oculos sanie stillante solutos
> Pristinus in speculum decor excitat, et putrefactas
> Tincta rubore genas paulatim purpura vestit.
> Quis potuit fluidis animam suffundere membris ?

> Nimirum qui membra dedit, qui fictilis ulvae
> Perflavit venam madidam, cui tabida gleba
> Traxit sanguineos infecto humore colores.

L'*Hamartigeneia*, la genèse ou la naissance du péché, est une assez violente satire où s'accumulent les images les plus inattendues, les apostrophes les plus audacieuses contre l'abus des sens.

Il nous montre l'homme imbécile, à genoux devant la force, lui qui méprise la Force suprême, adorateur de sa propre méchanceté, adorant l'épieu qu'on lui enfonce dans la gueule :

> Ipse suam, pudet heu ! contempto Principe vitae
> Perniciem veneratur homo : colit ipse cruentum
> Carnificem, gladiique aciem ingulandus adorat...

Le sens du toucher, qui est répandu en toutes les parties de notre corps, nous nous en servons pour jouir aux tendres attouchements, aux caressantes fomentations :

> Ipse etiam toto pollet qui corpore tactus
> Palpamen tenerum blandis e fotibus ambit.

Partout, la perversion règne : nos yeux, sont-ils faits pour considérer les membres honteusement nus d'hommes-femmes emportés au vertige des danses scéniques ?

> ...Ut turpia semivirorum
> Membra theatrali spectet vertigine ferri ?

Nos narines, pour renifler, en une mauvaise volupté, la teinture où une improbe catin s'est trempé les cheveux ?

> Ut bibat illecebras malè conciliata voluptas
> Quas pigmento meretrix jacit improba crine ?

Il y a dans ce poème une bien étrange allégorie : nos vices, dit Prudence, sont nos enfants ; mais quand nous leur donnons la vie, ils nous donnent la mort, comme à la vipère la parturition de ses petits. « Elle ne les met pas au monde par les voies naturelles et elle ne les a pas conçus par l'ordinaire coït qui distend l'utérus ; mais dès qu'elle ressent l'excitation sexuelle, l'obscène femelle provoque le mâle qu'elle veut boire de sa bouche grande ouverte : le mâle introduit dans la gorge de sa compagne sa tête à la triple langue et tout en feu lui darde ses baisers, ejaculant par ce coït buccal, le venin de la génération. Blessée à la violence de la volupté, la femelle fécondée rompt le pacte d'amour, coupe de ses dents la gorge du mâle et pendant qu'il meurt avale les spermes infusés dans la salive. Les semences ainsi emprisonnées coûteront la vie à la mère : quand elles seront adultes, quand elles commenceront, minces corpuscules, à ramper dans leur tiède caverne, à secouer de leurs vibrations l'utérus,... comme il n'y a aucune issue pour la parturition, le ventre de la mère se déchire sous les efforts des fœtus vers la lumière, et les intestins déchirés leur ouvrent la porte... Les petits reptiles rampent autour du cadavre natal, le lèchent, génération en naissant orpheline, n'ayant jamais connu leur mère vivante, n'ayant qu'une mère misérablement posthume. Telles, nos parturitions mentales...

Mater morte sua, non sexu fertilis, aut de
Concubitu distenta uterum ; sed cum calet igni
Percita femineo, moriturum obscena maritum
Ore sitit patulo : caput inserit ille trilingue
Conjugis in fauces, atque oscula fervidus intrat,
Insinuans oris coitu genitale venenum.
Nupta voluptatis vi saucia, mordicus haustum
Frangit amatoris blanda inter foedera guttur
Infusasque bibit caro pereunte salivas.
His pater illecebris consumitur ac genitricem
Clausa necat soboles : nam postquam semine adulto
Incipiunt calidis corpuscula parva latebris
Serpere, motatumque uterum vibrata ferire...
Nam quia nascendi nullus patet exitus, alvus

> Fetibus in lucem nitentibus excruciata
> Carpitur, atque viam lacerata per illa pandit...
> ... Lambunt natale cadaver
> Reptantes catuli, proles dum nascitur orba,
> Haud experta diem, miserae nisi postuma matris.
> Non dispar nostrae conceptus mentis...

Ce même fait est narré de la panthère par Jacques de Vitry dans ses *Exempla*.

Feuilletons maintenant la *Psychomachie*, tableau allégorique du combat des vices et des vertus. C'est le plus animé des poèmes de Prudence et les symboles y acquièrent, grâce au galop emporté des vers, une très singulière vie factice. D'abord c'est la Foi, qui vient, vêtue de simplicité, les épaules nues, les cheveux longs, et ne tarde pas à exterminer le Culte des dieux. Ensuite la vierge Pudicité s'avance, resplendissante en sa claire armure, et à sa rencontre, voici la Sodomie qui cherche à l'aveugler avec d'ardentes torches de poix, des jets de soufre, à l'étouffer sous une âcre fumée. Mais l'imperturbable vierge lance vers la louve ses traits ignés, enfonce son glaive dans la gorge de la mérétrice réduite à merci :

> Virgo Pudicitia speciosis fulget in armis :
> Quam patrias succincta faces Sodomita Libido
> Adgreditur, piceamque ardenti sulphure pinum
> Ingerit in faciem pudibundaque lumina flammis
> Adpetit, et tetro tentat suffundere fumo.
> Sed dextram furiae flagrantis et ignea dirae
> Tela lupae saxo ferit imperterrita virgo,
> Excussasque sacro taedas depellit ab ore.
> Tunc exarmatae jugulum meretricis adacto
> Transfigit gladio...

Ensuite, elle lui tient un long discours, lui apprend qu'après « qu'une femme ignorante du mâle a mis au monde le Christ », son règne est clos, finit par lui crier : « Te voilà vaincue, limoneuse luxure ! »

> ... Victa jaces lutulenta Libido !

Successivement, combattent leurs sœurs contraires, la Patience, l'Humilité, l'Espérance, la Sobriété, etc. Celle-ci a pour adversaire la Sensualité (*Luxuria*) qui, *o nova pugnandi species !* s'écrie Prudence, combat, la lascive ! en jetant des violettes, des feuilles de roses, en répandant des parfums, en ouvrant les bras, en faisant valoir sa beauté :

> Sed violas lasciva jacit foliisque rosarum
> Dimicat et calathos inimica per agmina fundit.

« Les cheveux parfumés, les yeux vagues, la voix languide, toute effusée dans la jouissance, ne rêvant que volupté, occupée à l'amollissement des reins et des âmes, à la cueillaison des énervantes caresses, à la dissolution des caractères : pour le moment, assez fanée, elle venait roter en plein jour son souper de la nuit interrompu par le bruit de la première bataille, et, laissant l'orgie, elle s'avançait titubante, ivre de vin et d'odeurs, écrasant sur son passage des fleurs tombées. Elle venait, non pas à pied, mais dans un fort joli carrosse d'où elle s'occupait à capter les cœurs et les regards des hommes... (Les fleurs qu'elle a jetées sont empoisonnées d'amour); leurs parfums illicites soufflent un doux venin dans la chair ébranlée et mauvaisement la tendre odeur dompte les bouches, les cœurs, les bras... Les combattantes courbent la tête, comme des vaincues mettent bas les armes honteusement, les mains défaillantes, stupéfiées devant le carrosse qui resplendit de l'éclat divers des gemmes, les cuirs plaqués d'éclatants ors, bouche bée et les yeux grands ouverts devant l'essieu dont la solidité précieuse est faite d'or massif, la série des rais d'argent que la courbure des jantes retient dans une orbe de pâle electrum. Et voilà que toute, dans un don d'amour, l'armée trahissante incline, sans sommation, les enseignes, pressée de s'agenouiller aux pieds de la Sensualité, de subir le joug de l'ondoyante maîtresse, d'obéir à la règle lâche des maisons de plaisir. »

>   Delibuta comas, oculis vaga, languida voce,
>   Perdita deliciis; vitae cui caussa voluptas,
>   Elumbem mollire animum, petulanter amoenas
>   Haurire illecebras et fractos solvere sensus.
>   At tunc pervigilem ructabat marcida cenam
>   Sub lucem : quia forte jacens ad fercula raucos
>   Audierat lituos atque inde tepentia linquens
>   Pocula, lapsanti per vina et balsama gressu
>   Ebria calcatis ad bellum floribus ibat.
>   Non tamen illa pedes sed curru invecta venusto
>   Saucia mirantum capiebat corda virorum...
>   ... Halitus illex
>   Inspirat tenerum labefacta per ossa venenum
>   Et male dulcis odor domat ora et pectora et arma...
>   Dejiciunt animos, ceu victi, et spicula ponunt
>   Turpiter, heu, dextris languentibus obstupefacti,
>   Dum currum varia gemmarum luce micantem
>   Mirantur, dum bracteolis crepitantia lora
>   Et solido ex auro pretiosi ponderis axem
>   Defixis inhiant obtutibus, et radiorum
>   Argento albentem seriem, quam summa rotarum
>   Flexura electri pallentis continet orbe.
>   Et jam cuncta acies in deditionis amorem
>   Sponte sua versis transibat perfida signis,
>   Luxuriae servire volens dominaeque fluentis
>   Jura pati et laxa ganearum lege teneri.

En cette néfaste aventure, la très courageuse vertu de Sobriété, désolée, « déploie soudain le sublime étendard de la Croix... », réconforte par une virulente exhortation ses belligérantes et la lutte commence.

La Sensualité est vaincue, occise, gît la tête écrasée sous une lourde pierre. Ses dents brisées lui entrent dans la gorge, sa bouche est obstruée de sang, de lambeaux de chair, d'ossements en pâte, « insolites festins ! », et la Vierge triomphante, qui est sobre, mais féroce, lui crie : « Voilà les tristes nourritures qui t'étaient réservées ; tu as bu assez de vin, bois ton sang ! Tu t'es saoûlée des lascives blandices de la vie, goûte maintenant à l'amertume de la mort. »

Ebibe jam proprium post pocula multa cruorem
Virgo ait increpitans. Sint haec tibi fercula tandem
Tristia praeteriti nimii sub luxibus aevi.
Lascivas vitae illecebras gustatus amarae
Mortis, et horrifico sapor ultimus asperat haustu.

Et tout le poème s'en va en une étonnante richesse d'images, entre lesquelles bien d'autres encore pourraient être cueillies. Ce Prudence est le plus attirant de tous les poètes chrétiens, le plus ingénieux, le plus audacieusement personnel : — c'est un grand poète.

IV

Sidoine Apollinaire et les invasions barbares. — Sedulius. — Paulin de Pella, le Pénitent. — Les *Commonitoires* d'Orientius. — Claudius Marius Victor : les Gallo-Romaines du V⁰ siècle. — Avitus de Vienne. — Dracontius.

IV. — SIDOINE APOLLINAIRE, ORIENTIUS, MARIUS VICTOR

Non moins que le pape Damase, Sidoine Apollinaire se complut dans les épitaphes, les inscriptions et les éloges funèbres. Il emploie un étrange latin, tout bariolé, bien fait pour délecter des Esseintes. Tel passage resplendit comme un vitrail. Ainsi cette brève notation des effets de lumière qui l'ont charmé dans l'église que l'évêque Patiens venait de faire bâtir à Lyon :

> Intus lux micat, atque bracteatum
> Sol sic sollicitatur ad lucunar,
> Fulvo ut concolor erret in metallo.
> Distinctum vario nitore marmor,
> Percurrit cameram, solum, fenestras :
> Ac sub versicoloribus figuris
> Vernans herbida crusta sapphiratos
> Flectit per prasinum vitrum lapillos.

Traduire, ce serait décolorer, et le *vitrum prasinum* est plus séduisant que son équivalent exact, ici, « vert cul de bouteille » ; et quel joli assemblage de rutilances, fauves et saphyriennes.

Sidoine avait le don très rare de la vision précise et nuancée ; dans une courte épître à un Lampridius, il caractérise par des distinctions de couleur, de forme et de mouvement, les différentes races de barbares qui voyageaient alors, en insolentes hordes, par l'empire romain : c'est le Saxon aux yeux bleus qui, habitué au roulis, a peur de la solidité du sol ; le Hérule aux joues glauques qui habite les rivages les plus lointains de l'Océan et a fini par prendre quelque chose de la couleur d'une mer toute chargée d'algues ; le Bourguignon géant, qui fléchit les genoux ; le Sicambre à la tête rasée :

> Istic Saxona caerulum videmus
> Assuetum ante salo, solum timere..

> Hic tonso occipiti senex Sicamber...
> Hic glaucis Herulus genis vagatur,
> Imos Oceani colens recessus
> Algoso prope concolor profondo.
> Hic Burgondio septipes frequenter
> Flexo poplite supplicat quietem...

Dans ses panégyriques d'Anthemius, d'Avitus, de Majorien, il redessine avec les plus typiques notations, la physionomie des Barbares. Ces invasions qui semblent, à cette heure, presque mythiques, à force d'être devenues des contes que l'on récite aux petits écoliers, des poètes étaient là, témoins. Ils virent les Huns (*Chuni*) « aux têtes étroites en forme d'œuf; au-dessous du front deux trous dont les yeux semblent absents..., et pour que leurs narines n'empiètent pas sur les joues, ne gênent pas le casque et le masque, on aplatit vigoureusement le nez des enfants... »

> ... Consurgit in arctum
> Massa rotunda caput. Geminis sub fronte cavernis
> Visus adest oculis absentibus...
> Tum ne per malas excrescat fistula duplex
> Obtundit teneras circumdata fascia nares
> Ut galeis cedant...

Les Francs, frères des Germains, ancêtres de pas mal de Français et leurs patrons, apparaissent tels que de purs monstres, avec certaines manies de chevelure tout à fait enfantines ou peau-rouge : « Le devant de leur tête jusque sur le front est couvert d'une chevelure rougeoyante; tout le reste jusqu'au cou reluit comme un cuir rasé de ses soies ; leurs yeux humides ont des reflets d'un blanc verdâtre; sur leurs joues grattées de près se dressent en guise de barbe de minces crêtes de poils frisottés au peigne... »

> ... Rutili quibus arce cerebri
> Ad frontem coma tracta jacet, nudataque cervix
> Setarum per damna nitet, tum lumine glauco
> Albet aquosa acies, ac vultibus undique rasis
> Pro barba tenues perarantur pectine cristae...

Très civilisé, bon citoyen romain, ancien consul, favor. les empereurs, évêque, Sidoine Apollinaire méprise encore p s qu'il ne les exècre les Barbares auxquels il avait tenu tête, au milieu desquels il lui fallait vivre en sa ville épiscopale d Clermont. Il l'avoue à son ami Catullinus : ces gens à crinières, ces Burgondes ivres et gorgés, la tête plaquée de beurre rance, ces Germains qui empuantissent dès le matin l'ail et l'oignon, ces géants, ces hommes de sept pieds de haut, moins insolents qu'indiscrets, le dégoûtent profondément ; il est obligé d'ânonner une langue stupide et inflexible : il s'ennuie, ah ! presqu'autant qu'un poète moderne parmi les Vandales plus damnables que les gras compagnons de l'énorme Sersaon !

La correspondance de cet évêque est exquise ; encloué parmi les brutes, il cherche au loin une sympathie, une intelligence ; ses épîtres comme celles d'un Voiture ou plutôt comme celles d'un Antoine Godeau, dont il a le dilettantisme épiscopal, sont des entrelacs de vers et de prose. Il s'excite à tous les sujets ; il chante la gloire de saint Martin à qui Perpetuus a élevé dans les espaces un temple Salomonesque :

> In spatiis aedes...
> Quae Salomoniaco potis est confligere templo..,
> Nam gemmis, auro, argento si splenduit illud,
> Istud transgreditur cuncta metalla fide.

Il s'amuse à des métaphores de la plus ingénieuse audace, notant les multiples couleurs des mots dont il voudrait fleurir ses églogues :

> Vernans per varii carminis eclogas
> Verborum violis multicoloribus.

Comme Ausone, il s'oublie à invoquer Apollon et Calliope en faveur d'épithalames où il dit les conjugales gloires de Ruricius et d'Ibérie, de Polemius et d'Aranéole. Purs artifices, pures distractions à une vie pénible. Sidoine n'est pas un triste ; il est gouailleur plutôt que mélancolique ; il aime l'éclat des joies extérieures, même s'il doit souffrir de leur grossièreté, et pourtant, n'a-t-il pas résumé sa philosophie secrète en ces deux vers jaillis en une épître au pape Lupus, *Domino papae Lupo* :

> O necessitas abjecta nascendi,
> Vivendi miseria, dura moriendi !

Le type des hommes abécédaires où s'amusa Sedulius est celle où il chante la vie du Christ. Elle se compose de vingt-trois strophes, qui toutes commencent par une des lettres de l'alphabet, suivant l'ordre prescrit, depuis A jusqu'à Z, à l'exclusion des lettres J et V, non encore différenciées de l'I et de l'U. David et Jérémie ont souvent procédé de même (les *Leçons* du Jeudi-Saint et du Vendredi-Saint, au premier Nocturne de Matines, en donnent des exemples liturgiques) ; c'est d'ailleurs la plus ancienne forme de l'acrostiche et il paraît que les primitives sibylles rendaient leurs oracles en tirades alphabétiques. Sedulius semble un poète correct, rarement original. A peine peut-il nous arrêter un instant par cette remarque, que « la fécondation de la Vierge mère ayant été opérée par la Grâce qui pénétra comme un souffle dans ses viscères, la Pucelle (*puella*) ignorait son état physique, portait en son ventre des secrets dont elle n'avait pas eu la confidence humaine; telle, semble-t-il, l'interprétation de cette courte strophe, qui n'est que la versification d'un passage du protoévangile de Jacques :

> Castae parentis viscera
> Coelestis intrat gratia,
> Venter puella bajulat
> Secreta quae non noverat.

Tronçonnée en deux fragments, cette hymne, *A solis ortus cardine*, est demeurée dans l'Antiphonaire.

Son *Opus paschale*, paraphrase du Nouveau Testament en hexamètres assez magistraux, jouit encore d'une grande réputation dans les maisons d'éducation religieuse.

Le « grelottant » *Eucharisticon* fut composé par Paulin le Pénitent, de Pella, en Macédoine, à l'âge de quatre-vingt-dix ans. Petit-fils d'Ausone, il n'eut pas la vie dénuée de soucis du précepteur de l'empereur Gratien. Ses mauvaises aventures, sa détresse persistante, ses deuils, non moins que les amusements, tout païens, de sa première jeunesse, sont narrés en ce poème lent et blafard, mais plein de surprenants détails de mœurs, surtout quand il se reporte à la période déréglée de sa vie, *per lubrica tempora vitae*. Il montait à cheval, entretenait des écuyers, élevait des phalères et des vautours, nourrissait des chiens, jouait à la paume avec des balles dorées, revêtait des habits parfumés de tous les parfums de l'Arabie, paradait sur un « char rapide », enfin se ruinait ; et il conte tout cela avec une froide mélancolie, dans une langue obscure et travaillée dont les périodes indéfinies semblent sortir d'un douloureux laminoir.

Il gémit d'avoir été initié aux passagères voluptés de la chair, se félicite néanmoins d'avoir été retenu au bord du suprême abîme par la main de Dieu ; il semble le dire, non sans un peu de naïf pharisianisme : Dieu lui devait bien cette faveur, car il n'a péché que par imprévoyance, il ne s'est livré que par légèreté à l'illicite :

> Carnis ut illecebris breviter praesentibus expers
> Æternos caperem venturo in tempore fructus...
> Namque et incautus quidquid culpabile gessi
> Illicitumve, vagus per lubrica tempora vitae,
> Te indulgente mihi totum scio posse remitti,
> Ex quo me reprobans lapsum ad tua jura refugi,
> Et si ulla inquam potui peccata cavere,
> Quae mihi majorem parerent commissa reatum,
> Hoc quoque me indeptum divino munere novi...

Ah ! c'est bien Paulin le *pénitent*, et qui a séché l'écriture de ses nuits avec la cendre froide de sa couche d'anachorète.

Tout autre apparaît Orientius en ses virulents *Commonitoires*. Que l'on écoute ses imprécations *contra lasciviam et venerea* (c'étaient, au cinquième comme au dix-neuvième, les péchés du siècle, les seuls d'ailleurs qui atteignent assez profondément l'âme pour intéresser réellement un poète ou un casuiste) :

> ... Et fuge lascivis credere deliciis.
> Praecipue semper famosos despice cultus,
> Judiciumque tuis eripe luminibus,
> Nemo feret rutilas intactis vestibus ignes,
> Nemo inter lituos non trahet auri sonum,
> Nemo inter flores blandorum ambitus odorum
> Naribus assiduam non metet ungue rosam...
>
> Non ego nunc repetam per tot jam saecula quantos
> Feminei vultus perdiderint populos...
>
> Forma placens Regi letho te tradidit Aman :
> Forma tuum rapuit dux Oloferne caput...
>
> Non mihi si linguae centum sint oraque centum
> Expediam quantum forma placens noceat.

Ces anathèmes contre la beauté montrent bien les profondes modifications importées par le christianisme dans l'âme humaine : le corps, désormais doit être, surtout si le démon y a logé ses grâces, un objet de haine; non plus un instrument de joie, mais un moyen de méritoires souffrances : et en réalité, toute théologie dédaignée, est-il autre chose ? Que font les docteurs de l'Eglise sinon de ramener à l'état de tristes simulacres, les triomphantes et menteuses statues du plaisir ?

Au milieu de l'incroyance du siècle qui le navre, il revendique pour l'homme le droit à l'éternité. Tout n'est que changements : une chose s'en vient, une chose s'en va; tout n'est que renaissances : « Car notre fin n'admet aucune fin et la mort, qui nous fait mourir, meurt perpétuellement. Par l'éternel mouvement, par l'éternel esprit, l'homme vivra perpétuellement. Perpétuité ! Ah ! mes paroles ici s'entremêlent de sanglots, car, je le pense, il aurait été meilleur pour l'homme de quitter avec la conscience de la vie la conscience de ses peines, et né, de devenir à l'instant pareil à ceux qui ne sont pas nés, plutôt que de vivre en ce siècle où les péchés sont rois, plutôt que de vivre au milieu de supplices qui ont pour fin, la mort !... »

> Nam finis noster finem non accipit, et mors
> Qua primo morimur perpetuo moritur.
> Victuro semper motu sensuque manente,
> Omnis perpetuo tempore vivet homo.
> Vivet homo ! Fletus ast hic mea verba sequuntur,
> Nam puto, sic hominis sors melior fuerat
> Cum sensu vitae sensum deponere poenae
> Et natum innatis consimilem fieri,
> Quam nunc, peccatis toto dominantibus aevo,
> Exstingui vitae, vivere suppliciis...

Là, il pense à la mort éternelle qui est la forme, non pas négative, mais péjorative de la vie et s'il gémit, c'est avec une cordiale sincérité, en songeant, la tendre âme, au « petit nombre des élus ! »

Orientius sait relever par un joli trait le banal d'une malédiction, le lieu commun d'un mépris déjà maintes fois proféré. Ainsi ce vers, qu'un vers français peut exactement traduire :

> Quippe ut flos feni gloria carnis erit,
> *La gloire de la chair, c'est de l'herbe fleurie.*

Je relève encore ce mélancolique conseil de l'évêque de Collioure qui, peut-être, avait, comme d'autres de ses contemporains ecclésiastiques, souffert de quelque chaîne brisée :

> Da studium...
> Ut tibi sit nulla femina juncta nimis.

Les *Commonitoires* d'Orientius qui tiennent en vingt-huit pages de texte in-32, furent publiés pour la première fois par le jésuite Delrio, le sombre inquisiteur des sorcières.

Avec Claudius Marius Victor, qui n'était ni évêque, ni prêtre, la langue ecclésiastique revêt une esthétique différente. Celui-ci est un maître. Rompant avec les traditionnelles injures dont les chrétiens, depuis Tertullien, cinglaient les femmes, il constate leur perversité, mais loin de les en accabler, c'est aux hommes qu'il en impose la responsabilité :

> Ista quidem, Salmon, sunt nostri crimina sexus.

Vivant dans le monde, il sait que l'homme est aussi souvent tentateur que la femme tentatrice, il sait que c'est par les vices que la femelle plaît au mâle, et qu'elle se pare pour le capter, de la fleur même de ses plus luxurieux désirs.

> Sed cur infelix in culpa est femina tantum,
> Quum placeat stolido conjux vitiosa marito ?

C'est nous, les hommes, qui exigeons, pour notre plaisir, qu'elles se vêtent de soies, de broderies d'or, de pierreries, de pourpres nouvelles et de bijoux inconnus. On prétend que leur coquetterie s'acharne après nos sens, mais si nous étions vraiment supérieurs en vertu à ces naïves tentatrices, nous prendraient-elles à de si faciles pièges ?... Et, qu'elles soient toujours à courir, à manger, à muser, à bavarder, n'est-ce pas nous qui leur faisons ces loisirs, qui exigeons qu'elles n'aient qu'une occupation : se faire belles, riantes, saines pour nos plaisirs ? « C'est nous qui honteusement donnons à ces flammes de perpétuelles nourritures... » Et il ajoute, ce qui est d'un observateur fort avisé : « Les femmes ressemblent à d'excellents miroirs qui renvoient sûrement les images des objets qu'on leur présente : tels hommes, telles femmes. »

Le « ténébreux » traité *de la Perversité des mœurs* serait mal jugé par un commentaire écourté. Il faut citer, au moins, quelques uns de ces vers « luisants comme du phosphore », quand cela ne servirait qu'à justifier des Esseintes.

C'est une dialogue entre l'auteur et son ami, un certain Salmon, abbé. Le poète inspecte l'armée familière des péchés, nomme en passant ceux des hommes, l'avarice, l'orgueil, le libertinage, l'amour désordonné des plaisirs matériels, de luxe ou de gueule, et Salmon lui objecte :

> Sed levis est vestra vitiorum morbus in urbe
> Si non feminei magis exarsere furores.

« Le vice n'est encore chez vous qu'une assez légère peste, si les femmes ne s'en mêlent pas, si leur fureur dans le mal n'excède pas celle des hommes. »

— « Ah ! reprend Marius Victor, la nuit aurait eu le temps d'envelopper le jour dans l'humidité de ses ténèbres avant que j'aie pu dénombrer les perversités de la tourbe féminine ! Mais selon l'ordre divin les femmes sont sous la tutelle de l'homme et quand elles faillent, c'est notre faute. Car si nous n'avions pas un goût si décidé pour leurs péchés, à elles, nous ne les laisserions pas partager si étroitement nos vices, à nous... » Et il note les prodigalités de l'accoutrement féminin, la manie des rigides brocards, des tapis d'Orient, des pierreries exotiques, les jalousies de toilette, déclare que pour un homme chaste et sensé le blanc de céruse n'a que peu d'attraits, non plus que le rouge de minium. Observation qui n'a point diminué de valeur, les Gallo-Romaines du temps de Marius Victor, sans descendre aussi bas en leurs lectures que nos contemporaines, s'attardaient aux éternelles et seules histoires d'amour rédigées en latin : il leur fallait la sensuelle et larmoyante psychologie d'Ovide, les chatouilleuses polissonneries d'Horace, la minauderie fardée des filles de Térence, — et ce quatrième chant de l'Enéide si élégamment passionné, si furieusement féminin !

Voici le texte du poète :

> Ante diem, Salmon, tenebris nox humida condet,
> Quam possim mores hujus percurrere turbae,
> Quae quum lege Dei vivant sub lege virorum,
> ... Haud unquam sine nostro crimine peccant.
> Nam nisi delictis faciles traheremur earum,
> Haud illas vitiis vellemus vivere nostris.
> Nec rigidas auro vestes, nec vellera Serum,
> Nec lapides, toto quos fert mercator ab orbe,
> Fundorum pretiis emerent, suspiria moesta.
> Jungimus at vanas, non est pudor addere, curas ;
> Si gravis ignotis processit Lesbia gemmis,
> Et decies Passina novo radiavit in ostro,
> Confestim ornatum sibi quaeque exposcit eumdem.
> Ergo quod variis studeant occurrere formis,
> Atque viris alios aliosque opponere vultus,
> Nonne haec culpa viri est ? Quid agunt in corpore casto
> Cerussa et minium, centumque venena colorum ?
> Mentis honor morumque decus sunt vincula sancti
> Conjugii : si forma placet, venientibus annis
> Cedet amor; sola est, senium quae nescit, honestas.
>
> Nam quod perpetuis discursibus omnia lustrant,
> Quod pascunt, quod multa gerunt, quod multa loquuntur,
> Non vitium nostrum est ? Paulo et Salomone relicto,
> Quod Maro cantatur Phoenissae et Naso Corinnae,
> Quod plausum accipiunt lyra Flacci, aut scena Terenti,
> Nos horum, nos causa sumus ; nos turpiter istis
> Nutrimenta damus flammis; culpâne caremus ?
> Nam velut acceptas referunt specula optima formas,
> Sic exempla virum uxores accepta sequuntur.

Saint Avit, Avitus de Vienne, n'est pas ignoré de ceux qui ont lu les commentateurs de Milton, duquel il fut le prototype, avec son poème de *Origine mundi*. Il est certainement moins mythologique, moins servile de l'antiquité classique, moins ennuyeux. Sa description du paradis terrestre s'orne de jolis vocables, d'amusantes allitérations :

> Lilia perlucent nullo flaccentia sole,
> Nec tactus violat violas...

D'autres fois, ce sont d'originales idées notées avec hardiesse. Ainsi, après le péché, il semble à Adam que soudain la terre s'est rétrécie, en même temps que l'immensité du ciel lui découvre des abîmes d'infini où roulent les astres gémissants :

> Angustatur humus... Coelo suspensa remoto
> Astra gemunt.

Comme Avitus, comme tant d'autres, comme Marius Victor, lui-même, l'espagnol Dracontius mit la Genèse en hexamètres. Il y a moins d'imagination dans l'*Hexameron*, mais une grâce beaucoup plus retorse que dans le *de Origine mundi*. La création de la femme, où il s'attarde, l'incite à des pointes dans ce goût : « La côte que Dieu prend à l'homme, il la rend au mari. » Il admire que d'un si mince morceau de chair, le Créateur ait pu former une jeune fille instantanément nubile « jolie, innocente et cependant, mûre pour l'amour, comme si les années l'avaient amplifiée peu à peu, passant, en un rien de temps, sans avoir bu le lait d'aucune pieuse nourrice, de l'état vagissant à la puberté. »

> Et sine lacte pio fit mox infantia pubes.

Fils du soleil, il aime à faire rutiler les aurores, vibrer la crinière enflammée de l'astre, à déchaîner des tempêtes de lumière :

> Ast ubi purpureum surgentem ex aequore cernunt
> Luciferum vibrare jubar, flammasque clero,
> Et reducem super astra diem de sole rubentem...

V

Claudien Mamert et Fortunat. — Le *Pange lingua* et le *Vexilla Regis*. — *Salve, festa dies*. — Les lettres de Fortunat à Grégoire de Tours. — Énumération : Tyro Prosper ; Hilaire d'Arles ; Prosper d'Aquitaine ; Paulin de Périgueux ; Arator ; S. Grégoire le Grand ; Boèce et sa femme, Helpidie. — Ennodius. — L'école africaine. — Rusticus Elpidius.

V. — CLAUDIEN MAMERT ET FORTUNAT

De Sidoine Apollinaire, en une épître à Petreius :

> Orator, dialecticus, poeta,
> Tractator, geometra musicusque...
> Psalmorum hic modulator et phonascus,
> Ante altaria, fratre gratulante,
> Instructas docuit sonare classes...
>
> De vieles sot et de rote,
> De harpe sot et de chorum,
> De lire et de psalterium...

Orateur, philosophe, poète, commentateur, musicien, chantre et préchantre. Il s'agit de Claudien Mamert, lequel semble, avec Prudence, la plus remarquable cervelle du cinquième siècle. Ce fut surtout un prosateur : il faut renvoyer à son traité *de Statu animae* où il expose d'étonnantes théories idéalistes et assez subversives. On lui attribue cependant, un magnifique chant de triomphe, le *de Cruce Domini* ou *Pange lingua* auquel saint Thomas d'Aquin emprunta les premiers mots de sa quatrième hymne eucharistique.

Qu'il soit de Claudien Mamert, qu'il soit de Fortunat, le *Pange lingua* est un chef-d'œuvre de poésie théologique :

> Pange, lingua, gloriosi praelium certaminis
> Et super crucis trophaeo dic triumphum nobilem
> Qualiter Redemptor orbis immolatus vicerit.
>
> De parentis protoplasti fraude factor condolens
> Quando pomi noxialis morsu in mortem corruit
> Ipse lignum tunc notavit, damna ligni ut solveret.
>
> Hoc opus nostrae salutis ordo depoposcerat
> Multiformis proditoris ars ut artem falleret
> Et medelam ferret inde, hostis unde laeserat.

Quando venit ergo sacri plenitudo temporis,
Missus est ab arce Patris Natus orbis conditor
Atque ventre virginali carne factus prodiit.

Vagit infans inter arcta conditus praesepia,
Membra pannis involuta Virgo mater alligat
Et pedes manusque, crura, stricta cingit fascia.

Lustra sex qui jam peracta tempus implens corporis,
Se volente, nātus ad hoc, Passioni deditus,
Agnus in cruce levatur, immolandus stipite.

Hic acetum, fel, arundo, sputa, clavi, lancea :
Mite corpus perforatur, sanguis unda profluit,
Terra, pontus, astra, mundus quo lavantur flumine.

Crux fidelis inter omnes, arbor una nobilis,
Nulla talem silva profert fronde, flore, germine :
Dulce lignum dulci clavo dulce pondus sustinet.

Flecte ramos, arbor alta, tensa laxa viscera
Et rigor lentescat ille quem dedit nativitas,
Ut superni membra regis miti tendas stipite.

Sola digna tu fuisti ferro pretium saeculi
Atque portum praeparare nauta mundo naufrago
Quem sacer cruor perunxit fusus Agni corpore.

Chante, ô ma langue, le duel glorieux de l'antinomie,
Et le triomphe très noble de la Croix, trophée
Du Rédempteur, et sa victoire, — l'Immolation.

A notre père, forme première, première victime de la fraude, le créateur est condolent.
Il mord à la pomme de nuisance, il a mordu la mort :
Je dresserai l'arbre de mort en signe de résurrection.

Ainsi l'Ordre argumente le poème de notre salut,
Le Proditeur multiforme est vaincu ruse à ruse,
Un seul rameau porte les poisons et les antidotes.

Quand vint donc la plénitude du temps sacré,
Le fils fut des sommets envoyé par le Père
Et du ventre virginal il sortit incarné.

L'Enfant vagit, caché dans l'étroite mangeoire,
Ses membres involués de langes, la Vierge mère les emmaillotte
Et ses pieds, ses mains, ses cuisses, en un strict faisceau les ligote.

Trente ans : le cercle corporel est accompli,
Celui qui naquit exprès, dédié à la Passion,
Agneau se lève sur la Croix du sacrifice.

Vinaigre, fiel, roseau, crachats, clous et la lance :
Le corps débonnaire est perforé, le sang ondoie
La terre, les mers, les astres, et le monde est lavé.

Croix fidèle entre tous les arbres, arbre de noblesse unique,
Nulle forêt n'en produit de tel, par frondaison, flore ou germes,
O Bois de suavité, ô Clous de suavité, o Fardeau de suavité !

Fléchis tes branches, arbre géant, relâche un peu la tension des viscères,
Et que ta rigueur naturelle s'alentisse,
N'écartèle pas si durement les membres du Roi supérieur.

Seul, tu fus digne de porter la rançon du siècle,
O Fanal éternel du havre permanent,
Secours définitif du monde renové par le sang sacré de l'Agneau.

Le *Vexilla regis,* que nul ne conteste à Fortunat, apparaît, malgré une certaine somptuosité douloureuse, bien inférieur au *Pange lingua* dont il n'est qu'une imitation; la première strophe seule plaît par la violente antithèse du roi et de la potence :

> Vexilla regis prodeunt,
> Fulget crucis mysterium
> Quo carne carnis conditor
> Suspensus est patibulo...

(Les étendards du Roi se déploient, le mystère de la croix resplendit, la chair du créateur de la chair pend à la potence.)

Fortunat, d'ailleurs, n'est pas l'homme d'une ode unique. Poète divers et fertile, il demeure l'authentique auteur d'un imposant rouleau de vers grands et petits, liturgiques ou tendres, édifiants ou familiers : de lui ce fragment exquis inséré, avec quelques médiocres retouches, au *Petit Office de la Vierge* :

> O gloriosa domina
> Excelsa super sidera
> Qui te creavit providè
> Lactasti sacro ubere.
>
> Quod Eva tristis abstulit
> Tu reddis almo germine :
> Intrent ut astra flebiles,
> Coeli fenestra facta es.
>
> Tu regis alti janua
> Et porta lucis fulgida :
> Vitam datam per Virginem
> Gentes redemptae plaudite.

(Glorieuse Dame assise plus haut que les étoiles, tu donnas à ton créateur le lait de ta sainte mamelle. — Eve la triste avait détruit la vie, le noble germe issu de toi la restaure : ceux qui pleurent entrent dans les astres en passant par toi, fenêtre du ciel. — Par toi l'on va au Roi d'en haut, par toi, porte de fulgurante lumière : de la vie que vous rendit la Vierge, soyez, ô peuples rachetés, reconnaissants.)

De lui le *Salve, festa dies*, chanté jadis à Pâques : « Salut, jour de fête, jour d'éternelle vénération, dans lequel Dieu a vaincu l'enfer et conquis les astres. Voici que la grâce du monde renaissant annonce le retour du Seigneur et des joies qui sont son œuvre. La saison resplendit, diversifiée en sérénités fleuries, et la porte du ciel s'ouvre aux majeures lumières... Les indulgents violiers font dans les vals des taches de pourpre, les prés d'herbe verdoient et l'herbe a des reflets de chevelure, et l'on voit surgir les yeux étoilés des fleurs, floraisons de sourires à chaque brin de gazon... Le triomphant Christ revenu des tristes enfers, les frondaisons et les épanouissements le saluent... Le crucifié sur toutes les choses règne en Dieu et toutes les créatures au créateur disent leur prière... La foi promise, rends-la moi, je t'en supplie, ô noble puissance : voici le tierce jour, surgis, ô mon enseveli... Dépouille, je t'en supplie, ton linceul, laisse dans le sépulcre ton suaire: avec toi nous avons tout et sans toi rien n'est plus!...»

>Salve, festa dies, toto venerabilis aevo
>   Qua Deus infernum vicit et astra tenet.
>Ecce renascentis testatur gratia mundi
>   Omnia cum Domino dona redisse suo.
>Tempora florigero rutilant distincto sereno
>   Et majore poli lumine porta patet...
>Mollia purpureum pingunt violaria campum,
>   Prata virent herbis et micat herba comis.
>Paulatim subeunt stellantia lumina florum,
>   Floribus arrident gramina cuncta suis...
>Jamque triumphanti post tristia Tartara Christo
>   Undique fronde nemus, gramina flore favent...
>Qui crucifixus erat Deus, ecce per omnia regnat
>   Dantque creatori cuncta creata precem...
>Pollicitam sed redde fidem, precor, alma potestas,
>   Tertia lux rediit, surge, sepulto meus...
>Lintea tolle precor, sudaria linque sepulcro :
>   Tu satis es nobis et sine te nihil est!...

Ce charmant Fortunat, d'imagination tout à fait illogique et dévergondée, incapable de suivre une métaphore, donnant le vol à une idée pour en arrêter une autre qui passe, fut moins heureux dans son grand poème sur saint Martin qu'en de courtes odes ou des morceaux purement lyriques. Très agréables en leur pareille brièveté ses lettres en vers, lorsqu'il salue son ami Grégoire de Tours, le remercie de quelque présent, « *Pro pomis et graffiolis* », de fruits et de greffes ; « *Pro pellibus niveis* », de blanches peaux avec lesquelles il se fera des chaussures; lorsqu'il lui recommande un pélerin, « *Pro commendatione peregrini* », ou une jeune fille enlevée à ses parents, « *Pro commendatione puellae* ».

C'est presque le seul poète du vi⁶ siècle, encore que plusieurs noms pourraient, à sa suite, être cités ; mais, comme furent exprès oubliés le trop conjugal Tyro Prosper; le trop biblique Hilaire d'Arles ; le quasi-janséniste Prosper d'Aquitaine dont on réimprima sans relâche aux deux siècles passés le *Carmen de Ingratis*, vaine diatribe contre ceux qui se refusent aux obscures bienveillances de la Grâce, bélier écorné dont on heurtait sournoisement le solide huis des Jésuites, texte d'ailleurs interpolé par l'hypocrite Port Royal et mis en vers plâtreux par le fils Racine ; Paulin de Périgueux, Paulinus Petricorii ou Petricordiae, qui rangea ses alexandrins sous le manteau pannonien de Martin de Sabarie, — laissons le pape Grégoire, dont le bréviaire romain a conservé pieusement les médiocres versifications: pour les louanges matutinales, l'*Ecce jam noctis tenuatur umbra*; pour la Quadragésime, l'*Audi, benigne conditor;* — laissons, avec d'autres, Arator, le secrétaire modeste d'Athalaric, pour dire qu'Ennodius, détaché par le pape Hormisdas contre les Eutychéens, rédigea sur sainte Euphémie une ode digne de la précieuse rhétorique de Prudence. Forte au milieu des supplices, infrangible presque et diamantine, les fers qui la travaillent s'émoussent ou se tordent sur son corps,

    Tormenta torsit fortia corpore.

A mesure que la douleur par son extrême acuité l'engourdit, son amour augmente pour la croix :

Lassante poena crevit amor crucis.

Et il y a là une juste notation qu'à un certain degré d'excès la souffrance physique n'est plus perçue que comme dans un ensommeillement, dans une clémente et naturelle anesthésie.
Comme saint Augustin, Ennodius écrivit ses confessions ; on y apprend qu'il avait, de même qu'Ovide, un irrésistible goût pour la versification, qu'il maniait tous les mètres avec une rare habileté, grâce à un moyen mécanique de composition, assez obscur : « Poetarum me gregi indideram, delectabam carmina quadratis fabricata particulis et ordinata pedum varietate solidata. » Lorsque l'on connaît trop bien les secrets de la fabrication du vers, la tentation, même à un poète chrétien, vient d'exhiber cette science presque occulte, de prouver que nul sujet ne lui est fermé, — et Ennodius s'amusa à de licencieuses épigrammes, se laissa entraîner, non moins qu'Ausone, vers les imaginations d'un paganisme, de plus en plus ridicule et fané.
De telles aberrations sévirent encore dans le groupe des poètes africains de l'ère vandale au commencement du sixième siècle, chez les Florentinus et les Mavortius, les Coronatus et les Luxorius, — tandis qu'au contraire le médecin de Théodoric, Rusticus Elpidius narrait en des vers médico-mystiques les pures joies de la communion en Jésus-Christ, conviait ses frères à la cueillaison des simples, à la moisson des drastiques sacrés, au respect de la pharmacopée céleste qui dépure le sang infecté par les vices, corrompu par les péchés dont il charrie, en les veines distendues, le venin et la boue, *lues vitiorum, crimina laesi sanguinis !*
Quant au sénateur Boèce, méchamment mis à mort par le bon Théodoric, et plus illustre que de raison, on n'en peut parler ici que pour noter son immense influence sur tout le

moyen âge, — influence à la fois platonicienne et aristotélienne, influence égale à celle d'un père de l'Église, bien que son christianisme fût assez tiède pour qu'on ait pu en douter. Il rédigea divers traités et, dans sa prison, cette fameuse *Consolation de la philosophie*, où des siècles puisèrent leur enseignement. Le plan de cet ouvrage est copié assez servilement du *Pasteur* d'Hermas et son intérêt est très modéré ; des vers y sont intercalés, un peu comme dans la *Vita Nuova* de Dante, lequel d'ailleurs lisait beaucoup Boèce et lui emprunta quelques pensées, le *Nessun maggior dolore*, par exemple.

A la femme de Boèce, Helpidie, on attribue traditionnellement quelques hymnes et le bréviaire romain en a conservé deux, l'*Aurea luce* et le *Petrus beatus*, peut-être pour leur ancienneté, peut-être pour leur médiocrité.

VI

S. Columban et les origines de la renaissance carlovingienne. — L'*Antiphonaire* de Bangor. — L'*Antiphonaire* de Saint-Gall. — La Liturgie Mozarabe. — Ancien rit de la consécration eucharistique. — Eugène de Tolède. — Alcuin. — Théodulphe et le *Gloria Laus*. — Adhelme et la Virginité. — Paul Diacre et Charlemagne. — Le diacre Flore. — Bède le Vénérable. — Raban Maur : le *Veni Creator*. — Wandalbert. — Abbon. — Ermold le Noir. — Walafrid Strabo. — Inauthenticité du théâtre et des poèmes de Roswitha. — Odon de Cluny.

VI. — L'ÉPOQUE CARLOVINGIENNE

Longtemps même après la définitive installation des barbares, Francs, Goths ou Lombards, il n'y avait qu'une langue, qu'une littérature, qu'une civilis...on pour toute l'Europe occidentale : et le reste du monde antique était grec. Au fond du monastère irlandais de Bangor comme dans les solitudes de Saint-Gall les moines, oubliant et méprisant la langue de leurs mères nourrices, pensaient, parlaient et vivaient en latin. Nul interprète n'était nécessaire au pérégrin qui parti de chez les Scots arrivait chez les Alemans. En Irlande spécialement, la culture classique s'était très fortement enracinée et le plus illustre de tous ces jardiniers de la langue latine, saint Columban n'apporta pas seulement à Luxeuil, en Austrasie, à Bobio, en Lombardie, une règle monastique nouvelle pour le continent, quoique presque contemporaine des temps apostoliques, mais encore les règles, là un peu effacées par l'animalité barbare, de la littérature traditionnelle. Telle fut, pour une grande part, l'origine de la fausse Renaissance à laquelle devait tant s'intéresser Charlemagne, renaissance toute de phrases, toute littérale, toute d'imitation, moins grave, moins pitoyable, de moins de conséquences, mais d'intentions aussi naïvement mauvaises que celle qui au xvie siècle fit oublier Villon pour Anacréon, saint Bernard pour Marc-Tulle, l'Angelico pour Raphaël et qui devait conclure en élevant au Christ des bâtisses à colonnes toutes pareilles à celles dont le mépris avait valu à ses premiers fidèles le martyre.

La rénovation carlovingienne fut trop inconsciente pour être dangereuse, trop factice et trop limitée pour survivre, trop ignorante pour atteindre les âmes : elle se borne nécessairement à la grammaire et à la prosodie.

Les hymnes de l'antiphonaire de Bangor et de l'antiphonaire de Saint-Gall, qui en procède assez directement, n'ont guère que cet intérêt d'avoir latinisé d'assez curieux rythmes grecs, de chanter Dieu et ses saints en tout petits versiculets analogues à ceux que chérissent les hymnaires alexandrins. Saint Columban tient à nous faire connaître l'étendue de ses lectures en même temps que son dilettantisme et il avoue un goût décidé pour l'excitante Sapho dont il calque le vers adonique :

> Trojugenarum
> Inclyta vates
> Nomine Sapho
> Versibus istis
> Dulce solebat
> Edere carmen

(Au pays troyen, un poète insigne du nom de Sapho, en de pareils mètres avait l'habitude de chanter ses vers.)

Bien plus digne du fondateur de Luxeuil l'hymne *De vanitate et miseria vitae mortalis*, où se retrouvent les spéciales allitérations avec hiatus, chères aux moines de Bangor :

> De terrenis eleva
> Tui cordis oculos :
> Ama amantissimos
> Angelorum populos.

(Laisse la terre et relève les yeux de ton cœur : Aime le très aimant peuple des Anges.)

L'Antiphonaire de Bangor, le livre des antiphones chantées aux offices du monastère illustré encore par Malachie, le saint aux inquiétantes et rassurantes prédictions, — n'est pas tout à fait à dédaigner et après l'hymne à saint Comgil, il recèle encore des prières canoniales curieusement allitératives, telle que celle-ci, qui se disait à Sexte, et dont il faut admirer encore la grande simplicité :

> Tuis parce supplicibus
> Sexta ora orantibus
> Qua fuisti pro omnibus
> Christe in cruce positus.

(Pardonne à tes suppliants, qui à la sixième heure te prient, à cette heure où pour nous tous, Christ, tu fus attaché à la croix.)

L'antiphonaire de Saint-Gall, encore conservé dans la bibliothèque du très antique monastère est, quant au plain-chant, une copie fragmentaire mais authentique de l'antiphonaire que Grégoire le Grand avait compilé, puis enchaîné de chaînes d'or, tel qu'un précieux étalon musical. Les hymnes qu'il contient (œuvre surtout d'un moine peintre, sculpteur, graveur, poète et musicien nommé Tutilo) sont quelquefois obscures et ardues à interpréter; ainsi ce chant sur l'Epiphanie où on voit, à la naissance de l'Enfant, les Anges chanter dans la nuit des symphonies d'allégresse, faire résonner très doucement les orgues...

> Cujus ortu tripudians
> Angelorum symphonia,
> Sub noctis canticinio
> Dulci deprompsit organo...

Des mêmes temps sans doute date la Liturgie Mozarabe qui fut respectée en Espagne jusqu'au temps de Grégoire VII.

La partie dénommée *Sanctorale* ou Propre des Saints renferme quelques hymnes, qu'à leur forme on juge fort anciennes puisque, souvent, elles ne sont pas rimées. *De Sancta Columba* :

> Nardus Columbae floruit,
> Ligustra flagrant hortuli :
> Fulcite laetam floribus,
> Stipate malis virginem.

(Le Nard de la Colombe fleurit, les troènes s'embrasent dans les jardins : Nourrissez de fleurs la Bienheureuse, enfermez la Vierge dans une enceinte de pommiers.)

Cette poésie n'est pas médiocre. D'ailleurs grandement intéressant tout du long ce *Missale Mixtum* ou *Breviarum Gothicum dictum Mozarabes*. C'est là que l'on trouve cette forme si spéciale et si belle de la consécration, où le prêtre après avoir rangé sur le corporal les saintes parcelles selon cet ordre :

		CORPORATIO	
MORS	NATIVITAS		RESURRECTIO
	CIRCUMCISIO		GLORIA
	APPARITIO		REGNUM
		PASSIO	

se communie successivement avec chacun de ces fragments qui symbolisent les phases de l'Incarnation, de la Passion de la Mort et du Règne. « Et qu'ensuite, dit la rubrique, le Prêtre fasse ainsi. Qu'il rompe l'Eucharistie par le milieu : et qu'il en pose la moitié sur la Patène : et de l'autre partie qu'il fasse cinq parcelles et les pose sur la Patène : et qu'il prenne la première moitié et qu'il en fasse quatre parcelles et les pose pareillement sur la Patène, selon l'ordre indiqué par les ronds ci-dessus. — Et deinde faciat Presbyter sic. Frangat Eucharistiam per medium : et ponat mediam partem in Patena : et de alia parte faciat quinque particulas et ponat in Patena : et accipiat aliam partem et faciat quatuor particulas et ponat in Patena similiter per ordinem factum per rotas istas quae supra sunt. »

Des poètes de l'entour de Charlemagne, l'anglais Alcuin et l'espagnol Théodulphe sont les deux plus tourmentés de ce besoin d'imitation si développé à certaines époques littéraires, et très haussés sur leur cothurne ils ne trouvent aucun mètre digne de leur mérite que celui de Virgile et celui d'Ovide. Par de certaines répétitions qui ne sont point sottement imaginées Alcuin donne à l'éternel distique des *Fastes* comme un air de nouveauté ; ainsi ce huitain sur la dédicace de l'église Saint-Maurice :

Victor ab hoste redit divino munere clarus
Dum legione sacra victor ab hoste redit.

Praelia paco Dei Mauricius ardua vicit
 Exsuperans mundi praelia paco Dei.
Haec domus ecce suo titulata est nomine sancta,
 Fulgeat et meritis haec domus ecce suis ;
Cujus honore sacrum et micat hoc altare dicatum
 Gaudeat et populus cujus honore sacro.

(Vainqueur il revient de l'ennemi, tout éclatant de la divine grâce, pendant qu'avec sa légion sacrée, vainqueur il revient de l'ennemi. — Au combat, avec l'aide de Dieu, Maurice a glorieusement vaincu, il a triomphé en ce monde, au combat, avec l'aide de Dieu. — Ce dôme très saint, voici qu'il est dédié à son nom, voici qu'il brille de ses propres mérites, ce dôme très saint. — En votre honneur cet autel sacré resplendit, puisse le peuple se réjouir en votre honneur.)

Il rédigea pour la reine Hildegarde, femme de Charlemagne, et ses deux filles des épitaphes assez touchantes et d'une suffisante élévation :

Hoc tumulata jacet pusilla puellula busto
 Adeled amne sacro quae vocitata fuit.
Huic sator est Karolus, gemino diademate pollens...

(Sous cette tombe, enterrée là, gît une tendre petite fille, qui reçut à l'ondoiement sacré ce nom, Adelède. Son père est Karolus, le roi puissant au double diadème...)

Évêque au temps où les évêques étaient l'une des forces et la décoration du royaume, Théodulphe composa des vers épiscopaux. Il parle en maître de la morale chrétienne, c'est-à-dire qu'il adopte contre le pouvoir civil et les tyrannies des gens armés la cause des pauvres et de tous ceux que malmènent les détenteurs de l'autorité ; telle, la substance de ses deux exhortations versifiées aux juges et aux évêques : *Paraenesis ad Judices; Paraenesis ad Episcopos*. Ses moindres épîtres ont un air de mandement. C'était un homme ferme, qui connaissait les devoirs de l'Église, s'inquiétait moins de plaire que de propager la justice. D'abord, les pauvres : ils ne doivent pas attendre, dit-il aux juges. « Prends place et que la cause du pauvre soit jugée la première ; les autres suivront selon l'ordre. »

 Et residens ejus primum bene discute causam :
  Ordine post currant singula quaeque suo.

On lit dans les missels, au dimanche des Rameaux : » La procession étant arrivée à la porte de l'Eglise qui doit être fermée, les chantres, au dedans de l'église, chantent ce qui suit :

 Gloria, laus et honor tibi sit, Rex Christe redemptor
  Cui puerile decus prompsit hosanna pium.
 Gloria, laus et honor tibi sit, Rex Christe redemptor.
 Plebs hebraea tibi, cum palmas obvia venit :
  Cum prece, voto, hymnis, adsumus ecce tibi.
 Gloria, laus et honor tibi sit, Rex Christe redemptor.
 Ili tibi passuro solvebant munia laudis :
  Nos tibi regnanti pangimus ecce melos.
 Gloria, laus et honor tibi sit, Rex Christe redemptor.
 Ili placuere tibi : placeat devotio nostra,
  Rex bone, Rex clemens, cui bona cuncta placent.
 Gloria, laus et honor tibi sit, Rex Christe redemptor.

Ces vers sont de Théodulphe :
« Gloire, honneur et los à toi, Roi Christ et rédempteur, pour qui de ce décor d'enfants s'élève un pieux hosanna. — Gloire, honneur et los à toi, Roi Christ et rédempteur. — Le peuple hébreu vint à ta rencontre avec des palmes ; avec des prières, des vœux et des hymnes nous approchons de toi. — Gloire, honneur et los à toi, Roi Christ et rédempteur. — A la victime prochaine ils offraient des dons de louanges, nous c'est au roi régnant que nous apportons nos mélodies. — Gloire, honneur et los à toi, Roi Christ et rédemteur. — Ils te plurent; te plaise notre dévotion, Roi bon, Roi clément, à qui plaisent toutes les bonnes choses. — Gloire, honneur et los à toi, Roi Christ et rédempteur. »

D'une plus originale contexture et de matière bien plus précieuse, avec des étincellements de grosses et monotones pierreries, gauchement taillées, mais serties selon l'art des nuances, les vers un peu plus anciens d'Adhelme, abbé de Malmesbury, puis évêque de Stirburn, en Angleterre. Ce prélat chanta infatigablement la Virginité, et infatigablement il s'étonne que de la pourriture charnelle puisse naître et croître vers un épanouissement aussi exquis une fleur aussi délicate. Pour comprendre, il s'ingénie à des explications métaphoriques :

> Auri materiam fulvi obryzumque metallum
> Glarea de gremio producit sordida terrae.
> Sic casta integritas, auri flaventis imago,
> Gignitur e spurca terreni carne parentis...
> Pallida purpureas ut gignit glarea gemmas
> Pulverulenta tegit quas spurci glebula ruris,
> Sic sacra virginitas coelorum grata colonis
> Corporeo de spurco sumit primordia vitae.

(La matière de l'or fauve et des plus purs métaux, c'est en un sordide minerai qu'elle sort du giron de la terre. Ainsi la chaste Intégrité, image de l'or flavescent, s'engendre de la chair immonde de terrestres parents... De même qu'un pâle gravier engendre les gemmes de pourpre, que recouvre la motte pulvérulente d'une terre immonde, ainsi la Virginité sacrée, si agréable aux cœlicoles, reçoit d'un corps immonde les origines de sa vie.)

A la trouvaille de cette antithèse, Adhelme s'excite.

Nulle glaise ni boue dont il n'extracte triomphalement la « chaste Intégrité », et l'on croit entendre Raymond Lulle proclamer en sa *Clavicule* : « Tu transmueras en Lune toute espèce de métal sorti d'une mine. »

Cependant, ayant épuisé tous les humus et toutes les glèbes, il s'essaie, pour vanter la préexcellence de la Virginité, à de plus ardues métaphores. Elle est supérieure aux vignes, comme aux vignes le vigneron qui les dépouille ; aux astres comme le soleil aux astres qu'il obscurcit :

> Vinea frugiferis ut constat gloria campis
> Pampinus immensos dum gignit palmite botros,
> Vinitor et spoliat frondentes falcibus entes,
> Sidera praeclara cedunt ut lumine solis
> Lustrat dum terras obliquo tramite Titan,
> Cuncta supernorum convincens astra polorum.
> Sic quoquo Virginitas quae sanctos inclyta comit
> Omnia sanctorum transcendit praemia supplex.

(La Vigne, gloire des frugifères campagnes, lorsque les pampres ont engendré au bout de leurs sarments des grappes immenses, le vigneron vient et avec ses ciseaux dépouille de leurs fruits les entes feuillues. Les très claires étoiles cèdent la place lorsque le Titan, en sa course oblique, asperge de rayons solaires la surface des terres, prouvant sa supériorité à tous les astres des pôles supérieurs. De même la Virginité insigne, parure des saints, surpasse en ses prières tous les suffrages des saints.)

Le mariage, néanmoins, n'est pas méprisable, le mariage que Grégoire de Nazianze dénomme un « état amphibie », et voici les raisons de l'imaginatif Adhelme :

> Non ergo argenti squalescit spreta libella,
> Uncia bis senis quam pensat lancibus aequa,
> Quamvis auratis praecellat fibula bullis,
> Amplius aut certe flavescant petala fulva.
> Nec laterna tibi vilescat vitrea, Virgo,
> Tergore vel raso et lignis compacta salignis
> Seu membranarum tenui velamine facta,
> Quamlibet aerata praecellat forte lucerna,
> Aut furvas lichnus illustrans luce latebras...
> Nec putei laticem spernendum ducimus altum
> Antlia quem sursum solet exantlare cisternis,
> Quamvis praecipua praecellant flumina fontis...
> Mergula nec penitus nigris contemnitur alis,
> Ingluviem ventris squammosis piscibus implens,
> Garrulus aut etiam vilescit graculus ater,

Qui segetum glumas et laeti cespite oceas
Depopulare studet, carpens de messe maniplos,
Quanquam versicolor flavescat penna pavonis
Et teretes rutilent plus rubro muryce cycli,
Cujus formosa species et fulva venustas
Omnia fabrorum porro molimina vincit.

(Elle n'est pas sordide, la minuscule monnaie d'argent que dans la balance enlève douze fois l'once équitable, — bien que la préexcelle la fibule aux bulles d'or, ou que plus amplement certes blondissent les fauves pétales. Et la lanterne de verre n'est aucunement vile pour toi, ô Vierge, ni celle de cuir tanné et façonnée avec la pellicule ténue des membranes, — bien que la préexcelle sans doute la lanterne d'airain ou la lampe illustrant de sa lumière de ténébreuses chapelles... Et nous n'avons pas de dédain pour la source profonde du puits qu'une pompe va pomper pour les citernes, bien que la préexcellent les plus rares écoulements des libres fontaines... Il n'est pas tout à fait méprisé pour ses ailes sombres, le plongeon qui de squammeux poissons s'emplit le ventre, ni le bavard geai noir (le corbeau), lui-même, n'est avili pour s'étudier à dépeupler les glumes des blés et les terres grasses où passent les herses, en prélevant sa cueillette sur les moissons, — bien que la plume du paon éclate versicolore et que ses agréables roues rutilent plus que les rouges murex, le paon dont la belle apparence et la beauté dorée surpassent, victorieuses, tous les chefs-d'œuvre des orfèvres.)

Pas davantage que le « plongeon aux ailes sombres », ou que le « *geai noir* » ce poète ne mérite un total mépris : ni plongeon, ni corbeau ; paon, non plus (s'il faut, comme Oppien, révérer le paon tel que le plus beau des volatiles, — et admettre que son incorruptible chair symbolise l'immortalité, signifie l'éternelle durée des âmes et des œuvres), mais, une si jolie et si logique imagination plaît, qui vagabonde par l'entière nature en quête d'images toutes ramenées vers une démonstration unique. C'était un esprit porté à la parabole :

il voyait en toutes choses des vérités corroborant la vérité qui lui était chère, en toutes choses des allégories et des parallélismes que nul que lui n'aurait pu soupçonner. Par ces tendances il fut induit à rédiger des énigmes ; c'était un redoutable sphynx : le prétexte viendra en un chapitre ultérieur, de quelques notes sur cette littérature spéciale et modeste.

Vers l'époque où Adhelme s'épanouissait en métaphores, naissait en Lombardie, près du roi Didier, un homme célèbre pour avoir fourni leurs définitives appellations aux six premières notes de la gamme :

> Ut queant laxis resonare fibris...

L'auteur, Paul Warnefride, diacre de l'église d'Aquilée, est surabondamment connu sous le nom de Paul Diacre.

Il vivait dans une atmosphère crépusculaire encore assombrie et péjorée par la révolte des Lombards, que Charlemagne, en 776, réprima durement. Son frère fut exilé et la femme de son frère mendiait son pain par les chemins; le diacre, en de douloureux vers, informe l'empereur et roi de ces disgrâces :

> Septimus annus adest : ex quo nova causa dolores
>   Multiplices generat et mea corda quatit :
> Captivus vestris extunc germanus in oris
>   Est meus, afflicto pectore, nudus, egens...
> Illius in patria conjux, miseranda per omnes
>   Mendicat plateas ore tremente cibos.

Charlemagne fut clément : il entretenait, d'ailleurs, avec le diacre, une correspondance en vers, où il l'appelle *Frater dilectus*, *Pater optime :*

> Parvula rex Carolus seniori carminaPaulo
>   Dilecto fratri mittit honore pio...

C'est encore des guerres et des discordes que se lamente le diacre Flore, de l'église de Lyon, lorsqu'il remercie le Christ de lui avoir assuré, loin des cruautés extérieures, un refuge dans la certitude du sanctuaire, « une place dans son lit royal, sous les voiles sacrés » :

> Hic me namque feris quum cingerer undique bellis,
> Sub proprio abscondit thalamo, velisque sacratis
> Obtectum gratâ minimum confovit in umbrâ.

Il pleure aussi le grand sacrilège politique, le démembrement de l'Empire : « L'illustre diadème fleurissait un royaume unique ; il n'y avait qu'un maître ; il n'y avait qu'un peuple : — et voilà que le diadème tombe, que l'empire n'a plus ni le rang, ni le nom impérial ; au lieu du roi, des roitelets ; au lieu du royaume, des fragments de royaume, et une illusoire paix sans aucune des grâces de la paix. »

> Floruit egregium claro diademate regnum.
> Princeps unus erat, populus quoque subditus unus...
> ... Diademate nudus
> Perdidit imperii pariter nomenque decusque :
> Pro rege est regulus, pro regno fragmina regni,
> Et pacem vocitant, nulla est ubi gratia pacis.

Ces deux poètes ayant, en leurs œuvres, touché aux choses de l'histoire sont fréquemment allégués par les racleurs de documents.

Moins connu, mais plus illustre, est le vénérable Bède, qui rédigea d'opulentes théologies et quelques vers, d'où çà et là, une image affolée surgit dévêtue :

> Fons, flumen, irrigatio,
> O beata Trinitas :

(Fontaine, fleuve, arrosement, ô bienheureuse Trinité !)

> Sed imbecilla pluma est velle,
> Sine subsidio tuo !

(Mais la volonté n'est qu'une insolide plume, sans ton subside !)

Parole imprudente, peut-être, adressée encore à la Sainte-Trinité, dans une pièce qui a pour titre, *Oratio pura*. Son hymne sur le jour du jugement, *Hymnus de Die Judicii*, est pleine d'images atroces, d'un raffinement aigu ; il invente pour les damnés des supplices tels que ceci : « Des serpents aux dents de feu leur mangeront les os. »

Et vermes lacerant ignitis dentibus ossa.

Déjà sonne en ces vers la future trompette du *Dies Irae* :

> Atque omnes pariter homines cogentur adesse
> Cunctaque cunctorum cunctis arcana patebunt :
> Quid caro, quid facies, illa quid flebilis hora ?

(Et tous pareillement, tous les hommes devront être là, et tous les secrets de tous seront dévoilés devant tous : que feras-tu, ô ma chair, ma lamentable chair, à cette heure-là ?)

Bède n'est incompétent ni en mystique, ni en rythmique, témoin cette strophe sur le martyre de saint André, où l'apôtre se couvre contre les sept flagellations qui lui sont infligées du septiforme bouclier des sept dons de l'Esprit Saint :

> Caesus flagellis septies
> Tormenta risit omnia,
> Septena quem repleverant
> Jam dona Sancti Spiritus.

L'abbé de Fulde, l'évêque de Mayence, Raban Maur, fut un homme de large cœur et de haut esprit. Moine, il enseignait à tous les lettres divines ; évêque, il ne dînait jamais que des centaines de pauvres ne dînassent avec lui ; poète, il composa le *Veni Creator* (Ebert le conteste mais la Tradition l'affirme), l'un des indestructibles monuments du neuvième siècle. Ignorés, même de l'Eglise, ces rapsodes sacrés n'ont, en leur vie posthume, qu'une gloire anonyme : à nul entendant ces hymnes, ces proses, ces antiennes, ne vient aux lèvres les noms ni de Raban Maur, ni de Claudien Mamert, ni de saint Bernard, ni d'aucun, et l'on n'est pas loin de croire que de telles odes ont l'origine obscure des ballades populaires ou des contes de fées. Il faut rendre aux poètes de l'antiphonaire la gloire littéraire que l'ignorance leur a volée :

> Veni, creator Spiritus,
> Mentes tuorum visita,
> Imple superna gratia
> Quae tu creasti pectora...
>
> Accende lumen sensibus,
> Infunde amorem cordibus,
> Infirma nostri corporis
> Virtute firmans perpeti.
>
> Hostem repellas longius
> Pacemque dones protinus;
> Ductore sic te praevio
> Vitemus omne noxium.
>
> Da gaudiorum praemia,
> Da gratiarum munera,
> Dissolve litis vincula,
> Astringe pacis foedera...

(Viens, Esprit créateur, viens visiter nos cœurs, emplis de ta suprême grâce les âmes de tes créatures... Allume ta lumière en nos sens, infuse ton amour en nos cœurs, et nos infirmes corps, affirme-les en une force perpétuelle. Repousse loin l'ennemi, donne-nous une immédiate paix ; sois le guide préventif qui nous évite toute nuisance. Accorde nous les prémices des joies, les munificences des grâces, déchire les rets du discord, renforce les mailles de la paix...)

On verra, quand sera parmi les séquences régulières citée la prose de Robert de France, comment, avec d'autres mots, ces presque mêmes idées seront redites.

Il serait malséant de clore l'époque carlovingienne sans noter des poètes tels qu'Ermold le Noir, Abbon, Walafrid Strabo et même Wandalbert, ce moine de l'abbaye de Prüm, non loin de Trèves, qui versifia le calendrier ; exemple :

Octimber

Spumanti musto pomisque Octimber onustus
Qui pateras calathosque ferat sanctos memoremus.
Dies 1. — Francos qui primus docuit domuitque feroces
Remigius proprio Octimbrem praesignat honore.

(*Octobre*. — De vin fumant, de pommes, Octobre a le fardeau ; de ce mois qui porte les corbeilles et les coupes, rappelons les saints. 1ᵉʳ *Jour*. — Celui qui le premier instruisit et dompta les Francs féroces, Remy inaugure Octobre de sa propre gloire.)

Abbon, autre moine, abbé de Saint-Germain-des-Prés, Abbo le Courbé, qui des Normands avait grand peur, tremblait quand les barques à col de cygne ceignaient la cité naufragée, l'humble Abbo a consigné ses terreurs dans un poème tenu, tel qu'un registre, à jour, où d'une tremblante écriture les méfaits des pirates sont annuellement contés : « Ils enlèvent les paysans, les enchaînent, les envoient au delà des mers ; le roi le sait, et il n'en a cure, le roi Eudes... Les voilà encore ! j'écris dans un lamentable gémissement... »

Ruricolas prendunt, nexant et trans mare mittunt :
Rex audit, nec curat, Odo...
En iterum, misero gemitu loquor...

Il a peur, mais les Parisiens n'étaient pas moins épouvantés que le pauvre moine ; il craint l'avenir, mais l'exiguë France devait bientôt céder aux écumeurs une large province qu'ils peuplèrent de leurs fils ; il pleure, mais Charlemagne avait pleuré.

C'est encore un poète chroniqueur que cet Ermold le Noir, Ermoldus Nigellus, le Noiraud, qui envoyait de l'exil, au César débonnaire, le poème de ses exploits impériaux :

Hoc tibi, Cesar, opus, stolida crocitante cicuta,
Porrigit Ermoldus exul, egenus, inops.

(Ce poème, César, chanté par une cigale étourdie, Ermoldus te l'envoie, l'exilé, le nécessiteux, le pauvre.)

Il eut les idées ingénieuses et des sens délicats ; ainsi, à propos de l'an nouveau qui alors s'inaugurait au printemps :

Pristinus ablatos remeans fert annus odores.

(L'ancienne année, se repliant sur elle-même, revient et nous rapporte les odeurs qu'elle avait emportées.)

Il proféra des sentences définitives et imagées, telles que celle-ci :

Non lacrymis caruere genae, non corda dolore.

(Les joues avaient des larmes et les cœurs des douleurs.)

Théologien, hagiographe, auteur de louables poèmes sur saint Mammès, sur les visions du moine Wettin, visions du ciel et visions de l'enfer, Walafrid Strabo, l'abbé du monastère de Fulde, eut une imagination presque aussi coureuse que l'évêque Adhelme, un esprit non moins curieux des symboles recélés en l'inconsciente nature. Dans son monitoire sur la pétulance de la chair, *de Carnis petulantia*, il nous avertit de considérer avec sagacité que cette chair humaine, cette chair très salace, habituée à la mauvaise vie, a pour analogues (à cause de leur grande promptitude à l'action) : la poupe d'un navire (il veut dire, sans doute, la proue), la plume, le feu, la sphère, le poulain, le fleuve, l'oiseau, le fauve.

> Haec carnem stolidissime
> Nostram respiciunt, homo,
> Consuetam male vivere,
> Puppis, pluma, focus, sphera,
> Pullus, flumen, avis, fera :
> Haec attende sagaciter.

C'est en l'*Hortulus*, petits chapitres sur les plantes potagères adressés à Grimald, abbé de Saint-Gall, que des Esseintes trouva ces louanges de la citrouille, qui le réjouissaient. Avec une exquise ingéniosité le jardinier Walafrid raconte la naissance, la croissance, les envahissements, la floraison et toute l'histoire de sa citrouille, *mea cucurbita :*

>... Mea fragilis de stirpe cucurbita surgens
>Diligit appositas, sua sustentacula, furcas,
>Atque amplexa suas uncis tenet unguibus alnos,
>Et quoniam duplicem producunt singula funem
>Undique fulturam dextra levaque prehendunt,
>Et velut in fusum nentes cum pensa puellae
>Mollia trajiciunt, spirisque ingentibus omnem
>Florum seriem pulchros metantur in orbes...

(Ma frêle citrouille, en croissance, adore les fourches sustentaculaires apposées sous sa flexibilité, elle embrasse étroitement les aunes et ses griffes agrippent ses tuteurs. Comme chaque filet produit un double jet, il lui faut, à droite et à gauche, un double étançon : telles des jeunes fileuses au fuseau tirent à même la quenouille chacune de leur côté, — et c'est en une immense spirale que s'inscrit la série des fleures aux larges orbes...)

Et cet entrelacs de subtiles métaphores roule indéfiniment sur lui-même, plus embrouillé que la quenouille des jeunes fileuses, plus retors que les filets vagabonds des monacales cucurbites, — et de quelles obscures herbes se fleurit encore le jardinet de Walafrid : il cultive le marroube qui sent bon, mais n'a pas bon goût, *marrubium qui dulce olet, non dulce sapit,* l'amer marroube, antidote selon lui de l'aconit; selon Pline, du venin des vipères ; — le glaïeul (*gladiola*); l'angélique livèche (*libisticum*); — le cerfeuil (*caerefolium*), qui, de cuisine et d'officine, se mange et s'applique en cataplasmes; — le pavot (*papaver*), avec l'infusion de quoi, dit Walafrid, Latone s'intoxiquait pour oublier ses malheurs; — l'éclaire (*sclarea*); — l'ache (*apium*), la sternutatoire bétoine (*bettonica*); — le pouliot, cette menthe à fleurs rouges (*nepeta*); — le raifort (*raphanus*); — que d'autres (Macer Floridus s'en souviendra), et la modeste sauge (*salvia*), « douce d'odeur, de vertus sérieuses et d'utile infusion »,

Dulcis odore, gravis virtute atque utilis haustu.

C'est à regret que l'on délaisse les ingénieuses plates-bandes du potager de Walafrid Strabo pour entrer dans la banale et pénible littérature de Roswitha, la religieuse saxonne qu'entre tous les poètes de ces temps méconnus, sa médiocrité désigne naturellement à l'admiration des faux lettrés. Roswitha a si peu de naturel, elle écrit une langue d'une si humble correction, elle narre avec un tel aplomb les plus ridicules légendes et les plus dénuées de mysticisme, elle aligne de tels aphorismes, elle a une si parfaite connaissance de toute la littérature classique, — et, quant à ses comédies pieuses, leur ressemblance avec les drames religieux en langue vulgaire, allemands, italiens, français de la fin du xve siècle est si frappante (au point que le *Gallicanus* de Roswitha, publié pour la première fois en 1501 et le *San Giovani e Paolo* de Laurent de Médicis, lequel mourut en 1492, sont, à part quelques détails, identiques), la vie de cette nonne est si difficile, non seulement à préciser, mais à prouver, il y a enfin, répandue sur ses écrits, vers et prose, l'ombre d'un tel je ne sais quoi d'inauthenticité, — qu'il vaut mieux la délaisser, sans plus amples commentaires, et l'abandonner au public du théâtre des marionnettes, sa vraie place. Il est à peu près certain, et avec quelque patience on le démontrerait, que le véritable auteur des œuvres de Roswitha est son premier éditeur, Conrad Centès, l'un des plus habiles faussaires d'une époque où cette manie fut aiguë, et un esprit d'une certaine jovialité, — car, je n'en puis pour ma part douter, le poème sur la mort de saint Pélage, le quatrième du recueil, l'histoire de ce jeune martyr de la pédérastie, victime de la beauté de son visage (*vultum speciosum*) et de ses exquises formes (*praenitidam formam*), ce récit d'une naïveté laborieusement obscène, n'est, en somme, surtout mis sous la plume d'une religieuse, que la bizarre fumisterie d'un farceur qui veut tromper ses contemporains le plus grossièrement possible, s'amuser largement à leurs dépens et, par dessus tout, les mépriser.

Odon de Cluny n'est pas spécialement poète ; il avait l'esprit trop précis, trop imbu de théologie positive, trop porté aux réformes pratiques, aux utilités de la morale pour atteindre les subtils et inattendus rapprochements de mots et d'idées, en toute poésie essentiels. Le plus souvent il alourdit ses vers d'exactes références aux évangiles, et peu enclin à la paraphrase, abrège en quelques syllabes les éternelles vérités. Quinze mots lui suffisent à résumer symboliquement toute l'histoire de sainte Madeleine : « Elle fut, de vase de honte, changée en vase de gloire : »

> Post fluxae carnis scandala
> Fit ex lebete phiala :
> In vas translata gloriae
> De vase contumeliae.

Voilà, si j'ai quelque notion de la valeur des vocables, un authentique texte de vers symboliques : la pécheresse n'est pas nommée ; aucun détail direct ne la désigne, — et néanmoins, par le strict choix de mots nécessairement suggéreurs, Odon fait crier à ces quatre vers le nom qu'il tait.

VII

Les séquentiaires. — Origine des séquences. — Jumièges et Saint-Gall. — Les Tropes. — Tropes du *Kyrie*. — Notker Balbulus. — Le panthéisme chrétien : Ennodius, Notker, Pierre de Corbeil. — Ekkehard le Vieux, Ekkehard le Palatin et Hucbald le Chauve. — Berno. — Godeschalk. — Les Vierges et l'Agneau.

VII. — LES SÉQUENTIAIRES

Il s'agit d'une forme de la poésie latine spéciale aux dixième et onzième siècles; prolongée jusqu'au douzième par sainte Hildegarde et d'autres, reprise tout à la fin du moyen âge par Thomas a Kempis, lequel en fit le principe occulte qui régit le style de son *Imitation* et de ses autres traités mystiques.

C'est un psaume de dix à trente versets, le plus souvent, auquel des allitérations, des recherches de mots, des rimes et des assonnances finales ou intérieures donnent seules un air de poème. Mode si exceptionnel et si simple qu'il n'a pas été compris, art si spontanément nouveau qu'il a été méprisé; les érudits catholiques qui daignèrent s'y distraire ânonnèrent dans cette étable sacrée tels que des ânes sans provende, sans foin, sans paille, privés, enfin, du bât bien-aimé d'une prosodie connue. Un membre de ce bétail qui a suivi trop à la lettre les conseils que lui donnait, il y a sept siècles, le pape Grégoire et surtout le moine Pierre le vénérable : « Prends la voie de la pauvreté et non pas tant de la corporelle que de la spirituelle », avoue que les séquences notkeriennes lui ont paru généralement banales, — aveu bien inutile; car tout est banal, hormis le médiocre, on le sait d'avance, pour un esprit médiocre.

Seul, il semble, de tous, M. Léon Gautier, dont l'érudition fut touchée par l'Amour, les étudia, curieux d'en découvrir l'origine. La voici : Selon la plus ancienne liturgie romaine l'*Alleluia* qui s'ajoute au graduel se prolongeait en vocalises; symboliquement, des chœurs d'enfants disaient par de tels sons privés de l'appui des paroles « l'impuissance de l'homme à exprimer la louange de Dieu et ses soupirs vers la patrie éternelle. » Or, dit lui-même le bon moine Notker, qui avait ainsi, non sans émoi, balbutié devant le seigneur, « souvent, comme j'étais tout jeune enfant, les très longues mélodies confiées à ma mémoire fuyaient, désertaient mon inconstant petit cœur... Cum adhuc juvenculus essem et melodiae longissimae soepius memoriae commendatae instabile corculum aufugerent... »

A l'abbaye de Jumièges : on avait remédié, les uns, les autres, selon l'ordre ou l'inspiration, par de quelconques paroles à ces manquements; un livre de phrases adéquates aux airs connus se trouva composé. Les Normands pillèrent Jumièges, les moines se dispersèrent et l'un d'eux gagna l'abbaye de Saint-Gall où il fit adopter l'innovation. C'est là sans doute qu'à ces occasionnelles compositions fut donné le nom de *Séquences*. Pourquoi? L'ont-elles emprunté à la rubrique qui suit immédiatement le graduel, *Sequentia sancti evangeli*, ou s'appelaient-elles déjà et avant d'être soumises à des paroles, *sequentia* ou *sequela*, c'est-à-dire *suite*, suite de notes? on ne sait : à cette heure ce sont des *proses*, et déjà, anciennement, on les dénommait *prosa* ou *prosula*. Plus généralement et en science de liturgie, on les considère comme des interpolations au texte de la messe, comme des tropes (*Tropi, trophi*); les recueils spéciaux de séquences, quelques-unes furent conservées, s'appelaient tropaires, tropphaires.

Principe du trope : aux jours de grandes fêtes, lorsqu'on voulait, dans les églises abbatiales, allonger par des artifices la durée des offices, on intercalait entre telle série de vocables liturgiques une phrase d'intermède; pour le *Kyrie eleison*, par exemple :

    Cunctipotens genitor, Deus omnicreator, eleison
                    Kyrie eleison.
    Fons et origo boni, pie luxque perennis, eleison
                    Kyrie eleison.
    Salvificiet pietas tua nos bone rector, eleison
                    Kyrie eleison.
    Christe, Dei splendor, virtus Patrisque sophia, eleison
                    Christe eleison.

Plasmatis humani factor lapsi reparator, eleison
       Christe eleison.
Ne tua damnetur, Jesu, factura, benigne, eleison
       Christe eleison.
Amborum sacrum spiramen, nexus amorque eleison
       Kyrie eleison.
Procedens fomes, vitae fons, purificans vis, eleison
       Kyrie eleison.

(Tout puissant géniteur, Dieu créateur de tout. — Source et origine du bien, éternelle et pitoyable lumière. — Nous sauve ta pitié, ô notre maître bon. — Christ, splendeur de Dieu, force du père et sa sagesse. — Fabricateur de la forme humaine et en sa chute son réparateur. — Pour que ne soit pas damnée, Jésus, ta créature. — Des deux personnes souffle sacré, leur bien et leur amour. — Inflammable et procédante essence, source de la vie, force purifiante, pitié, Seigneur, aie pitié.)

Telle la séquence type dont l'usage persévéra dans l'église jusqu'à la fin de xviiie siècle, en même temps que se développaient les plus diverses modifications à cette primitive forme.

A la messe de la Fête des Fous, on chantait l'épitre *farcie* : *Epistola cum* Farciâ *dicetur*, ordonne une charte d'Odon de Sully, évêque de Paris. Dans les messes sérieuses les Kyrie étaient également farcis, — de latin :

Kyrie, fons bonitatis, Pater ingenite, a quo bona cuncta procedunt, *eleison*.
Christe coelitus, adsis nostris precibus, quas pro viribus, ore, corde, actuque psallimus, *eleison*.

De français :

Kyrie, le jour de Noël, naquit Emmanuel, Jésus le doux fils Dieu éternel, *eleison*.

Telle encore, en sa dégénérescence, la séquence type.

Il y avait donc à Saint-Gall un moine nommé Notker Balbulus. Voici, dans une séquence spécialement composée en son honneur par un abbé de ce monastère, Franciscus Gaisberg, — sa vie :

> Sancti Spiritus assit nobis gratia,
> Quae sanctos suos semper facit esse conspicuos.
> E quibus hic divinus extat Notker Balbulus,
> Doctor praeclarus, stirpe regia natus...
> In divi coenobio Galli primo flore pollebat,
> Quem Grimaldus abbas suscepit, suum monachum fecit...
> Qui doctus in brevi taliter, ut Sequentias faceret,
> Quas singulas papa Nicolaus canonizavit,
> Et mandavit per mundi climata canendas...

« Que la grâce du Saint Esprit nous assiste ; — c'est elle qui décore les saints qu'elle a formés. — D'entre lesquels surgit ce divin Notker le Bègue, — très lumineux docteur, né de souche royale... — En la communauté de Saint-Gall il s'épanouissait dans sa première fleur, — lorsque Grimald, abbé, en fit un de ses moines... — En peu il fut assez docte pour composer des séquences, — que toutes le pape Nicolas canonisa, — et manda que par tous les climats du monde, on les chantât. »

Donc ce divin moine ne connut jamais le monde. C'était un de ces prédestinés que les couvents abritaient dès leur enfance, tondus très jeunes, vêtus à l'âge des écoliers, d'étroites coules, de puérils scapulaires. Voilà toute sa vie : elle passa de l'an 840 à l'an 912.

Inauguration d'un cycle nouveau, absolument indépendant de l'ode latine, les séquences de Notker ont, en elles-mêmes, la valeur de poèmes presque toujours originaux, mais compacts et noirs, froids, rarement lyriques, si ce n'est aux courtes phrases interjectionnelles qu'il lance parfois en débutant, telles que de lourdes notes de psaltérion. Ainsi, en une prose pour le temps pascal, il fait sonner dès le premier vers ces puissantes assonances, que renforcent encore un barbarisme très superbe :

Laudantes triumphantum Christum pangamus hymnum.

Pour la fête de l'Ascension :

Summi triumphum regis prosequamur laude
Qui coeli, qui terrae regit sceptra, inferni jure domito...

Ou bien, avec un cordial enthousiasme :

Exultet omnis aetas, sexus uterque, virgines, sorores, plaudite, viduae, jugatae, psallite...

D'autres fois, ce sont, au contraire, d'insinuants débuts :

Christo Domine, laetifica sponsam tuam ecclesiam...

(Daigne, Seigneur Christ réjouir ton épouse l'Eglise..)

Ou bien (Octave de Pâques) :

Laeta mente canamus Deo nostro
Qui defectam peccatis semper novat ecclesiam
Et eam pallidulam de radio veri solis illuminat...

(D'une joyeuse âme chantons pour notre Dieu, qui toujours prêt à réconforter son Eglise défaillante sous les péchés, quand elle est un peu pâle la fleurit d'un rayon du vrai soleil...)

Voici de Notker une séquence complète, très simple et très dense :

De Nativitate Domini

Natus ante saecula Dei filius, invisibilis, interminus ;
Per quem fit machina coeli et terrae, maris et in his degentium :
Per quem dies et horae labant et se iterum reciprocant ;
Quem angeli in arce poli consona semper canunt.
Hic corpus assumpserat fragile, sine labe originalis criminis, de carne Mariae Virginis, quo primi parentis culpam Evaeque lasciviam tergeret.
Hoc praesens diecula loquitur praelucida, adaucta longitudine, quod sol verus radio sui luminis vetustas mundi depulerit genitus tenebras.

Nec nox vacat novi sideris luce, quod magorum oculos terruit scios.

Nec gregum magistris defuit lumen, quos praestrinxit claritas militum Dei.

Gaude, Dei genitrix, quam circumstant obstetricum vice, concinentes angeli gloriam Deo.

Christe, patris unice, qui humanam nostri causa formam assumpsisti, refove supplices tuos.

Et quorum participiem te fore dignatus es, Jesu, diganter eorum suscipe preces.

Ut ipsos divinitatis tuae participes, Deus, facere digneris, unice Dei. Amen.

« Il naquit avant les siècles, le fils du Dieu invisible et infini, par lequel est faite la machine du ciel et de la terre, de la mer et des êtres qui vivent là, — par lequel les jours et les heures tombent et de nouveau surgissent, — du Dieu que les anges dans les sommets du ciel saluent d'un chant éternel. — Il avait pris un corps fragile, pur de la tache du crime originel, fait de la chair de la Vierge Marie, et par lequel il voulait laver la faute du premier père et la lasciveté d'Ève. — Ce présent jour de répit, ce très lumineux jour le dit, et l'accroissement même de sa longueur le dit, que le vrai Soleil, par le rayonnement de sa lumière, a mis en fuite les vieilles ténèbres de la naissance du monde. — Et la nuit fut gratifiée de l'éclat d'une étoile neuve, qui épouvanta les yeux croyants des Mages. — Et furent gratifiés de lumière les pasteurs et ils furent éblouis par la clarté des soldats de Dieu. — Sois réjouie, mère de Dieu, toi entourée, au lieu des accoucheuses, par des anges qui chantaient la gloire de Dieu. — Christ, l'unique fils du Père, toi qui, pour nous, revêtis la forme humaine, réchauffe tes suppliants. — Et de ceux auxquels tu as daigné participer, daigne accueillir les prières, — afin que, si tu le daignes, ô Dieu, en retour ils participent à ta divinité, ô toi l'unique fils de Dieu. »

Cette prière est d'une grande sévérité et presque entièrement dénuée des violentes images choyées par l'obscur moine. Sa prose *De Redemptione* en donne un bel exemple : « Jésus sauta du ciel dans le ventre virginal et de là dans l'océan du siècle...»

> Saltum de coelo dedit in Virginalem ventrem, inde in pelagus
> saeculi....

Cela n'est pas fade, non plus que cette courte phrase sur les vierges « qui ont dompté leur corps par le frein du jeûne et fauché la luxure avec le glaive du sacrifice » ; le latin dit mieux :

> Haec corpus suum domuit freno jejunii
> Et luxuriam secuit ense agoniae..

Le monde, que régénère la Nativité du Christ, c'est « la couleuvre qui change de peau » :

> ... Coluber lividus perdit spolia.

Le ciel, les vierges l'atteignent en gravissant une échelle dont le pied est entouré d'une ceinture de tourments ; un cauteleux dragon veille au premier échelon : il en défend la montée, l'Ethiopien, avec un glaive qu'il brandit comme une menace de mort :

Scalam ad coelos subrectam tormentis cinctam
Cujus ima draco servare cautus invigilat jugiter...
Cujus ascensus extracto Æthiops gladio vetat exitium
 minitans.

Même quand il chante Marie, en son Assomption, il ne se départit pas, pour ce thème qui fait délirer d'amour tous les séquentiaires, de sa rigidité monacale :

Congaudent angelorum chori gloriosae virgini
Quae sine virili commixtione genuit
Filium, qui suo mundum cruore medicat.
Nam ipsa laetatur, quod coeli jam conspicatur principem
In terris cui quondam sugendas virgo mamillas praebuit...

Te coeli regina haec plebecula piis concelebrat montibus...
Te plebes sexus sequitur utriusque vitam diligens virgi-
nalem coelicolas in castimonia aemulans...

(Que les chœurs des anges se conjouissent avec la vierge glorieuse — qui sans virile commixtion enfanta — un Fils, lequel de son sang a guéri le monde. — Car, elle-même est en joie de contempler le prince du ciel, — à qui sur terre jadis elle donna, vierge, ses mamelles à sucer... — O reine du ciel, ce petit peuple te célèbre avec de pieuses âmes... — Le peuple des deux sexes te suit, aimant ta virginale vie rivalisant avec les anges en chasteté....)

Il est cependant capable d'attitudes presque langoureuses, après une lecture, sans doute, du Cantique : « Et comme la candeur des lis resplendit en gloire à la bienheureuse face du Christ, — et telle qu'en pleine beauté resplendit la rougeur des roses... »

  Et sicut liliorum candor
  In gloria splendebit
  Coram Christo beato
  Et seu rosarum pulchritudo rutilat
  In magno decore...

Il ne sait aucunement le grec, mais il l'aime, il le vénère, et, ayant collecté en ses lectures quelques vocables de cette langue mystérieuse alors, il les dédie aux Trois en Un, — méritoire offrande : *Soter, pantocrator, homoousion*, etc. Voici de bien étonnant versets sur la Trinité et d'un si naïf panthéisme que l'adoration n'en est pas troublée. Pour lui Dieu est tout, Dieu est :

Agneau, brebis, veau, serpent, bélier, lion, ver, — Bouche, verbe, splendeur, soleil, gloire, lumière, image, — Pain, fleur, vigne, montagne, porte, roches, caillou... »

 Agnus, ovis, vitulus, serpens, aries, leo, vermis,
 Os, verbum, splendor, sol, gloria, lux et imago,
 Panis, flos, vitis, mons, janua, petra lapisque..,

Énumérations qu'avait déjà tentées Ennodius :

Fons, via, dextra, lapis, vitulus, leo, lucifer, agnus,
Janua, spes, virtus, verbum, sapientia, vates,
Hostia, virgultum, pastor, mons, rete, columba,
Flamma, gigas, aquila, sponsus, patientia, vermis,
Filius excelsus, dominus deus, omnia Christus.

(Source, voie, droite, pierre, veau, lion, porte-lumière, agneau, porte, espoir, vertu, verbe, sagesse, prophète, hostie, scion, pasteur, mont, rets, colombe, flamme, géant, aigle, époux, patience, ver, fils très haut, seigneur dieu, le Christ est tout.)

Énumérations que reprendra plus tard Pierre de Corbeil en une séquence revendiquée par le cycle Notkérien et découverte il n'y a pas quarante ans, par Clément, sur les panneaux d'un vieux dyptique en ivoire, à Sens, — là, prière peut-être miraculeusement inscrite par les voix qui l'avaient durant des siècles cordialement chantée. C'est, pour la forme, une suite de sons ternaires, une perpétuelle trinité de rimes intérieures, extérieurement liées par une assonnance unique couplée en rimes riches.

Trinitas.
Trinitas, deitas, unitas aeterna.
Majestas, potestas, pietas superna.
Sol, lumen et numen, cacumen, semita,
Lapis, mons, petra, fons, flumen, pons et vita.
Tu sator, creator, amator, redemptor, salvator luxque perpetua.
Tu tutor et decor, tu candor, tu splendor et odor quo vivunt mortua.
Tu vertex et apex, regum rex, legum lex et vindex, tu lux angelica.
Quem clamant, adorant, quem laudant, quem cantant, quem amant agmina coelica.
Tu Theos et heros, dives flos, vivens ros, rege nos, salva nos, perduc nos ad tronos superos et vera gaudia.
Tu decus et virtus, tu justus et verus, tu sanctus et bonus, tu rectus et summus Dominus, tibi sit gloria.

(Trinité, déité, éternelle unité. — Majesté, liberté, ô piété supérieure. — Soleil, flamme, volonté, ô sommet, ô sentier. — Caillou, mont, pierre, fontaine, ô torrent, pont et vie. — O sauveur, créateur, ô amant, rédempteur, ô sauveur, ô lumière perpétuelle. — O tuteur, ô honneur, ô candeur, ô splendeur, et odeur, ô toi, vie des choses mortes. — Cime, abîme, roi des rois, loi des lois, ô vengeur, ô lumière angélique. — Toi que nomment et adorent, toi que louent et que chantent l'amour des chœurs célestes. — O Theos, o héros, fleur très riche, rosée vive, régis-nous, sauve-nous, conduis-nous vers les trônes supérieurs et les vraies réjouissances. — O honneur, ô vertu, toi le juste et le vrai, toi le saint et le bon, toi le droit et le haut, toi Seigneur, gloire à toi.)

Moins vieux que Notker d'une vie d'homme environ, le moine Ekkehard le Vieux mourut en 973. C'est un grand amateur de mots grecs et une cervelle d'une obscurité désespérante. Principalement, il célébra la vertu de quelques saints en des proses qui atteignent çà et là une certaine grandiloquence.

Sur saint Benoît :

Cunctas lascivae carnis illecebras domans, agio pneumati se vas exhibuit.
Cujus novas naenias et crudelissima praelia coelitus suffultus straverat...

Ce qui, je crois, s'interprète ainsi : « Domptant toutes les séductions de la chair lascive, il se dressa tel qu'un vase rempli de l'Esprit saint ; — avec l'aide céleste duquel il renversa, en de très cruels combats, les incantations dernières... »

D'un autre pieux personnage :

Mentis igitur serenitas nostrae personat magnalia, quae te praedicant mirabilem omnibus sanctis, natali applaudens tyronis eximii...

« La tranquillité de notre âme proclame les hauts faits qui t'ont rendu admirable entre tous les saints et nous applaudissons à ta naissance, ô recrue privilégiée... »

N'est-il pas tout à fait joli, dans son enfantillage, ce facile jeu de mots sur saint Columban :

Hic Columbanus nomine columbinae vitae fuit.

Le second moine du même nom, Ekkehard le Palatin, mort en 990, s'amusa, le cénobite naïf, à rédiger à la louange des saints d'énigmatiques séquences dont tous les mots sans exception commencent par la même lettre : à saint Pierre est dévolue la lettre P. Loisir d'hiver dans les laborieuses solitudes de Saint-Gall ! Déjà, un poète carlovingien du neuvième siècle, Hucbald avait chanté en cent trente cinq vers uniquement formés de mots à l'initiale C l'infirmité qu'il avait, disait-il, la gloire de partager avec l'empereur Charles-le-Chauve : *Carmina, clarisonae, calvis cantate, camoenae. — Comere condigno conabor carmine, calvos; — Contra, cirrosi crines confundere colli...* Et Alcuin s'était ingénié à répéter dix-sept fois en trente-quatre vers le mot *Cuculus*; et Milon, moine de Saint-Amant, chantant la gloire du même coucou, en son bref *Carmen de Conflictu Hiemis et Veris*, redit près de vingt fois de suite ce mot, peut-être magique :

Omnes hic cuculo laudes cantare parebant...
His certamen erat cuculi de carmine grande...

Berno, autre moine, mort en 1048, exige une citation, car il professe des croyances astrales et magiques d'un notable intérêt. Il s'agit de saint Willibrord, l'apôtre des Frisons. Lors de sa naissance, la lune descendit du ciel et posa sur lui un signe : sa mère en fut avertie par une vision céleste (*per coeleste horama*); conséquemment cet enfant prédestiné brilla comme un astre très clair, répandit sur le monde l'éclat de son auréole, en même temps que, par la splendeur de son verbe, il mettait en fuite les très noires ténèbres du péché accroupies dans le cœur des hommes...

Hunc coelitus delapsa enitens notavit luna,
Quae ejus matri visa est per coeleste horama.
Hinc velut sidus clarissimum sui jubaris radium per mundi sparserat circulum,
Dum tetricas peccati tenebras cordi hominum insitas verbi splendore fugaverat...

De tous les séquentaires, Godeschalk est l'un des plus superbes et l'un des moins connus biographiquement. C'était un moine du xie siècle : on n'en sait pas davantage. Supérieur à Notker comme poète de tendresse et de mysticisme, il n'a ni la sérénité coutumière ni les beaux élans du créateur de la séquence. C'est plutôt un imaginatif, un invétéré visionnaire qui conte après le graduel les rêves divins qui ont visité ses méditations. Ses proses se chantaient encore au xvie siècle, notamment, on le sait par des missels de 1501 à 1550, à Cologne et à Tournai. L'une des plus remarquables a pour sujet la Décollation de saint Jean-Baptiste, où le martyre du Précurseur est laconiquement évoqué dans ce vers merveilleux :

Meretrix suadet, puella saltat, rex jubet, sanctus decollatur.

Toute la tendresse de l'homme s'épanche dans ses versets sur sainte Madeleine, la femme sublimée, l'unique femme qui, comme le dit Thomas à Kempis, fut privilégiée de la divine familiarité du Christ, — « A christo praeelecta et vocata, multis ac magnis divinae famialiaritatis privilegiis sublimata. »

« D'entre ceux-là (les pécheurs), comme la Chananéenne, tu as visité Marie-Madeleine ; — à la même table tu réconfortas la première avec le pain, l'autre avec le vin de la parole divine ; — chez Simon le lépreux, au repas figuratif, le Phari-

sion murmure et, consciente de ses fautes, la Femme pleure.
— Le pécheur méprise sa sœur en péché : Toi qui es sans
péché, tu exauces la pénitente, tu purifies la souillée, tu
l'aimes, afin qu'elle soit belle. — Elle embrasse les pieds de
son Seigneur, elle les lave de ses larmes, elle les essuie de
ses cheveux, et en les lavant et en les essuyant, elle les
couvre de parfums, elle les enveloppe de baisers. — Tels sont
les festins qui te plaisent, ô sagesse du Père, — Fils de
la Vierge qui n'as pas dédaigné les caresses de la pécheresse... »

Quorum de grege ut Chananaeam Mariam visitasti Magdale-
nam;
Eadem mensa verbi divini illam micis, hanc refovens pocu-
lis;
In domo Simonis leprosi conviviis accubans typicis
Murmurat Pharisaeus ubi plorat femina criminis conscia.
Peccator contemnit compeccantem : peccati nescius poeni-
tentem exaudis, emundas foedam, amas ut pulchram facias.
Pedes amplectitur dominicos, lacrymis lavat, tergit crinibus,
lavando, tergendo, unguento unxit, osculis circuit.
Haec sunt convivia quae tibi placent, ô Patris sapientia;
Natus de Virgine qui non dedignaris tangi de peccatrice...

« Tu l'aimes afin qu'elle soit belle, — *Amas ut pulchram
facias* », — ô noble cervelle si avancée en idéalisme! Tout
le mysticisme du moine fleurit dans sa prose *In Communi
Virginum* curieusement rythmée et assonnancée :

Holocaustum Domino offerunt ex integro virgines castae,
corpore mundae, immortalem sponsum eligens Christum.
O felices nuptiae, quibus nullae maculae, nulli dolores partus
sunt graves, nec pellex timenda nec nutrix molesta!
Lectulos harum Christo vacantes Angeli vallant custo-
dientes, ne quis incestus polluat illas, ensibus strictis arcent
immundos.
Dormit in istis Christus cum illis, felix hic somnus, requies
dulcis, quo confovetur virgo fidelis inter amplexus sponsi
coelestis...

Ornatae tam byssina quam veste purpurea, laeva tenent lilia,
rosas habent dextera...
Ilis Agnus pascitur et his ĉftur, hi flores electa sunt
illius esca...
Crebros saltus dat hic Agnus inter illas discurrendo,
Et cum ipsis requiescit in fervore meridiano.
In earum pectore cubat in meridie,
Inter mammas virginum collocans cubiculum.
Virgo quippe cum sit ipse Virginique matre natus,
Virginales super omnes amat et quaerit recessus...
Somnus illi placidus in earum sinibus,
Ne qua forte macula sua foedet vellera.
Hoc attende canticum devotarum Virginum insigne collegium,
Quo nostra devotio majore se studio templum ornet Domino.

(Elles offrent au Seigneur l'holocauste de leur corporelle intégrité, les vierges chastes et mundes qui ont choisi le Christ pour immortel époux. — O noces de félicité en lesquelles nulles taches, nulles graves douleurs d'enfantement, nulle entremetteuse, nulle ennuyeuse nourrice! — Quand le Christ est sorti de leurs lits, des anges, gardiens, les palissadent, de peur que l'inceste n'y introduise sa pollution et armés de glaives nus écartent les impurs. — Car c'est dans ces lits, c'est avec les Vierges que vient dormir le Christ, heureux sommeil, repos exquis qui réconforte la Vierge fidèle serrée dans les bras de l'Epoux divin... — Vêtues de lin, vêtues de pourpre, en leur senestre main des lis, en leur dextre des roses,... — fleurs dont se repait l'Agneau, fleurs toute sa nourriture... — Il joue et court, l'Agneau, et il bondit au milieu d'elles, — et avec elles repose durant la ferveur de midi. — Il se couche, au midi, sur le sein de ces vierges, — il fait son lit entre les mamelles des Vierges, — car vierge et né d'une vierge, — il aime et cherche avant tout les girons virginaux, — et il lui est doux de reposer sa tête sur des seins — assez purs pour que nulle souillure ne macule sa toison. — Voilà le cantique dédié à l'insigne collège des Vierges dévotes; — que notre dévotion en fasse un ornement de plus pour le temple du Seigneur.)

VIII

Wipo, Notker et le *Victimae paschali laudes*. — L'*Ave praeclara maris Stella* : Henricus Monachus, Hermanus Contractus, Albertus Magnus ? — Hermanus Contractus : Le *Salve Regina* et le Χαῖρε μοι, ὦ Βασίλεια de Jean le Géomètre. — Sainte Hildegarde. — Le culte du Saint-Esprit : S. Ambroise, Guillaume de Conches, Robert de France, Jean Damascène. — Le *Liber vitae meritorum* : Hildegarde et Dante.

VIII. — LES SÉQUENTIAIRES. (Suite.)

Clichtove, Daniel, d'après eux Clément et d'autres inscrivent à Notker le *Victimae paschali laudes*; sur des arguments de comparaison et de collation l'un des derniers Allemands qui collectèrent les séquences, Kehrein, affirme de Wipo cette mémorable prose. Kehrein nomme Wipo (mort en 1050), prêtre bourguignon, chapelain des empereurs Konrad II et Henri III; or, cette dernière qualification, le catalogue manuscrit de la Bibliothèque nationale (rédigé jadis par de patients et curieux érudits) l'attribue à un Notker, le quatrième du nom, qui fut abbé de Saint-Gall, ensuite évêque de Liège (*Leodiensis episcopus*); Wipo et ce Notker ne seraient donc qu'un seul personnage avec un nom, Wipo et un surnom Notker — c'est-à-dire Wipo, cet autre Notker. Obscures attributions car l'on a pu encore confondre Notker et Notger; admettons Wipo : on trouve sa séquence, dans tous les paroissiens, à la messe du jour de Pâques, mais abrégée et faite incompréhensible par l'omission des versets d'interrogation :

Victimae paschali laudes immolent Christiani.
Agnus redemit oves, Christus innocens Patri reconciliavit peccatores.
Mors et vita duello conflixere mirando : Dux vitae mortuus regnat vivus.
Dic nobis, Maria, quid vidisti in viâ ?
Sepulchrum Christi viventis et gloriam vidi resurgentis.
Dic nobis, Maria, quid vidisti in viâ ?
Angelicos testes, sudarium et vestes.
Dic nobis, Maria, quid vidisti in viâ ?
Surrexit Christus, spes mea. Praecedet vos in Galilaeam.
Credendum est magis soli Mariae veraci quam Judaeorum turbae fallaci.
Scimus Christum surrexisse a mortuis vere : tu nobis, victor Rex, miserere.

(Qu'à la Victime pascale, les Chrétiens immolent un troupeau de louanges. — L'Agneau a racheté les brebis, le Christ innocent a réconcilié les pécheurs avec son père. — La mort et la vie se sont rencontrées en un surprenant duel : le Prince de la vie est mort et il règne éternellement vivant. — Dis-nous, Marie, qu'as-tu vu sur ton chemin? — J'ai vu le sépulcre du Christ vivant, j'ai vu la gloire du Ressuscité. — Dis-nous, Marie, qu'as-tu vu sur ton chemin? — Les Angéliques témoins, le suaire et la robe. — Dis-nous, Marie, qu'as-tu vu sur ton chemin? — Le Christ, mon espérance, est ressuscité. Il vous précède en Galilée. — Plus croyable est la seule et véridique Marie que la menteuse tourbe des Juifs. — Nous savons que le Christ est ressuscité d'entre les morts, vraiment : toi, victorieux Roi, aie pitié de nous.)

Cette prose dont la musique semble ancienne, peut-être traditionnellement conservée à travers toutes les révolutions du missel, il faut, à Pâques ou durant le temps pascal, l'entendre, dénuée de chœurs et de vocalises adjoints par les valsomanes qui détiennent les orgues riches, soit à Saint-Sulpice où le plain-chant n'est pas méprisé, soit en une église humble. Notker était musicien, composait ensemble les phrases verbales et les phrases vocales : ainsi, sans nul doute, Wipo et presque tous les séquentiaires.

Dans le *Victimae*, l'air, de même que le rythme, change à chaque verset; il est, comme il sied, glorieux et triomphant, et pourtant sombre, n'exprimant qu'une noble joie, non pas, comme l'*O Filii*, le contentement exubérant et populaire d'une foule ivre de la Résurrection.

Ave, praeclara maris stella, de quel poète? D'un certain moine appelé, sans explications, Henricus monachus, de Hermanus Contractus (1013-1054), d'Albertus Magnus (1193-1290), de tout autre, on ne sait. Un registre conservé en l'église Sainte-Marie d'Osnabruck (*Osnabrugensis*), Hanovre, conte cette légende : Une fois l'insigne magicien, le très pieux auteur du *Compositum de Compositis*, qui invoque la Sainte

Trinité au seuil et au terme de son livre, donne des formules, telles que : « Au nom du Seigneur, prends une livre d'eau prime... Prends donc, au nom de Jésus-Christ, l'eau des philosophes, l'hyle primitive des sages,... » — une fois Albert le Grand fut, en sommeillant, visité par une vierge familière, ce jour vêtue royalement, mais ce jour sans tendresse, sans attention, sans respect. Froissé et attristé de cette inexplicable déréliction, le dormant, qui prenait en ces fréquentes apparitions un grand et bienfaisant plaisir, interrogea : « Ah ! répondit la Vierge distraite, c'est que la Vierge des vierges m'envoie comme une messagère de mécontentement : elle t'a bénéficié et tu n'as marqué nulle reconnaissance ; ton désir a été comblé et ton cœur ne s'en souvient plus. » Albert le Grand fit, pour payer sa dette, l'*Ave, praeclara maris stella*. La légende est vraie, car nulle légende ne ment : cependant, si on préfère suivre une vérité inférieure, mais conforme à l'ordre vulgaire des suppositions historiques, cette séquence ne peut guère être attribuée à un écrivain du XIII° siècle, fût-il mage. Presque tout au long, la voici :

Ave, praeclara maris stella, in lucem gentium Maria divinitus orta.
Euge, Dei porta, quae non aperta, veritatis lumen, ipsum solem justitiae, indutum carne, ducis in orbem.
Virgo, decus mundi, regina coeli, praeelecta ut sol, pulchra lunaris ut fulgor, agnosce omnes te diligentes...
Fac fontem dulcem, quem in deserto petra demonstravit, degustare cum sincera fide, renesque constringi lotos in mari, anguem aeneum in cruce speculari.
Fac igni sancto patrisque verbo, quod, rubus ut flamma, tu portasti, virgo mater facta, pecuali pelle distinctos, pede, mundis labiis cordeque propinquare...

(Salut, très lumineuse Etoile de la mer, toi pour éclairer les nations, Marie, divinement née.

Viens, porte de Dieu, ô porte forclose qui donnas passage à la lumière de vérité, au soleil de justice en personne et revêtu de chair !

Vierge, gloire du monde, reine du ciel, préélue comme le soleil, lunairement belle comme l'éclair, reconnais tous tes adorants...

Fais-nous boire à l'eau douce qui jaillit des pierres du désert, fais que nous buvions avec foi et qu'après avoir ceint nos reins lavés dans la mer, nous apercevions le serpent d'airain sur la croix.

Fais que du Verbe du Père, sainte Flamme que tu portas comme le buisson porta le feu, ô Vierge mère, fais que nous approchions dénudés de notre peau d'animalité, les pieds purs, les lèvres pures, le cœur pur...)

Plus sûrement appartient à Hermanus Contractus, la séquence greco-latine, *De Sancta Cruce*. Elle est singulière et peut du moins prouver, que, contrairement à l'opinion universitaire, le moyen âge, même en ses temps réputés les plus noirs, n'ignora jamais complètement le grec. On a démontré, par diverses exhumations, qu'il fut cultivé sans lacune dans telle abbaye normande; de même, à Saint-Gall :

Grates, honos, hierarchia et euphonizans tibi, interminabiliter hymnologia,
Sacrosancta tu patris hostia, Sancte Christe, rex monarchos, omnium antistes et eulogumene...
Suavitatis spirans Deo torridus odorem cum eumandrite profunderes tuum pro erroneo grege cruorem.
Vas excoctus igne passionis ut testaceum, summe plastes physin restauras pius irae vasorum...
Tu magnus respice parvulos archiater, nos morbidulos...
Tu totus desiderium boni, totius generis generalissimum gaudimonium, tu quam verissime hyperbolicum solaque soteria clemens tui nos intima parce theoria.
Theu panta eleymon aphesis benignicula tuton amartyon sanctimonium, jocundule, tu deliciae, portus quietis unice, archos patrum et optimas, eleyison ymas...

Cette liquéfaction verbale exhale un assez doux parfum de pourriture, mais l'analyse en est rude; on obtient ce résidu de métaphores.

« A toi, grâces, honneur, ô hiérarchie, et l'euphonie des interminables hymnologies,

A toi, sacro-sainte hostie du père, saint Christ, roi monarque, prêtre universel et de la bonne parole...

De ta chair brûlée, une odeur de suavité s'évapora vers Dieu, lorsque très bon berger, tu répandis pour un troupeau vagabond, ton sang.

Vase au feu de la Passion recuit comme une argile, potier souverain, pieusement tu refaçonnes la nature des vases de colère...

Toi le grand médecin suprême, regarde vers nous, les pauvres petits malades...

Toi que les bons totalement désirent, toi l'universelle réjouissance de tout le genre humain, toi le plus hyperboliquement vrai et le seul salut, sois clément et nourris-nous de ton intime contemplation.

Aie de nous tous pitié, donne-nous le bienveillant acquittement de tout péché, ô toi sainteté, plaisir et délices, toi l'unique havre de quiétude, toi notre premier père, aie pitié de nous! »

A partir de *Theu panta*, l'interprétation est approximative, basée sur le sens absolu des mots, leurs relations casuelles étant, pour nous du moins, fort difficiles à établir.

Deux des plus belles Antiennes à la Vierge appartiennent à ce moine oublié, l'*Alma Redemptoris* et le *Salve Regina* :

> Alma Redemptoris Mater, quae pervia coeli
> Porta manes, et stella maris, succurrere cadenti
> Surgere qui curat populo : tu quae genuisti,
> Natura mirante, tuum sanctum Genitorem,
> Virgo prius ac posterius, Gabrielis ab ore
> Sumens illud ave, peccatorum miserere.

(Très haute Mère du Rédempteur, Porte du ciel toujours ouverte, Étoile de la mer, secours le peuple qui tombe et qui voudrait se relever; toi qui engendras, à l'étonnement de la nature, ton saint Géniteur, Vierge avant et vierge après, reçois de la bouche de Gabriel ce salut, et des pécheurs aie pitié.)

Le *Salve Regina* est une séquence monorime très suppliante :

Salve, Regina, Mater misericordiae,
Vita, dulcedo et spes nostra, salve :
Ad te clamamus exules filii Evae,
Ad te suspiramus gementes et flentes in hac lacrymarum valle.
Eia ergo, Advocata nostra, illos tuos misericordes oculos ad nos converte.
Et Jesum benedictum fructum ventris tui nobis post hoc exilium ostende.
O clemens, ô pia, ô dulcis Virgo Maria.

(Salut, Reine, Mère de Miséricorde, Vie, douceur et notre espoir, salut : vers toi nous crions, fils d'Ève exilés, vers toi nous soupirons, gémissants et plorants en cette vallée de larmes. Or donc, notre Avocate, tes yeux miséricordieux, vers nous tourne-les. Et Jésus, fruit béni de ton ventre, après cet exil, montre-nous-le, ô clémente, ô pieuse, ô douce Vierge Marie.)

Salve, Regina ! chantait aussi, vers les mêmes siècles, mais en grec, un autre moine, Jean le Géomètre :

Χαῖρέ μοι, ὦ Βασίλεια, χάρις βροτείων ἀρετάων
Χαῖρε, χάρις νοερῶν, χαῖρε, χάρις θείων...
Χαῖρε, χερουβὶμ ἀνώτερε, καὶ φλογερώτερε, χαῖρε.

(Salut, ô Reine, grâce des vertus morales, salut, grâce des esprits, salut, grâce du Divin... Salut, toi plus haute et plus enflammée que les chérubins, salut.)

La série des plus notables séquences irrégulières se clôt par les chefs-d'œuvre de sainte Hildegarde, *De Sancta Maria* et *De Sancto Spiritu*. Femme de supérieure essence, prophétesse, illuminée, visionnaire, poète, gyrovague, conseillère du peuple, des margraves et des empereurs, Hildegarde est un des esprits représentatifs du xii° siècle allemand ; — et comme elle reste bien de son sexe, franchement, comme son latin est bien féminin, comme, à travers les symboles, elle va droit vers l'homme, comme elle crie du fond de son cœur et de tous ses organes, la vierge contemplatrice : « O quam magnum est in viribus suis latus viri ! » Elle fut abbesse du monastère de Rupertsberg et mourut en 1179.

De Sancta Maria.

O virga ac diadema purpurae regis, quae es in clausura tua sicut lorica ;

Tu frondens floruisti in alta vicissitudine quam Adam omne genus humanum produceret.

Ave, ave, de tuo ventre alia vita processit, qua Adam filios suos denudaverat.

O flos, tu non germinasti de rore, nec de guttis pluviae, nec aer desuper te volavit, sed divina claritas in nobilissima virga te produxit.

O virga, floriditatem tuam Deus in prima die creaturae suae praeviderat et de verbo suo auream materiam, o laudabilis virgo, fecit.

O quam magnum est in viribus suis latus viri, de quo Deus formam mulieris produxit, quam fecit speculum omnis ornamenti sui et amplexionem omnis creaturae suae...

Unde, o Salvatrix, quae novum lumen humano generi protulisti, collige membra filii tui ad coelestem harmoniam.

(O tige, diadème du roi de pourpre, ton jardin est pareil à une forteresse ;

Tes frondaisons ont fleuri en une haute prévoyance, alors qu'Adam devait produire tout le genre humain.

Salut, salut, de ton ventre une autre vie est issue, autre que celle dont Adam avait dépouillé ses fils.

O fleur, tu n'as pas germé de la rosée, ni des gouttes de la pluie et l'air n'a pas plané autour de toi, tu es née sur une très noble tige par l'œuvre de la divine Clarté.

O tige, ta floraison, Dieu l'avait prévue dès le premier jour de sa création et son verbe te fit surgir tout en or, ô très louable vierge.

Oh! qu'il est grand dans ses forces le flanc de l'homme, d'où Dieu tira la forme femme, miroir de ses divines parures, résumé de toute sa création...

Donc, ô Salvatrice, qui as porté la nouvelle lumière du genre humain, rassemble les membres de ton fils dans la céleste harmonie.)

« Dieu mit au centre du monde une âme qu'il propagea en toutes ses parties », avait écrit Platon dans le *Timée*. Un philosophe scolastique du xiie siècle (celui qui divisait physiquement le cerveau en trois lobes communiquant ensemble par un caroncule semblable au bout de sein d'une femme, *uberis capiti*), Guillaume de Conches reprend et christianise l'idée platonicienne par ce mot très simple et très beau : « Le Saint Esprit est l'âme du monde. Opinion dont l'origine n'aurait pas été condamnée par tel père de l'Église, saint Ambroise, qui insinuait : « Les païens ont parlé du saint Esprit en de certains termes voilés, *per umbram quamdam*. » C'est, semble-t-il, le même Ambroise, par qui fut le plus clairement proférée l'irrévocable malédiction contre ceux qui blasphèment l'Esprit, — car la négation de l'Esprit comporte la plénitude du sacrilège : « *Blasphemia in Illum nunquam remittetur... Non potest ibi exoratio esse veniae, ubi spiritum sanctum negando sacrilegii plenitudo est.* » Il y eut, durant tout le moyen âge, un profond culte de l'Esprit (que la religion moderne n'est pas loin de considérer comme un inexplicable gêneur), fréquemment invoqué en ses sept dons, le septiforme Esprit, disent les séquences, et en le premier de tous, l'Intelligence. « O Esprit, tu es mon Dieu! » disait Grégoire le théologien. Hildegarde a dédié au Paraclet un admirable chapelet de mystiques adorations :

De Sancto Spiritu.
O Ignis Spiritus paraclite, vita vitae omnis creaturae, sanctus es vificando formas,

Sanctus es unguendo periculose fractos, sanctus es tergendo foetida vulnera.

O spiraculum sanctitatis!...

O lorica vitae et spes compaginis membrorum omnium et o angulum honestatis, salve beatos!

Custodi eos qui carcerati sunt ab inimico et solve ligatos quos divina vis salvare vult!...

De te nubes fluunt, aethrer volat, lapides humorem habent, aquae rivulos educunt et terra viriditatem sudat!

Tu etiam semper educis doctos, per inspirationem sapientiae laetificatos.

Unde laus tibi, qui es sonus laudis et gaudium vitae, spes et honor fortissimus, dans praemia lucis.

(O Feu de l'Esprit consolateur, vie de la vie de toute créature, tu es saint parce que tu vivifies les formes, — tu es saint parce que tu daignes oindre les membres périlleusement brisés, tu es saint parce que tu panses les plus fétides plaies, — ô soupirail de sainteté!... — ô forteresse de vie, ô espoir de la solidarité humaine, ô refuge de la beauté, sauve tes bénis! — Garde ceux qui sont prisonniers de l'ennemi, déchaîne ceux qui sont enchaînés, sauve ceux que veut sauver la Force divine!... — Par toi les nuages vont, l'éther plane, les pierres transpirent, les eaux se font ruisseaux, la terre exhale de verdoyantes sueurs. — Et c'est toi aussi qui guides les doctes létifiés par l'inspiration de ta Sagesse. — Donc, louange à toi, toi le vocable de louanges, toi la joie de la vie, l'espérance, la force et l'honneur, toi le dispensateur de la lumière!)

Paroles qui suggèrent le souvenir de la séquence de Robert de France :

Sancti Spiritus adsit nobis gratia :
Quae corda nostra sibi faciat habitacula,
Expulsis inde cunctis vitiis spiritalibus.
Spiritus alme, illustrator omnium,
Horridas nostrae mentis purga tenebras.
Amator sancte sensatorum semper cogitatum,
Infunde unctionem tuam clemens nostris sensibus.
Tu purificator omnium flagitiorum, Spiritus,
Purifica nostri oculum interioris hominis...

(Nous assiste la grâce du Saint Esprit : qu'elle fasse de nos cœurs son habitacle, après en avoir expulsé tous les vices intellectuels. Très haut Esprit, lumière universelle, purge les horribles ténèbres de notre âme, et toi qui aimes éternellement les pensées significatives, infuse, ô clément Esprit, ton onction dans nos intelligences. Toi le purificateur de toutes les souillures, Esprit, purifie l'œil intérieur de l'homme...)

L'Esprit a pour symbole premier la Lumière ; il est l'immatérielle clarté de l'Intelligence, qui se meut vers les hommes et par l'illumination les sauve :

> Salvabiliter, suâ potestate iens,
> Lux per se splendida et datrix luminis...

« Salvatrice Lumière, de soi-même émanée, Lumière en soi splendide et donatrice de lumière », dit une traduction ancienne de l'hymne grecque de saint Jean Damascène sur la Pentecôte.

La bienheureuse prophétesse, peu adonnée au rhythme, n'a laissé que peu de séquences; une autre est adressée à un saint, Disibode, évêque, en ces termes d'un très haut et très herméneutique mysticisme :

> O Mons clausae mentis, tu assidue pulcram faciem aperuisti in speculo columbae.
> Tu in absconso latuisti inebriatus odore florum, per cancellos sanctorum emicans Deo.
> O culmen in clavibus coeli...
> Tu magna turris ante altare summi Dei et hujus turris culmen obumbrasti per fumum aromatum...

(O Montagne d'esprit intérieur, assidûment tu as reflété la beauté de ta face dans le miroir de la colombe.

Tu t'es caché dans l'ombre, énivré de l'odeur des fleurs, resplendissant pour Dieu seul dans les cellules des saints.

O cime entre les clefs du ciel...

O tour dont l'altitude se dresse devant l'autel du suprême

Dieu, et la cime de cette tour, tu l'as obombrée de la fumée des aromates...)

De cette admirable sainte, on ne peut oublier le *Liber vitae meritorum*, où la description des peines de l'enfer n'est pas, comme dans l'Alighieri, un prétexte à de personnelles satires. Ame trop détachée de la vie pour admettre la haine, sinon généralisée vers l'abstraction du péché, elle a conçu un enfer d'une grande magnificence de supplices, magnifié encore, en son horreur, par l'étendue de sonorité d'une langue au voisinage de laquelle l'italien n'est que le grincement d'une viole en colère :

« Et magnum ignem vidi, igneo et fervente plumbeo, sulphure quoque intermixto totum inundantem, ac omne genus vermium igneorum in se habentem... » Les luxurieux sont punis par la respiration de l'immonde venin qu'ils ont accumulé en eux : « Et propter delectationem immunditiae, veneno hoc infectae sunt... » C'est par la fétidité encore que sont éternellement lésés les vaniteux, — comme par la fumée sordide exhalée de leurs âmes marécageuses : « Et ecce paludem longam, multam sordem ac pessimum foetorem de se emittentem : qui ad inanem gloriam anhelaverant foetore laedebantur... » Et sans cesse aux prêtres infâmes d'atroces voix hurlent :

> Quare votum quod novistis
> Turpiter derelequistis ?

Prototype, sans doute, des cris que se jettent, en se heurtant comme des béliers affolés, les avares et les prodigues, au vii⁰ chant de l'Enfer de Dante :

> Percotevansi incontro, e poscia pur li
> Si rivolgea ciascun voltando a retro,
> Gridando : Perchè tieni, e : Perchè burli ?

IX

Les litanies. — Origine des litanies. — Le *Libellus Precum* de Bède. — Litanies allemandes. — Litanies de l'école de Saint-Gall. — Litanies versifiées de S. Bernard. — Litanies franciscaines, anglo-saxonnes, mozarabes. — Litanies des Saints, du X° siècle. — Litanies dialoguées. — Code, cérémonial et litanies des pénitences publiques. — Litanies de la Bénédiction de l'Huile. — Cérémonial et litanies des Jugements de Dieu. — Litanies des *Laudes* du Jeudi saint. — « *Litanies de grande consolation* ». — Litanies de la Vierge. — Le *Chapelet de Virginité*. — Conrad de Haimbourg et son *Hortus B. M. V.* — Appelations symboliques.

IX. — LES LITANIES

Les Litanies, ces implorations multipliées de bouches jamais lasses, de cœurs toujours en peurs et en pleurs, sans doute voilà une des plus anciennes formes de la prière. Le psaume, l'éjaculation du prophète, telles, comme de toute la poésie mystique, les sources premières des litanies; mais en devenant de bibliques chrétiennes, elles ajoutent l'amour à l'adoration, à la supplication les larmes, à l'abandon vers l'absolu Pouvoir l'espoir en la mansuétude de Jésus souffrant. Manière de prier très naturelle, c'est la redite infinie d'une exoration aussi claire et aussi simple que « Je t'en prie ! je t'en prie ! » ou : « Ecoute ! écoute ! » ou : « Pitié ! pitié ! » A cet élémentaire cri s'adjoint l'énumération des attributs de la personne de la Trinité, des vertus du saint que l'on invoque ; pour la vierge, c'est le registre des grâces de la Femme, des symboles par quoi se désigne la créature d'essence unique. Enfin, des désirs sont exprimés soit de généralité, soit particuliers à l'état, aux besoins des orants : alors les litanies sont complètes.

Il y en a un grand nombre. Les primitives sont versifiées et toutes gardent, même en prose avérée, un souci du rythme, de l'allitération, de l'assonnance, qui en font de véritables séquences : donc, elles doivent être étudiées en appendice aux deux précédents chapitres.

Le *Libellus precum* de Bède donne quelques exemples de litanies affectant la forme de la séquence :

> Audi, Domine, vocem te invocantis,
> Misere mei
> Et exaudi me.
> Ne abscondas faciem tuam
> A me, ne declinas in furore
> A servo tuo. .

(Ecoute, Seigneur, la voix de celui qui t'invoque. — Aie pitié de moi — et exauce-moi. — Ne détourne pas ta face — de moi, ne te retire pas en ta colère — de ton serviteur...)

Des litanies citées dans le recueil allemand de Roth sont plus nettement rythmées :

> Miserere mei, Deus, quia miser, quia reus
> Delictorum omnium...
> Misere mei, Deus : luctus, dolor, clamor meus
> Ad te, Christe, veniat.
> Pravos actos et enormes in me deles, me reformes
> Ad tuam imaginem...
> Assis mihi, spes salutis, et delicta juventutis
> Meae ne memineris...

(Aie pitié de moi, ô Dieu, car je suis pauvre, je suis le coupable

De tous les crimes...

Aie pitié de moi, ô Dieu : mon deuil, ma douleur, que mon cri,

Christ, parvienne à toi.

Mes actes mauvais énormément efface-les, réformes-moi

Selon ton image...

Viens, secours-moi, espoir de mon salut, et les délits de ma jeunesse,

Ne t'en souviens-tu pas...)

Une prose en l'honneur de saint Antoine, contient ces litanies versifiées (dont le verbe gréco-latin et les solécismes dénoncent l'école de Saint-Gall) :

Agios veris ros, Maï flos, audi nos : nam te Trinitas quidquid petis exaudit.

O Theos ischyros, vitae dos, salva nos, tibi pro quibus Antonius applaudit.

Da tempus poenitentiae, averte morbos validos et epidemiae.

Tuos misericordiae converte in nos oculos, o fili Marine.

(Sainte rosée du printemps, fleur de mai, écoute-nous; car tout ce que tu demandes à la Trinité, elle te l'accorde. —

O Dieu fort, donateur de la vie, sauve-nous, nous ceux pour lesquels Antoine te supplie. — Accorde-nous la pénitence, écarte les graves maladies et les épidémies. — Tourne vers nous tes yeux de miséricorde, ô Fils de Marie.)

Telles hymnes de saint Bernard sont de véritables litanies ; fragments, extraits du *De Laudibus Virginis*, rosaire tout entier selon ces formules :

>O beata
>Miserata
>Preces nostras suscipe,
>Et de malis
>Universis
>Nos clementer eripe.
>
>Pastor bone
>A leone
>Tuas oves libera...
>
>Sume vota
>Ne remota
>Tuis sis supplicibus,
>Sed intende
>Et defende
>Nos a malis omnibus.

Mais voici le type de la litanie-séquence ; on trouve cette prière dans les anciennes *Heures* des Franciscains :

>Anima Christi, sanctifica me.
>Corpus Christi, salva me.
>Sanguis Christi, inebria me.
>Aqua lateris Christi, lava me.
>Passio Christi, conforta me.
>O bone Jesu, exaudi me.
>Intra vulnera tua absconde me.
>Ne permittas me separari a te.
>Ab hoste maligno defende me.
>In hora mortis meae voca me
>Et jube me venire ad te,
>Ut cum sanctis tuis laudem te
>In saecula saeculorum. Amen.

(Ame du Christ, sanctifie-moi.
Corps du Christ, sauve-moi.
Sang du Christ, enivre-moi.
Eau du côté du Christ, lave-moi.
Passion du Christ, conforte-moi.
O bon Jésus, exauce-moi.
Entre tes blessures cache-moi.
Ne permets pas qu'on me sépare de toi.
Contre l'ennemi malin défends-moi.
A l'heure de la mort, appelle-moi
Et ordonne-moi de venir à toi
Afin que je te loue avec tes saints, toi,
En tous les siècles des siècles. Amen.)

Les vraies litanies se développent avec moins de pondération : ainsi ces vieilles exorations anglo-saxonnes qui implorent à la fois la paix, la persévérance, la sérénité du ciel, la pluie, la charité, la vraie pénitence :

> Peccatores, te rogamus, audi nos, audi nos, audi nos,
> Ut pacem nobis dones,
> Ut nobis in bonis operibus perseverantiam dones,
> . . . .
> Ut coeli serenitatem nobis dones,
> Ut pluviam opportunam nobis dones,
> Ut charitatem nobis dones,
> Ut nobis veram poenitentiam dones,
> Peccatores, te rogamus, audi nos, audi nos, audi nos.

On trouve dans le bréviaire de la liturgie mozarabe de très longues et très complexes litanies dont voici un extrait :

1. **Miserere, miserator, et esto placatus, miserantem te ostende et peccata dimitte,**
   Remitte iniquitates quas tibi peccavimus.
2. **Aggravati sumus, nostra peccata ploramus, non sinas quod acquisisti ab Angelis deleri,**
   Remitte iniquitates quas tibi peccavimus.

1. Miserere, miserere,
   Domine, nos peccavimus, tu dimitte.
2. Nos erramus, tu emenda,
   Domine, nos peccavimus, tu dimitte.
3. Pro infirmis te precamur,
   Domine nos peccavimus, tu dimitte.
4. Pro defunctis te rogamus,
   Domine, nos peccavimus, tu dimitte.
5. Pro captivis te rogamus,
   Domine, nos peccavimus, tu dimitte.
6. Pro itinerantibus te postulamus,
   Domine, nos peccavimus, tu dimitte.
7. Pro navigantibus te rogamus,
   Domine, nos peccavimus, tu dimitte.
8. Pro poenitentibus te exoramus,
   Domine, nos peccavimus, tu dimitte.

1. Domine, miserere nobis, Domine misere nobis
   Et averte iram tuam a nobis.
2. Domine, audi lacrimantes, Domine, veniam petentes,
   Et averte iram tuam a nobis.

1. Miserere, miserere, miserere, Jesu bone, peccatis nostris finem pone, miserere.
2. Qui Lazarum, qui putentem de sepulchro suscitasti, miserere.

(1. Pitié, ô pitoyable, et sois apaisé, et ceux qui demandent pitié, regarde-les, qu'ils soient absous de leurs péchés.

Remets-nous les iniquités par quoi nous avons péché.

2. Nous sommes accablés, nous pleurons nos péchés, ne permets pas que les mérites soient par les Anges mauvais effacés.

Remets-nous les iniquités par quoi nous avons péché.

1. Pitié ! pitié !
   Seigneur, nous avons péché, que nous soyons absous.
2. Nous avons erré, redresse-nous,
   Seigneur...

3. Pour les malades, nous te prions,
   Seigneur...
4. Pour les défunts, nous t'implorons,
   Seigneur...
5. Pour les captifs, nous t'implorons,
   Seigneur...
6. Pour les voyageurs, nous te supplions,
   Seigneur...
7. Pour les navigateurs, nous t'implorons,
   Seigneur...
8. Pour les repentants, nous t'exorons,
   Seigneur, nous avons péché, que nous soyons absous.

1. Seigneur, aie pitié de nous, Seigneur, aie pitié de nous,
   Et éloigne ta colère de nous.
2. Seigneur, écoute nos sanglots, Seigneur, nous demandons grâce,
   Et éloigne ta colère de nous.

1. Pitié ! pitié ! pitié ! Jésus très bon, à nos péchés mets une fin, pitié !
2. Toi qui Lazare, Lazare le puant suscitas du Sépulcre, pitié !)

Priez, disent aux Saints, à chacun en particulier, des litanies du xe siècle pour que nous soient dévolus : la componction du cœur, le don des larmes, la paix du corps, la tempérie de l'air, la destruction des païens, de tous ennemis, de tous nos adversaires...

Ut componctionem cordis et fontem lacrymarum nobis dones, te rogamus audi nos.
Ut corpora tranquilla nobis dones, te rogamus audi nos.
Ut aeris temperiem nobis dones, te rogamus audi nos.
Ut gentem paganam confringere digneris, te rogamus, audi nos.

Ut cunctos inimicos et adversarios nostros humiliare digneris, te rogamus, audi nos.

Au même siècle la liturgie spéciale de Reims offre un exemple peut-être unique de litanies dialoguées; elles sont intitulées : *Laudes, seu Acclamationes*. Fragment :

Canonici : Christus vincit, christus regnat, Christus imperat.
Pueri : Lux, via et vita nostra.
Canonici : Christus vincit, Christus imperat.
Pueri : Rex regum.
Canonici : Christe, audi nos.
Pueri : Kyrie eleison.
Canonici : Christe eleison.
Pueri : Kyrie eleison.

(*Les Chanoines :* Le Christ est vainqueur, le Christ règne, le Christ commande.
Les Enfants : Il est notre lumière, notre voie, notre vie.
Les Chanoines : Le Christ...
Les Enfants : Il est le roi des rois.
Les Chanoines : Ecoute nous.
Les Enfants : ...)

Jadis, des pénitences publiques étaient pour les péchés imposées : les empereurs s'y soumettaient comme les mendiants et de même que le plus humble des clercs, le prince-archevêque. Les peines, en ce qui concerne le clergé, étaient selon le rang sacerdotal soigneusement graduées; ainsi les sodomites, en Allemagne, vers l'an mille, étaient astreints : si évêques, à xiii ans de pénitence; si prêtres, à x ans; si diacres, à viii ans; si sous-diacres, à vii ans; si clercs, à vi ans; les laïques, à v ans; et le pénitential ajoute, pour tous : « Et nunquam cum alio dormiat. » Le clerc ou moine coupable « vitio gulae et ebrietate et vomitu » était condamné à xxx jours de pénitence. Tous les genres de péchés et spécialement toutes les variétés de la luxure apparaissent rangés en de précis catalogues; exemples :

« Pueri ante xx annos se invicem manibus conquinantes, xx d. poeniteant. — Frater cum fratre naturali fornicans per commixtionem carnis, xv a. poeniteat ; si semen in os miserit, vii a., alii dicunt usque ad finem vitae. — Viri inter femora fornicantes, i a. poeniteat. — Vir in somno pollutus sine voluntate, xii psalmos cantet; si in ecclesiâ pollutus, iii a. jejunet. »

L'état de pénitence, outre des récitations de prières, des jeunes, des macérations imposées, fermait au pécheur l'entrée de l'église, — excommunication momentanée; quand les portes se rouvraient, c'était selon un certain cérémonial. Le pénitent s'agenouillait aux pieds de l'évêque ou de son représentant et l'on chantait l'antienne : « Venite filii, audite me, timorem Domini docebo vos... », puis, des oraisons dites, l'absolution accordée, de spéciales litanies :

Ab omni immunditiâ cordis et corporis, libera eum, Domine.
A vinculis diaboli, libera eum, Domine.
Per crucem tuam, libera eum, Domine.
Per passionem tuam, libera eum, Domine...
Ut repellas ab eo omnes principes tenebrarum,
Te rogamus, audi nos, Domine...

(De toute immondice de cœur et de corps, délivre-le, Seigneur.
Des chaînes du diable, délivre-le, Seigneur.
Par ta croix, délivre-le, Seigneur.
Par ta passion, délivre-le, Seigneur.
Ecarte de lui tous les princes des ténèbres, nous t'en supplions, écoute nous, Seigneur.)

La bénédiction de l'huile s'accompagnait au x® siècle, selon la liturgie de Vienne, de ces litanies assonnancées :

Audi, judex mortuorum, una spes mortalium,
Audi voces proferentum, donum pacis praevium
O Redemptor,
Consecrare tu dignare, rex perennis gloriae,
Hoc olivum signum jura contra demonum,
O Redemptor,

Ut novetur sexus omnis unctione chrismatis
Et medetur sauciata dignitatis gloria,
O Redemptor.
Lota mente sacro fonte aufugantur crimina,
Uncta fonte sacrosancta influant carismata,
O Redemptor.
Corde natus ex parentis alvum implens Virginis
Praesta lucem, claude mortem chrismatis consortibus,
O Redemptor.

(Ecoute, o juge des morts, espoir unique des vivants,
Ecoute les voix des suppliants, et, dispensatrice généreuse de la paix,
O Rédempteur,
Daigne consacrer, roi d'éternelle gloire,
Cette huile d'olivier, signe contre les incantations démoniaques,
O Rédempteur,
Afin que soient rénovés les deux sexes par l'onction du chrême
Et guérie la gloire blessée de notre dignité,
O Rédempteur.
Que de l'âme lavée à la fontaine sacrée s'enfuient les crimes,
Que de la fontaine ointe les sacrosaintes grâces nous bénéficient,
O Rédempteur.
Toi volontairement né de la femme et qui as rempli le ventre d'une vierge,
Donne la lumière, ferme la mort aux communiants du chrême,
O Rédempteur.)

Cette huile bénie par d'aussi hautes invocations, outre les usages sacramentaires, servait aux fréquents exorcismes des énergumènes et des possédés, avec l'accompagnement de l'oraison : « Benedicat te Dominus et custodiat te XPS ab omnibus insidiis diaboli, etc. »

Aux épreuves du jugement de Dieu, par l'eau, par le fer ardent, par le pain et le fromage, etc., « *per aquam, per ignitos vomeres, per panem et caseum* », on bénissait l'instrument de probation, et après la messe invocatoire, des psaumes se disaient durant l'épreuve même, ainsi que des litanies où l'on relève des versets spéciaux :

Ut justiciae non dominetur iniquitas, sed subdatur falsitas veritati, te rogamus, audi nos, Domine.
Ut justum judicium discernere digneris, te rogamus, audi nos, Domine.

(Afin que ne domine pas l'iniquité de la justice, mais que la fausseté soit soumise à la vérité, nous te supplions, écoute nous, Seigneur.
Afin que tu daignes décerner un juste jugement, nous te supplions, écoute nous, Seigneur.)

Les litanies ne sont plus que rarement liturgiques ; c'est la prière que disent, sans obligation, des fidèles assemblés, prière surérogatoire et de bonne volonté. Cependant, on les retrouve encore en certains coins du missel, par exemple aux *Laudes* du jeudi de la semaine sainte.

Durant que symboliquement brûlent au pied de l'autel les onze Apôtres, les trois Femmes et la Vierge, des voix s'élèvent :

Christe eleison, qui expansis in cruce manibus traxisti omnia ad te saecula, Christe eleison.
Kyrie eleison, Agne mitis basia cui lupus dedit venenosa, Kyrie eleison.
Christe eleison, qui prophetice prompsisti : Ero mors tua, ô mors, Christe eleison.

(Christ, aie pitié, ô Toi qui les mains épandues sur la croix, attiras à toi tous les siècles, ô Christ, aie pitié.
Seigneur, aie pitié, ô très doux Agneau, à qui le loup donna de vénéneux baisers, Seigneur, aie pitié.
Christ, aie pitié, toi qui murmuras prophétiquement : Je serai ta mort, ô mort! Christ, aie pitié.)

A noter encore le *Gloria in excelsis* qui, surtout en sa seconde partie, appartient évidemment aux litanies, tandis que le début et la fin rappellent le *Te Deum* :

Domine Deus, Agnus Dei, qui tollis peccata mundi, miserere nobis.
Qui tollis peccata mundi, suscipe deprecationem nostram.
Qui sedes ad dexteram Patris, miserere nobis.

Il y a de spéciales litanies, que tous les manuels de dévotion propagent, Litanies de Jésus, du Nom de Jésus, de la Sainte-Face; elles sont fort belles, mais si connues ou si faciles à connaître que je préfère citer d'anciennes litanies françaises, traduction et résumé de toutes les autres.

Fragment, extrait d'un vieux bréviaire sans titre, dont je ne sais rien, sinon qu'il doit dater du xviie siècle, et qu'il a appartenu à une religieuse, probablement franciscaine ou clarisse, sœur Marie de la Présentation :

Litanies de grande consolation
Aux personnes qui sont en affliction.
Qui les dira devotement,
En recevra soulagement.

Jésus anéanti en votre Incarnation, ayez pitié de nous.
Jésus de riche devenu pauvre,
Jésus mal logé, mal habillé, mal nourri,
Jésus couchant sur la terre, sans lit, sans oreiller et sans couverture,
Jésus réputé fol et endiablé,
Jésus accablé de douleur au jardin sous la charge de nos péchez,
Jésus dans l'ennui, dans la crainte et dans l'agonie,
Jésus trahi et vendu à vil prix,
Jésus traîné la corde au col,
Jésus tombé dans le torrent de Cédron, tout moüillé et transi de froid,
Jésus mocqué, baffoüé, souffleté, traité de coups de pieds et de poings,

Jésus dépoüillé tout nud quatre fois avec ignominie,
Jésus foüetté jusqu'au sang et déchiré de coups,
Jésus détaché de la colomne et tombé dans votre sang,
Jésus couronné de poignantes épines,
Jésus vêtu d'une méchante robe, et traité comme un Roi de farce,
Jésus chargé du lourd fardeau de la Croix sur vos épaules déchirées,
Jésus cloüé avec d'horribles douleurs à la Croix,
Jésus tout en playes depuis la plante des pieds percez jusqu'à la tête couronnée d'épines.
Jésus, l'homme de douleurs, ayez pitié de nous.

« Le B. Albret le Grand, Maître de S. Thomas, ajoute le bréviaire, dit en son Traité de la Messe que le simple souvenir ou la simple méditation de la Passion de J. C. est plus méritoire, que si quelqu'un, durant un an, jeûnoit au pain et à l'eau tous les vendredis, ou s'il prenoit la discipline jusqu'au sang toutes les semaines; ou s'il récitoit tous les jours le Pseautier de cent cinquante Pseaumes? »

Les litanies de la Vierge sont plus douces; ce sont des chapelets de fleurs, des chaînettes et des colliers de mystiques pierres précieuses, et certainement l'un des chefs d'œuvre de la symbolique chrétienne. Une vieille prière versifiée paraphrase ainsi le « Rosa mystica » :

> O Rose très odoriférante
> Et vrai lys de virginité,
> Violette très florissante,
> Marguerite d'humilité,
> Marjolaine de pureté,
> Romarin flairant comme balme,
> Par ta grant clémence et pitié,
> Ayez pitié de ma povre âme.

Il manque à cette énumération la « noble Soussie sur laquelle disserte *le Chapelet de Virginité*, livret mystique du xv° siècle, la soussie qui a « odeur vertueuse, tellement que nulles bestes venimeuses ne l'osent approcher, par espécial quand la fleur est ou soussier », la « soussie couleur d'or, fleur ensuyvant le soleil, l'amoureuse soussie ».

Si l'on voulait un manuel complet du bon jardinier mystique, il faudrait recourir à ces moines, principalement allemands, qui, sans fatigue, énumèrent les gloires du jardin clos de Marie, *S. Mariae Hortus conclusus*. Conrad de Haimbourg, mort vers 1300, fut en ce genre un des plus féconds, des plus variés et des plus hardis. Son *Hortulus* est bien surprenant; toutes les frondaisons et floraisons sont des signes qu'avec bonne grâce il nous explique. Le cèdre et le cyprès ce sont « les sublimités de la contemplation virginale »; la vigne « la jocondité du cœur ». Là, « pleure le figuier d'édulcoration, mûrit le rubescent mûrier :

> Rorat ficus dulcoratrix...
> Rubens morus maturescit.

Là, l'ongle signifie la sobriété; la myrrhe, la continence; l'encens, la dévotion; l'ambre, la pureté; le storax, la foi et la prière?

> Ungula signat sobrietatem,
> Myrrha continentiam,
> Thus devotionem,
> Signat gutta puritatem,
> Storax confidentiam
> Et orationem.

Là encore (en ce même « vergier », sans doute, où, au XIIe siècle, Etienne de Langton fait descendre la belle Alix, symbole de la Vierge :

> Bele Alix matin leva,
> Sun cors vesti et para,
> Enz un vergier s'en entra,
> Cink flurettes y truva,
> Un chapelet fet en a...)

Là encore se récoltent l'aloès (*aloe*), le roseau (*calamus*), le romarin (*cassia*), le galbanum (*galbanus*), la résine (*resina*), la tutie (*tuta*), l'hysope (*hysopus*), le safran (*crocus*), le sucre, (*saccharus*), l'amande (*amygdalum*), le genièvre (*juniperus*) le thérébinthe, le nard, le cynnamone; enfin le laurier (*ligna thina*). Et ce merveilleux jardin n'est autre que le ventre de la Vierge, ce ventre béni dénommé aussi palais, cellule, chapelle, cloître, — le ventre où Jésus prit chair pour réparer les dégâts causés par la chair première et coupable en un autre Jardin; — de sorte que toutes ces métaphores d'apparence incohérente apparaissent finalement d'une admirable logique et qu'il semble que penser mystiquement — ou symboliquement — ce soit le plus haut et le plus noble effort de l'esprit.

« Salut, Vierge, au jardin de laquelle le Seigneur descendit en personne. De là, ayant pris le vêtement de chair, œuvre de ses propres mains, il sortit franchissant l'enclos, emportant hors du jardin, où Adam avait péché, le glaive levé sur les pécheurs… »

>Ave, virgo, cujus hortum
>Dum descendens Dominus
>Per se visitavit..,
>Inde tollens quam plasmavit
>Vestem carnis fragilem
>Clausum dereliquit
>Et ab horto revocavit
>Gladium versatilem
>Quo Adam deliquit...

Mais Marie n'est pas seulement le jardin spirituel des typiques floraisons; en les innombrables litanies qui lui sont consacrées elle apparaît sous toutes les métaphores, sous tous les symboles imaginables par un esprit d'enthousiasme, par un cœur amoureux. Parmi :

>Lectulus Dei floridus,
>Gazophylacium Ecclesiae,
>Sacellum Spiritus Sancti,
>Thuribulum aureum,

Cythara bonesonans Dei,
Cymbalum jubilationis Christi,
Lampas plena olei coelestis,
Evangelium aeternum,
Bibliotheca testamentorum,
Promptuarium mysteriorum fidei,
Firmamentum contemplationis, ora pro nobis.

(Petit lit de repos tout fleuri, Garde-meuble de l'Eglise, Chapelle du Saint-Esprit, Encensoir d'or, Cythare biensonnante, Cymbale de la jubilation du Christ, Lampe pleine d'huile céleste, Evangile éternel, Bibliothèque des deux Testaments, Cellier des mystères de la foi, Firmament de la contemplation, priez pour nous.)

Plus simplement, en un adorable vers, le Bréviaire de Naples résume les adorables tendances des chrétiens « au si tendre cœur de la Vierge Marie »,

Ad cor tam tenerum currite Virginis.

Comme Jésus, comme sa mère, des Saints et des Saintes furent glorieusement couronnés de chapels de litanies, et la caresse y apparaît souvent très ingénieuse, très bien imaginée pour attendrir le bienheureux. C'est sainte Barbara appelée : « Divine amie du Paraclet » ; sainte Geneviève : « Simulacre de mansuétude, Visible index de la toute Puissance » ; sainte Claire : « Fille de la lumière éternelle, Vigne à la suave odeur, Plante au très beau feuillage, Violette pénitentielle, Paranymphe du Christ » :

Sancta Clara, vitis odorem spirans suavitatis,
Sancta Clara, cujus folia pulcherrima,
Sancta Clara, viola poenitentiae.

C'est saint François que l'on proclame : « Serviteur des lépreux, Lanterne des peuples, Prêcheur des bêtes » : et si tout cela est un peu naïf, tout cela aussi est bien charmant.

X

La séquence régulière et la poésie latine syllabique. — L'*Ave, maris Stella*. — L'asclépiade et l'alexandrin : Le *Sanctorum meritis*. — Robert de France : le *Veni, Sancte Spiritus*. — S. Pierre Damien. — Le clergé du xie siècle. — Le cénobite Fromond. — Rythmes singuliers : Théodule et Bernard de Morlaix. — Héribert d'Eichstad. — Alphanus. — Fulbert de Chartres : *Les six degrés de la Chasteté*.

X. — LA SÉQUENCE RÉGULIÈRE

Pendant que les moines de Saint-Gall créaient cette forme absolument nouvelle, en poésie, la séquence irrégulière, l'hymne subissait des modifications intimes qui, lentement, la métamorphosaient. Moins par ignorance de la métrique que par raffinement musical, les poètes commencèrent, non plus à mesurer, mais à nombrer les syllabes : il n'y a plus ni brèves ni longues absolues; il n'y a que des brèves et des longues par position; la quantité est déterminée non plus par la morphologie de la syllabe, mais par la nécessité du rythme.

L'*Ave, maris stella* est une des plus anciennes hymnes conçues dans ce système; elle doit appartenir au xe siècle; peut-être même est-elle plus ancienne. Régulièrement, chaque syllabe impaire devrait être longue; chaque syllabe paire, brève; le poète s'est délivré d'un tel souci, confiant que le rythme suffirait à marquer les fortes et les faibles : il faut donc, lorsque l'on chante cette hymne appuyer la voix sur les syllabes un, trois, cinq; l'affaiblir sur les syllabes deux, quatre, six, couper presque brusquement le souffle, faire mourir le son dans une soudaine syncope. Théorie purement idéale, car l'*Ave, maris stella* est couramment chanté comme si toutes les syllabes étaient longues : seules, les religieuses Bénédictines ont conservé une liturgie musicale assez purement nuancée pour auréoler ce chant d'amour de toute sa plaintive gloire, — oh!

>   La clere voiz plaisant et bele...

Oh! les paroles

>   Plus douces que sons de citoles!

> Ave, maris stella,
> Dei mater alma
> Atque semper virgo,
> Felix coeli porta.
>
> Sumens illud Ave
> Gabrielis ore,
> Funda nos in pace,
> Mutans nomen Evae.
>
> Solve vincla reis,
> Profer lumen caecis,
> Mala nostra pelle,
> Bona cuncta posce...
>
> Virgo singularis
> Inter omnes mitis
> Nos culpis solutos
> Mites fac et castos...

Cette ode n'est plus une hymne; l'abandon de la tradionnelle métrique doit lui faire prendre le nom de prose ou de séquence régulière; mais, liturgiquement, elle reste une hymne, l'appellation de prose étant réservée aux tropes qui se chantent à la messe avant l'évangile, — encore que pourraient se noter plusieurs exceptions. A partir du x° siècle, il n'y a plus, en réalité que des proses, malgré les tentatives de saint Bernard et de saint Thomas d'Aquin à respecter partiellement la versification de Prudence et de saint Ambroise. Quant aux réformes du bréviaire qui consistèrent en des corrections destinées à conformer les hymnes à cette même versification par des corrections de régent de rhétorique, il en sera parlé en un appendice.

Contemporaine de l'*Ave, maris stella*, la séquence régulière *Sanctorum meritis* apparaît d'un grand intérêt pour l'histoire non moins de la poésie française que de la poésie latine. Elle offre, en effet, riche de tous ses éléments, notre définitif alexandrin. Comme il est puéril d'aller lui chercher une laborieuse origine, lorsque l'asclépiade imposait depuis Horace ses douze et presque immuables syllabes : que la numération remplace pour l'oreille le mètre sans valeur, que par conséquent la possibilité disparaisse de substituer au premier spondée un dactyle, que la rime surgisse et, car son ancienne contexture lui impose la césure médiale, le vers français classique est complet; l'hymne *Sanctorum meritis* en donne un clair exemple ; de plus, le vers glyconique qui clôt la strophe signifie avec non moins de véracité l'octosyllabique français :

>Sanctorum meritis inclyta gaudia
>Pangamus socii gestaque fortia,
>Nam gliscit animus promere cantibus
>Victorum genus optimum...
>
>Hi pro te furias atque ferocia
>Calcarunt hominum saevaque verbera :
>His cessit lacerans fortiter ungula
>Nec carpsit penetralia.

Une des plus anciennes séquences régulières est aussi l'une des plus illustres, le *Veni, Sancte Spiritus*, attribué par quelques-uns à Hermanus Contractus, ce merveilleux poète, par d'autres à Robert Ier, lequel fut roi de France de l'an 996 à l'an 1031, roi exquis, aimant l'art et l'intelligence. Fort dévot au Saint Esprit, il l'invoqua encore dans l'irrégulière séquence qui fut, plus haut, alléguée et dans le verset : « Veni, Sancte Spiritus, reple tuorum corda fidelium et tui amoris in eis ignem accende. »

>Veni, Sancte Spiritus
>Et emitte coelitus
>Lucis tuae radium.
>
>Veni pater pauperum,
>Veni dator munerum,
>Veni lumen cordium.
>
>Consolator optime,
>Dulcis hospes animae,
>Dulce refrigerium.

In labore requies,
In aestu temperies,
In fletu solatium.

O lux beatissima,
Reple cordis intima
Tuorum fidelium.

Sine tuo numine
Nihil est in homine,
Nihil est innoxium.

Lava quod est sordidum,
Riga quod est aridum,
Sana quod est saucium.

Flecte quod est rigidum,
Fove quod est frigidum,
Rege quod est devium.

Da tuis fidelibus
In te confidentibus
Sacrum septenarium.

Da virtutis meritum,
Da salutis exitum,
Da perenne gaudium.

(Viens, Esprit Saint, envoie du ciel le rayon de la lumière. Viens, père des pauvres, viens, donateur de munificences, viens, flambeau des cœurs. Consolateur très bon, hôte très doux de l'âme, très doux rafraîchissement : repos en le labeur, modérateur des heures torrides, et des larmes le consolateur : O lumière bienheureuse, remplis les plus secrets coins du cœur de tes fidèles. Sans ta grâce, rien dans l'homme, rien n'est innocent. Lave ce qui est sordide, arrose ce qui est aride, guéris ce qui est blessé ; fléchis ce qui est rigide, réchauffe ce qui est frigide, redresse ce qui a dévié. Donne à tes fidèles, à ceux qui se confient à toi, le sacré septenaire, donne la vertu et son mérite, donne l'avènement du salut, donne la joie pérennelle.)

Évêque et cardinal malgré lui, moine, abbé du monastère de Font-Avellane, Pierre Damien fut favorisé d'une âme très pure et très mystique dont la grâce présage, dès le xi° siècle, les tendresses de saint Bernard et, vers plus loin, les très hauts rêves d'amour de saint Jean de la Croix. Le rythme suivant évoque l'inoubliable cantique de la *Nuit obscure de l'Ame.*

>Quis est hic qui pulsat ad ostium
>Noctis rumpens somnium?
>Me vocat o virginum pulcherrima,
>Soror, conjux, gemma splendissima :
>Cito surgens aperi, dulcissima.
>
>Ego sum sumni Regis Filius
>Primus et novissimus,
>Qui de coelis in has veni tenebras,
>Liberare captivorum animas
>Passus mortem et multas injurias.
>
>Mox ego dereliqui lectulum,
>Cucurri ad pessulum
>Ut dilecto tota domus pateat
>Et meus mea plenissimo videat
>Quem maxime vidre desiderat.
>
>At ille jam inde transierat,
>Ostium reliquerat.
>Quid ego miserrima, quid faciem?
>Lacrymando sum secuta juvenem
>Manus cujus plasmaverunt hominem.

Ces vers d'un assez abstrus symbolisme s'expliquent ainsi : L'Ame raconte que réveillée dans son sommeil charnel elle a entendu une voix l'appelant et lui disant : Je suis le Fils du Roi suprême. Elle ouvre au Bien-Aimé : il n'a fait que passer, il est loin; alors elle abandonne toute vanité, sort d'elle-même et le cherche en pleurant.

Un autre sens, plus strict, est admissible : c'est, avant l'Annonciation, la visite mystique de Jésus à celle qu'il a choisie pour mère. Les mots, *o virginum pulcherrima* et le titre de ces vers, *Rythmus de sanctissimâ Virgine*, donnent à cette interprétation de la vraisemblance, malgré le « *Passus mortem* », mais le sens symbolique n'en garde pas moins sa valeur et sa logique. Traduction :

« Quel est celui qui frappe à la porte, interrompant le sommeil de ma nuit ? Il m'appelle la plus belle des vierges, sœur, épouse, gemme très splendide : Lève-toi vite et ouvre-moi, ô ma très douce.

« — Je suis le Fils du Roi suprême, je suis le Premier et le Dernier venu des cieux en ces ténèbres ; j'ai libéré les âmes des captifs, souffert la mort et mille injures.

« Aussitôt, abandonnant mon lit, je courus à la serrure: afin qu'au Bien-Aimé toute la maison soit ouverte et que ma volonté, tout pleinement il la voie, comme tant il le désire. Mais déjà il s'était éloigné, ayant quitté la porte. Oh ! pauvre malheureuse, que vais-je faire ? Toute pleurante, j'ai suivi l'Adolescent dont les mains façonnèrent le monde. »

Le saint cardinal ne s'adonna pas uniquement à la théologie mystique, ni à la poésie laudative des mystères : jetant quelques regards autour de lui, il rima sa *Rubrique sur tous les états*, où sont passées en revue les misères du siècle. Les mœurs changent peu ; l'homme incline toujours vers la boue son front boueux ; seul, l'orgueil s'aggrave ou diminue : tantôt la bassesse des cœurs se prélasse et s'admire dans sa propre abjection ; tantôt, elle a honte d'elle-même, admet qu'on la fouaille pour la relever et baise les mains par qui son dos vient d'être ensanglanté. Ce que Pierre Damien disait, il y a huit cents ans, du clergé, le clergé l'accepta ; aujourd'hui, il crierait qu'on lui manque de respect : « Le clerc illettré et adonné à l'orgueil, méprisant les mystères, gît tel qu'une stupide bête. — Il vagabonde par les églises, atteint d'une excessive vanité ; s'il consent à rester en place, c'est pour tourner la tête de tous côtés, par curiosité. — Il ne distribue pas la parole de Dieu, trop occupé à des bavardages particuliers, et s'il prêche, c'est pour narrer d'inanes et vides paraboles. »

Si l'on se souvient que les sermonaires de carême s'occupent spécialement à enrouler dans leurs argumentaires bandelettes tous les fœtus mort-nés des objections scientifiques contre leur foi, on reconnaîtra l'à-propos des « inanes et vides paraboles », — puisque nul mystère ne comporte d'explication, puisque la contradiction, par exemple, de la géologie n'a pas plus de valeur contre la Foi que contre l'Art, — mais le sermonaire,

> Despiciens mysteria,...
> Verba Dei non nuntiat...
> Et recitat parabolas
> Inanes atque vacuas.

Sermonaires et prêtres auxquels signaler l'exemple de Fromond, le cénobite de Tegernsée, qui, vers 1130, refusait par indignité, le sacerdoce, le jugeant un sacrement trop lourd pour ses épaules de pécheur :

> Ordine tam celso persons ego fungere summo
> Non possum pressus peccati pondere totus.

Il faut encore de l'évêque d'Ostie noter quelques vers d'un rythme très spécial :

> Ad Sanctissimam Virginem versus contra tempus nubilosum.
> O miseratrix, o dominatrix, praecipue dictu.
> Ne devastemur, ne lapidemur grandinis ictu.
> Est tibi latus pontificatus, mater ab aevo :
> Ergo precamur ne moriamur turbine saevo.
> Turbida leni daque sereni temporis usum :
> Redde serenum sidus amoenum nube reclusum.
> Virgo, rogamus ne pereamus peste vel ira :
> Tetra diescant atque quiescant fulgura dira.

(O miséatrice, ô dominatrice, bonne à invoquer, défens-nous, la grêle vient nous dévaster et nous lapider. Un pontificat te fut dévolu, Mère, dans les siècles : Donc nous te prions pour ne pas mourir dans le tourbillon. Pacifie les vents, rends à l'atmosphère sa sérénité. Rends-nous la très douce et sereine étoile que la nue dérobe. O Vierge, défends que nous périssions de peste ou colère : clarifie la nuit, fais qu'elles se reposent, les foudres divines.)

Déjà, en un rythme analogue, un certain Théodule avait écrit un poème sur le mépris du monde, où se lisent ces très beaux vers, qui auraient réjoui saint François d'Assise, le Pauvre :

> Pauper amabilis et venerabilis est benedictus :
> Dives inutilis, insasiabilis est maledictus.

Plus tard, et sur le même sujet, Bernard de Morlaix, moine de Cluny, reprit et mena à la perfection ce vers de dix-sept syllabes ; celui de Pierre Damien, qui en compte quinze, s'appuie, en outre, sur l'allitération :

> Hora novissima, tempora pessima sunt, vigilemus.
> Ecce minaciter, imminet arbiter ille supremus.

Après de telles lamentations sur la prochaine fin du monde, cette curieuse description du paradis :

> Pax ibi florida, pascua vivida, viva medulla,
> Nulla molestia, nulla tragoedia, lacryma nulla.
> O sancta potio, sacra refectio, pax animarum,
> O pius, ô bonus, ô placidus sonus, hymnus earum.

A cette paix fleurie sans nuls ennuis, ni tragédies, ni larmes, où l'on n'entend que les hymnes sacrées des âmes bienheureuses, Héribert, l'évêque d'Eichstad, en Bavière, ajoute un détail qui concerne les seules vierges. Sur le seuil du palais de bénédiction, Marie, la mère du Seigneur, vient elle-même les recevoir, pour les conduire, fiancées saintes, à son fils, et elle leur dit : « Entrez, Vierges, au lit du Roi céleste et soyez l'éternelle joie de l'Epoux. » Il s'agit spécialement de sainte Walburge :

> Te, Mater Domini,
> Mater et virgo,
> Choreis virginum

> Virginem junxit
> Filioque suo
> Sponsa dicavit.
>
> Ingressa thalamum
> Regis coelorum
> Audis angelicum
> Carmen jocundum :
> Intra, virgo, tui
> Gaudio sponsi.

Alphanus, à la fin du xe siècle archevêque de Salerne, est encore un véridique poète. Il chanta spécialement les virginités martyres, Ursule, Lucie, — Christine, à laquelle il décerne une alléchante couronne :

> Nunc grata carpens gramina
> Inter rosarum germina,
> Gemmis micantem fulgidis
> Gestat coronam luminis,

(Elle cueille des herbes de grâce, dans le jardin des jeunes roses, elle porte une couronne de lumière, lumineuse de resplendissantes gemmes.)

Pour lui, et pour plus d'un poète chrétien, le paradis est ainsi : un jardin où l'on fait de la musique sous des ombrages parfumés :

> Illic purpureus rosae
> Flos et nardus inest, vernat amaranthus,
> Floret cum violis crocus,
> Spirant thuria, thymus, lilia, balsamum.
> Hymnos angelici chori,
> Condignum resonant carmen Apostoli,
> Psallunt quam bene martyres,
> Et plectro feriunt tympana Virgines.

(Là c'est la rose aux fleurs pourpres, et le nard, l'amaranthe et, fleuri parmi les violettes, le safran, et les parfums de l'encens, du thym, des lis et du baume. Les chœurs des anges chantent des hymnes, les apôtres récitent des vers de louanges, les martyrs font sonner le psaltérion et le plectre des vierges frappe les tympanons.)

Une strophe lue dans l'Hymnaire de Salisbury, *Hymnarium Sarisburiense* précise : les vers que disent les apôtres, c'est un insatiable *Alleluia* : « Alleluia, ô douce incantation, ô voix de la joie éternelle ! Alleluia, voix très suave aux chœurs célestes. »

> Alleluia, dulce carmen,
> Vox perennis gaudii,
> Alleluia, vox suavis
> Est choris coelestibus.

« Pauvre, je m'élevai de la boue jusqu'à la chaire épiscopale »,

> Conscendi cathedram, pauper, de sorde levatus.

Ainsi avoue son origine misérable, Fulbert, à Reims, élève de Gerbert et mort en 1029, évêque de Chartres. Ce fut un très savant théologien et un intéressant poète, auteur de proses, d'hymnes, de tropes liturgiques, d'une Invocation au Dieu de paix, où ces vers, assez robustes :

> Dente saturnali restringitur
> Evagata vitis.
> Cultuque tellus senta mansuescit.
> Gaudet lancea falx, gaudet spatha
> Devenire vomer :
> Pax ditat imos, pauperat superbos.
> Salve, summe Pater, fer et omnibus
> Integram salutem,
> Quicumque pacis diligunt quietem.

(La dent de Saturne rogne la vigne vagabonde. Par la culture, la terre épineuse s'adoucit, la lance est heureuse de devenir faux, heureuse l'épée de devenir soc : la Paix enrichit les humbles, appauvrit les superbes. Salut, Père suprême.

donne à tous une intégrale sauvegarde, car tout le monde aspire au repos et à la paix.)

Sans plus aucune quête de métaphores, simple catéchisme mystique à l'usage des amoureux de la chasteté parfaite, son court traité, *Castitatis gradus*, est recommendable :

> Sex gradibus consummatur perfectio casta ;
> Primum dum vigilas flexum nescire petulcum ;
> Quem sequitur lasciva diu non volvere corde ;
> Tum ne vel leviter speciem cernendo cupiscas ;
> Quartus erit nec simpliciter genitale moveri ;
> Quintus ob auditum Veneris nil mente vagari ;
> Ultimus in somnis nullo phantasmate ludi :
> Hoc sibi nemo rapit, sed Christi gratia praestat ;
> Est servanda tamen diuturna medela diaetae :
> Libra cibi solidi, simplex hemina falerni ;
> Praeterea labor, excubiae, rogatio cerebra,
> Ne caro languentem necet incrassata pudorem :
> Castus agit quem nulla libido movet vigilantem,
> Nec violare potest sopitum illusio foeda.

(En six degrés se consomme la perfection chaste : d'abord, durant la veille, ignorer les coups de corne de la chair; ensuite, chasser de son esprit les lascivités diurnes; puis, ne pas même être touché de désirs devant la beauté aperçue ; le quatrième degré sera de ne pas même être ému génitalement ; le cinquième de ne pas être troublé par l'audition de paroles d'amour ; le dernier, de n'être en dormant le jouet d'aucun phantasme. Ce degré, nul par soi-même ne l'atteint, mais seulement par la grâce du Christ; cependant, gardez pendant le jour, une certaine diète, c'est le remède : une livre de nourriture solide, une seule chopine de vin; ensuite le travail, le guet, la rogation cérébrale (méditation ou prière mentale), afin que la chair encrassée n'écrase pas la languissante pudeur : celui-là est chaste que nul désir libidineux n'émeut durant sa veille, que nulle fétide illusion ne peut violer assoupi.)

Ces six degrés de l'échelle de chasteté apparaissent, même le premier, d'une difficile ascension : aussi les vieux traités de théologie morale sont-ils remplis d'exemples de manquements, de chutes en la rupture des échelons.

C'est, au rapport d'Odon de Cluny, la mémorable aventure de ce prêtre qui mourut si malheureusement, » ita divino judicio miser interiit, ut cum semen funderet animam pariter exhalaret, sicut mulier perhibuit. »

Au même chapitre II des *Collationes*, Odon narre la singulière tentation, singulière par l'ingéniosité des arguments, à laquelle, par le fait du Malin, succomba un pauvre ermite, « cui per diabolum injecta cogitatio est ut quandocumque libidine titillaretur, sic semen de tritu genitalis membri egerere deberet, tanquam flegma de naribus projiceret. »

Et le théologien, merveilleux à propos ! lui applique la parole d'Isaïe : « Tes mains sont pleines de sang. »

XI

Hildebert de Lavardin. — Son *Physiologus*. — Symbolisme de la Sirène-Oiseau ; de l'Homme-Ane ; de la Panthère. — Le Dragon, le Léviathan, la Licorne. — La *Confession* de Hildebert. — Alain de Lisle, poète scolastique. Le *Liber de planctu Naturae*. — Symbolisme planétaire des gemmes. — Dialogue d'Alain et de la Nature.

XI. — HILDEBERT ET ALAIN DE LISLE.

Hildebert, d'abord, frappe à la porte incrustée de perles de la mystérieuse cité érigée en les au delà par l'architecte de toutes les gloires, par l'auteur de la lumière, à la porte sanglante faite du bois de la croix, à la porte dont la langue de Pierre est la clef, à la porte derrière laquelle le Roi des Joies dernières agence, en leurs alvéoles, améthystes et chrysoprases bérils et hyacinthes, les âmes élues :

> Me receptet Sion illa,
> Sion David, urbs tranquilla,
> Cujus faber auctor lucis,
> Cujus portae lignum crucis,
> Cujus claves lingua Petri,
> Cujus cives semper laeti,
> Cujus muri lapis vivus,
> Cujus custos Rex festivus.

Lavardin, de ce nom qu'un Beaumanoir illustra, évêque du Mans, puis archevêque de Tours, Hildebert captiva l'attention de quelques érudits : entre les poètes de la fin du xie siècle, c'est l'un des moins inconnus. Il ne faut pas lui attribuer un bien insigne talent, mais c'était une intelligence curieuse de mille choses. Son œuvre est faite de sermons, de traités touchant la discipline ecclésiastique ou monacale, de plusieurs vies de saints; en vers, il rédigea des poèmes sur la liturgie, sur Mahomet, sur la mathématique, sur l'histoire naturelle, *Physiologus*, un débat, *De Querimonia et conflictu carnis et spiritus seu animae*, une *Lamentatio peccatricis animae*, des *Carmina miscellanea*.

Dans ce dernier recueil, on trouve la réponse à cette interrogation, *Cur Deus homo?*

>   Adae peccatum quae conveniens aboleret
>   Victima? Numquid homo? Sed et hic reus unde placere ?
>   Angelus? An fruges ? An vacca? Sed hostia talis
>   Natura dispar pretio minor esset inanis...
>   Ergo fuit querendus homo...

« Pourquoi un Homme-Dieu? Le péché d'Adam, quelle convenante victime l'abolirait? Sans doute un homme? Mais l'homme est coupable, comment plairait-il? Un ange ? Des fruits? Une vache? Mais une telle hostie, disproportionnée de sa nature, une hostie si minime et de si peu de prix serait vaine... Il fallait donc chercher un homme » qui fut en même temps Dieu.

En sa prose sur le Saint Esprit, il l'implore « pour que les hommes qui peuvent pécher *rémissiblement* contre le Fils et le Père aussi, n'aillent pas contre le Paraclet pécher *indébilement* : »

>   Ne dum peccant remissibiliter
>   In Filium et Patrem pariter
>   In Spiritum peccent indebiliter.

Sa liturgie versifiée, *Versus de Mysterio Missae* n'est pas d'un style beaucoup plus haut ; c'est du Wandalbert :

>   De oblatione panis, vini et aquae :
>
>   Non sine mysterio, sine re, vel panis ad aram
>   Vel vinum fertur, cui superaddis aquam.
>   Utraque danda praesignavere Figurae,
>   Traditio docuit, sanctior usus habet...

(De l'oblation du pain, du vin, de l'eau. — Ce n'est pas sans mystère, sans but que le pain à l'autel est offert, ou le vin auquel on surajoute de l'eau. Cette double oblation, les Figures la signifièrent, la tradition l'enseigna, c'est un usage très saint, etc.).

Des vies de Mahomet, nulle sans doute n'est plus inadmissible et plus folle que celle que raconte Hildebert. On y voit des cardinaux de l'Islam, une constante certitude que le mahométisme n'est que l'imitation lointaine et baroque des dogmes et des cérémonies catholiques. Amusante surtout l'anecdote qui clôt le livre, de la fausse résurrection du Prophète au moyen d'un système de puissants aimants ; si le corps s'éleva du tombeau, comme Hildebert n'en doute pas, ce fut par la force de l'aimant et rien de plus, *solo magnete*.

Le *Physiologus* se classe dans un autre ordre de créances superstitieuses : c'est un essai de bestiaire symbolique aussi bizarre et pas moins curieux que, par exemple, celui de sainte Hildegarde. La sirène y apparaît sous une forme inattendue :

> Ex ombilico constat pulcherrima virgo,
> Quodque facit monstrum volucres inde deorsum.

« Au-dessus de l'ombilic c'est une très jolie fille ; en-dessous le monstre est un oiseau », ce qui rappelle plutôt la chimère ; et peut-être y a-t-il encore dans son imagination un rappel confus des apparences du griffon, enfanté par l'aigle et la louve, moitié fauve (*bestia*) et moitié oiseau, comme le décrit Hildegarde, qui ajoute : « La chair du griffon ne se mange pas. »

La sirène ailée, quoique relativement rare, n'est pas en symbolique, une représentation tout à fait inusitée : sur les pierres gravées égyptiennes elle apparaît telle que le symbole de la Mort, et Jacques de Vitry la nomme et la compte parmi les « oiseaux de mer, bien qu'elles soient de véritables monstres. » On en voit une au Louvre, salle grecque, taillée en marbre et ainsi faite : tête, torse et sexe de femme ; seins aigus où se pose une main fruste ; cuisses, jambes et pattes palmées d'oiseau ; ailes comme de génie ; queue empennée ; bouche qui se pince, se clôt sur l'énigme ; les yeux vagues et froids.

Il y eut aussi des sirènes-serpents : « les siraines, dit Brunetto Latini, sont manière de blancs serpents qui courent si merveilleusement que li plusiour disent qu'elles volent », des sirènes-dragons, des sirènes de toute déformation : en telle sculpture, on en voit qui ressemblent à des autruches et souvent, quand elles nagent dans une figuration de vagues, c'est avec une queue qui de poisson pourrait aussi bien passer pour d'oiseau, tellement le dessin en est rudimentaire. Il est bien évident que des animaux inexistants et que nul ne vit — sans doute — qu'en rêve, un art, même hiératique, est inapte à les distinguer par d'immuables formes, et rien de plus divers que les signes dont s'ornent les Bestiaires à miniatures aux rubriques sirène, monocentaure, dragon, griffon, phénix, aletust, chambal, rosmare, cynocéphale, wivre et guivre, stryge, paraude, basilic, sagittaire ou centaure.

Le centaure d'Hildebert, *homocentaurus*, est tout à fait différent de la représentation classique :

Est homocentaurus itidem natura biformis,
In quibus est asinus in humano corpore mixtus.

« L'homme centaure pareillement est de nature biforme ; c'est un âne fondu dans le corps d'un homme », — indication un peu vague qui se rapporterait aux anciennes images de l'homme à tête d'âne, symbole de la sagesse humaine (une telle sagesse ou science n'étant qu'ignorance et ânerie), si l'évêque n'ajoutait que ce centaure est la synthèse de l'homme à double nature, de l'hypocrite.

Le véritable homme-âne, figure très chère au moyen âge, est assez fréquemment peint ou sculpté avec l'habit et les attributs d'un maître d'école, — signifiant ainsi la doctrine vaine, semblable à des braiments, qui sort de telles bouches, et par avance et prophétie, signifiant le règne où nous vivons.

Au naturel, l'âne symbolisait les pensées charnelles, et l'ânesse les parties inférieures ou sexuelles.

Sagace et mystérieuse magicienne, « la panthère, quand elle rugit, fait fuir les seuls dragons, ou trembler si fort qu'ils demeurent inermes... C'est un quadrupède qu'il n'y en a pas un autre plus beau : il est noir, semé de petites taches blanches et rondes... Allégoriquement la panthère est dite le Christ, parce que le Christ surpasse en beauté tous les hommes », symbolisme encore différent de celui donné par Hildegarde qui déclare que la panthère est le signe de la vaine gloire.

> ... Soli panthera dracones,
> Cum sonat, aut fugiunt, aut segnes corpore fiunt...
> Est quadrupes quo nunquam pulchrior alter,
> Qui niger ex albo conspargitur orbiculato...
> Est autem dictus panther allegorice Christus
> Qui super est homines forma collatus omnes.

Le moyen âge ne fut jamais fixé sur l'histoire naturelle de la panthère : des auteurs la tiennent pour la femelle du léopard, né lui-même, par adultère (advoultrie), du pard et de la lionne. Ces tromperies, le lion les reconnaît à l'odeur de sa femelle; aussi la lionne pour parer à la male aventure, a soin avant de reparaître devant son seigneur, de se soigneusement laver en eau courante. Le P. Chesneau, dans ses emblèmes eucharistiques, nous montre un lion qui considère, un peu surpris, sa lionne prenant un bain, — et la lionne (figure, ici, de l'âme qui se livre aux ablutions de la pénitence), profère, pour notre édification, ce distique :

> Je lave l'horreur de mon vice,
> De peur d'en souffrir le supplice.

Quant à la créance d'Hildebert que la panthère terrifie les dragons, on la retrouve çà et là peu modifiée. Jean de Gênes, en son *Catholicon*, déclare la panthère amie de tout animal, sauf du dragon : « Quia omnium animalium sit amicus, nisi draconis », amitié qu'on lui rend volontiers, pour la bonne odeur de sa gueule et de sa peau, ainsi que l'affirme un ancien *Bestiaire* cité par Du Cange :

> Dont ist une tant bonne odeur
> De sa bouce, pour vérité,
> Qu'en toute la vésinité
> N'a nule beste qui se tiengne
> Qui maintenant à li ne viengne.

Le dragon, en toutes ces citations, c'est le Malin ; dragon, figuration encore peu précise, car un vieux traité le confond avec le léviathan « qui se roule dans la mer du siècle avec une astuce pleine de volubilité ! » De tout temps, cette bête apocalyptique symbolisa l'esprit du mal : « Le dragon s'approche, dit, en des vers, Grégoire de Nazianze, ô mon Christ, donne tes mains, tes deux mains, tiens-moi, tiens-moi ! » Entre les animaux avec lesquels elle partage ce rôle, on trouve dans la Bible, et *Introït* du dimanche des Rameaux, la licorne : « Libera me de ore Leonis et a cornibus Unicornium humilitatem meam. »

La licorne biblique signifie la puissance dans le bien comme dans le mal.

Plus ordinairement la licorne symbolise la pureté et la virginité. Jusqu'au xviie siècle, le Codex vantait comme antidote, ou plutôt comme purification de l'eau empoisonnée, la corne de licorne ; et l'on vendait sous ce nom et l'on faisait servir à cet office, avec une entière bonne foi, des défenses de narval que les Hollandais importaient mystérieusement. Cette fantastique bête — qui tout de même exista, puisque son existence était crue — se concevait généralement de la forme d'un cheval, blanche, avec la tête pourpre et des yeux bleus ; la corne issue du front était longue d'une coudée et de couleur tripartite, blanche, noire et à la pointe, rouge. Une variété de licornes, l'églisserion, assumait l'apparence d'un imposant cerf.

Le *Tesoro delle gioie* de Cléandre Arnobe, revu par Archangelo Riccio, affirme cinq sortes d'unicornes : le cerf cheval ou monoceros, l'âne sauvage de l'Inde, la chèvre sauvage d'Afrique, le bœuf de l'Inde et le rhinocéros ; ces animaux qui, selon cette nomenclature, semblent très raisonnables, sont en réalité, dans Cléandre Arnobe, purement apocalyptiques : heureux temps des notions imprécises, où le pape Grégoire, commentant Job, identifie avec certitude le rhinocéros et la licorne amie des vierges !

Quant à l'incohérence de certaines symbolisations, elle est très logiquement et très naïvement expliquée dans ce passage du *Bestiaire* de Hugues de Saint-Victor : « Si quelqu'un demande pourquoi le Christ est parfois signifié par des animaux immondes, tels que le serpent, le lion, le dragon, l'aigle et autres semblables : qu'il sache que le lion, quand il s'agit de fortitude, représente le Christ, et quand il s'agit de rapacité, le diable... »

En sa *Lamentation*, en sa confession suprême, là seulement, à vrai dire, Hildebert se révéla poète et doué aussi d'une âme très humblement noble. A l'approche de la mort il avoue ses péchés : « Quand viendra le jour de la mort, quand la mort commencera ses menaces, je n'aurai plus la force de rire, et, tardivement ! ce sera l'heure des larmes... J'ai méprisé la vie supérieure, j'ai dédaigné les divins monitoires... Je n'ai jamais vécu chastement, si salement je me suis pollué ! Je voulus passer pour vierge, je ne sus pas même être pudique. Je voulus être pris pour un abstinent et tellement je farcis mon ventre ! Du boire et du manger bien trop je nourris à l'excès ma chair... Cette vie, pourtant finira et il viendra, le jour de la mort. »

> Cum dies mortis venerit,
> Cum mors urgere ceperit,
> Tunc mihi risus deerit,
> Tunc sero luctus aderit...
> Vitam contempsi supernam...
> Sprevi divina monita...
> Nunquam me caste colui,
> Sed foede nimis pollui.
> Virgo putari volui,
> Pudicus esse nolui,
> Jejunam dici cupio
> Sed ventrem nimis farcio.

> Cibo potuque nimio
> Carnem plus aequo nutrio...
> Hunc tamen vitam finiam
> Ad mortis diem veniam.

Et songeant au jugement dernier il rougit d'une belle honte en s'apostrophant : « Alors tes gestes mauvais, tes secrètes turpitudes, les verront en détail des milliers de milliers d'hommes... »

> Tunc tua gesta noxia
> Secreta quoque turpia
> Videbunt circumstantia
> Virorum mille millia.

Pour ne pas briser le cycle des poètes latins qui furent principalement jardiniers au parterre du symbole ou de l'allégorie, il convient d'étudier ici les imaginations d'un rêveur un peu moins ancien, Alain de Lisle, *Alanus de Insulis*.

Très savant docteur, abbé, puis évêque d'Auxerre, il voulut mourir sous l'habit d'un simple moine, à Citeaux. Ce fut un grand écrivain mystique, curieux de découvrir les analogies cachées au fond des choses, adonné plus que nul autre à la quête de l'invisible. Son imagination, dénuée de timidité, lui permit de rédiger un opuscule sur les *Six Ailes des Chérubins*. Au texte, une image est jointe, explicative : Des trois paires d'ailes, une s'en va et monte en forme de flabelles compliquées ; une autre s'évase et tombe comme les pans d'un manteau d'archimandrite ; la dernière passe sur la poitrine, en croix de même qu'une étole, puis descend en guise de jambières jusqu'aux pieds. Les six ailes sont tuyautées comme des jeux d'orgues ; chacune se calamistre en cinq tuyaux et chaque tuyau porte un nom : *Temperantia, Castimonia, Pudicitia, Rectitudo, Sanctitudo*, etc.

Ce traité n'est que de prose ; à celui-ci je veux un peu m'attarder, qui est de prose et de vers : *Liber de planctu Naturae*.

> In lacrymas risus, in fletum gaudia verto,
> In planctum plausus...
> Cum sua Naturam video secreta silere...

(En larmes le rire, en deuil le plaisir se change ; en déploration la joie... quand je vois que la Nature se tait sur ses secrets...). Compatissante, l'implorée surgit. Elle n'est pas désagréable : « Cujus crinis non mendicata luce sed propria scintillans... In stellare corpus caput effigiabat puellae... Des cheveux, non d'une lumière de mendicité, mais d'un personnel éclat scintillaient... Sur un corps stellaire la tête se dressait, effigie de vierge. » Il s'étonne du contraste de la chevelure dorée et de la blancheur de la peau : « Cela formait un vrai paralogisme... Paralogismum visuè concludebant. » Ses mamelles préceintes, fermes pommes, affirment la grâce d'une juvénile maturité : « Mamillarum pomula gratiose juventutis maturitatem spondebant. » De son accoutrement la pièce principale est un diadème adorné de gemmes — Corona gemmarum scintillata choreis. » Les pierres de ce diadème sont au nombre de sept :

Lapis superior (Pierre supérieure)	*Adamas* (Diamant)	Symbole : *Saturne.*	
Lapis secundus (Deuxième pierre)	*Achates* (Agate)	Symbole : *Jupiter.*	*Aster Jovialis.*
Lapis tertius (Troisième pierre)	*Astroïtes* (Astroïte)	Symbole : *Mars.*	
Lapis quartus (Quatrième pierre)	*Carbunculus.* (Escarboucle)	Symbole : *Le Soleil.*	
Lapis quintus (Cinquième pierre)	*Sapphirus* (Saphir)	Symbole : *Mercure.*	
Lapis sextus (Sixième pierre)	*Hyacinthus* (Hyacinthe)	Symbole : *Vénus.*	*Aster Dionaeus.*

« *Ultima lapis* Margarita, *qui a* Carbunculo *luminis mendicabat suffragia.* — La pierre ultime était la *Perle,* qui mendiait les suffrages de l'*Escarboucle.* » } Symbole : *La Lune.*

La Nature, avec cette couronne planétaire, commence à se préciser ; ses vêtements achèvent la différenciation : tout y est symbole. Voici les souliers, en leur scolastique subtilité. « Calci autem, ex allutea pelle traducentes materiam, ita familiariter pedum sequebantur ideas, ut in ipsis pedibus nati, ipsisque mirabiliter viderentur inscripti. — Les souliers, faits de peau alunée, si familièrement suivaient les idées (les formes) des pieds, qu'on les eût dit nés sur les pieds mêmes et là merveilleusement inscrits.)

Closes les descriptions, commence le dialogue :

La Nature parle à Alain (*Natura Alano loquitur*). Elle est belle et parée, c'est pour plaire à son seigneur, l'Esprit : « Ut sic totius corporis materia nobilioribus naturae purpuramentis ornata, ad nuptias gradiens, marito Spiritui gratius jungeretur, ne maritus suae conjugis deformitatem fastidiens ejus refutaret conjugium. — En toute la matière de son corps ornée des plus nobles pourprescences de la nature, c'est, marchant aux noces, pour qu'elle s'unisse plus agréablement à son mari, l'Esprit, et que le mari n'aille pas, répugné par la déformité de sa femme, lui refuser la co-union. »

Suivent d'assez prolixes explications, que borne cette déclaration : « Deus imperans, Angelus operans, Homo optemperans. — Dieu impère, l'Ange opère, l'Homme obtempère », — en d'autres termes : Dieu imprime à l'Acte le mouvement initial et l'Ange le transmet à l'Homme, qui le subit.

Alain répond :

> O Dei proles genetrixque rerum,
> Vinculum mundi stabilisque nexus,
> Gemma terrenis, speculum caducis,
> Lucifer orbis,
>
> Pax, amor, virtus, regimen, potestas,
> Ordo, lux, finis, via, dux, origo,
> Vita, lux, splendor, species, figura,
> Regula mundi,
>
> Quae νοῦς plures recolens ideas,
> Singulas rerum species monetans,

> Res togas formis chlamidemque formae
> Pollice formas,
>
> Cujus ad nutum juvenescit orbis,
> Silva crispatur folii capillo,
> Et tua florum tunica veste
> Terra superbit.

(O lignée de Dieu et génitrice des choses, lien du monde, nœud très stable, gemme pour les humains, miroir de la caducité, porte-lumière du monde,

Paix, amour, vertu, gouvernail, pouvoir, ordre, lumière, fin, voie, tête, origine, vie, lumière, splendeur, beauté, figure, règle du monde,

Toi, de l'Esprit tu cultives les idées (formes) nombreuses, tu monnayes la spéciosité des choses, tu revêts d'habits les choses et ta chlamyde a la forme que lui donne ta volonté.

Au signe de ta tête se rajeunit le monde, la forêt se couvre des frisures de ta chevelure de feuilles et toute fleurie, ta tunique est le vêtement dont s'enorgueillit la terre.)

A cet épithalame, qui n'est pas d'une médiocre poésie, Alain ajoute des interrogatoires :

> *Alani prima Quaestio :*
>
> Tu viae causam resera petenti :
> Cur petis terras, peregrina coelis ?
> Cur tuae nostris deitatis offers
> Munera terris ?
>
> *Alani Quaestio secunda :*
>
> Ora cur fletus pluria rigantur ?
> Quid tui vultus lacrymae prophetant ?
> Fletus interni satis est doloris
> Lingua fidelis ?

(*Première question d'Alain :* Dévoile-moi la cause de ton voyage, réponds : Pourquoi viens-tu sur la terre, pérégrine des cieux ? Pourquoi nous répartis-tu, à nous, les humains, les munificences de ta divinité ?

Deuxième question d'Alain : Pourquoi tant de visages sont-ils inondés par les pleurs ? Que prophétisent les larmes que je vois sur ta face ? les pleurs sont-ils le très fidèle signe de la douleur intime ?)

La Nature répond par d'assez obscures raisons : que répondre ? En passant, elle métaphorise avec originalité, qualifie par exemple de *sophisme, d'hyperbole et de paralogisme* le coït du taureau et de Pasiphaé : « Pasiphae etiam hiperbolicae Veneris furiis agitata, sub facie sophistice cum bruto bestiales nuptias celebrans, paralogismo sibi turpiori concludens, stupendo bovis conclusit sophismate. — Pasiphaé par une hyperbolique Vénus agitée de fureurs, célébrant sous une apparence sophistique de bestiales noces avec une brute, concluant par un honteux paralogisme, commit avec le taureau un stupéfiant sophisme.)

Finalement, elle fait un peu de morale, indique des remèdes contre les vices, vante la sobriété : « Ancilla flet sic Caro Spiritus. — Que la Chair soit la servante de l'Esprit. »

A ce moment, entrent en scène l'Hyménée, la Chasteté et divers personnages de même consistance et, après d'abstruses discussions scolastiques, un certain Génie se dresse et profère de nominatives excommunications contre les vices, closes par celle-ci, qui vise la sodomie: « Qui autem a regula Veneris exceptionem facit anormalem, Veneris privetur sigillo. — Celui qui, contre la règle, se livrera à d'exceptionnelles amours, qu'il soit privé du sceau de Vénus ! »

Assentiment général; et retour du bon poète Alain de Lisle à la vie réelle, moins ingénieuse, moins originale, moins, de beaucoup, délectable, que ce rêve d'un Péripatéticien du xiiie siècle.

XII

Marbode. — *De Meretrice*. — *Le Livre des gemmes.* — Symbolisme des pierres précieuses : l'Agate, l'Alectoire, le Jaspe, le Saphir, l'Emeraude, l'Onyx, la Chrysolithe et la Topaze, le Béril, l'Hyacinthe, la Chrysoprase, la Chélidoine, le Jayet, l'Aimant, le Corail, la Cornaline, l'Escarboucle. — L'*Hymne des douze pierres*. — L'*Urbs beata Jerusalem*. — Autre symbolisme des pierres, selon Conrad de Haimbourg.

XII. — MARBODE

Mort en 1125 à l'âge de quatre-vingt-huit ans, Marbode clôt un siècle, inaugure le suivant, — façon de parler qu'entacheraient à la fois l'étourderie et le pédantisme si on prétendait donner à de telles expressions une valeur autre que mnémotechnique. De la famille, croit-on, des Marbeuf, Bretagne et Anjou, il enseigna diverses sciences à l'université d'Angers, diverses et peut-être toutes, puisqu'il savait tout, fut, en 1096, élu évêque de Rennes, après des années d'épiscopat alla demander la paix qui doit précéder la mort au monastère de Saint-Aubin d'Angers que régissait la règle de saint Benoît.

Marbode est le poète pour qui tout est symbole, analogie et concordance. Il sait que si l'émeraude est l'antidote des tempêtes, elle apaisera de même les luxures qui sont les plus violentes tempêtes émues par les démons en les âmes humaines. Il sait pourquoi la prostituée est avide et dissolvante; c'est un animal spécial dont il n'ignore ni la physique ni la symbolique : *De Meretrice.*

> Innumeros inter laqueos quos callidus hostis
> Omnes per mundi colles camposque tetendit
> Maximus est, et quem vix quisquam fallere possit,
> Femina, triste caput, mala stirps, vitiosa propago,
> Plurima quae totum per mundum scandala gignit...
> Femina, dulce malum, pariter favus atque venenum,
> Melle linens gladium cor confodit et sapientium.
> Quis suasit primo vetitum gustare parenti ?
> Femina. Quis patrem natas vitiare coegit ?
> Femina. Quis fortem spoliatum crine peremit ?
> Femina. Quis justi sacrum caput ense recidit ?
> Femina, quae matris cumulavit crimine crimen,
> Incestum gravem graviori caede notavit...
>   ... Chimeram
> Cui non immerito fertur data forma triformis,
> Nam pars prima leo, pars ultima cauda draconis,

Et mediae partes nil sunt nisi fervidus ignis.
Haec ad naturam meretricis ludit imago,
Ut praedam rapiat quae praefert ora leonis,
Egredio simulans quiddam quasi nubile vultu :
Hac specie captos flammis exurit amoris.

(*La Prostituée*. — Des innombrables filets que l'ennemi très malin, par les monts et par les vals, nous tend, le plus dangereux, celui auquel presque personne ne peut échapper, c'est la femme, — triste tige, mauvaise racine, vicieux jet, qui dans le monde tant de scandales engendre... Femme, ô très doux mal, à la fois miel et poison, toi qui oins de baume le glaive dont tu perces le cœur même des sages ! Qui persuada à l'homme de goûter au premier fruit défendu ? — La femme. Qui força le père à déflorer ses filles ? — La femme. Qui dompta le fort par la spoliation de sa chevelure ? — La femme. Qui trancha par l'épée le chef sacré du juste ? — La femme, celle qui au crime de la mère ajouta son propre crime, illustra l'inceste par le meurtre... Chimère, on te donna très justement une forme triforme, antérieurement d'un lion, postérieurement d'un dragon, et au milieu rien qu'un très ardent feu : image qui donne la claire illusion de la nature de la prostituée, car, pour emporter sa proie, elle avance une gueule de lion, tandis que par derrière, elle singe comme une apparence de nubilité : ayant par cette spéciosité capté des victimes, elle les dévore en les flammes de son amour.)

Femina dulce malum, pariter favus atque venenum.

Cet agréable vers rappelle telles expressions d'une diatribe anonyme : « Mulier est confusio hominis, bestia insanabilis... fetens rosa, tristis paradisus, dulce venenum... poena delectabilis, dulcor amarus... — La femme, confusion de l'homme, bête inguérissable, rose fétide, paradis lamentable, poison très doux, délectable supplice, amère douceur... »

Tout entier de symboles et des plus étranges créances, le

Livre des Gemmes fut dès son aurore célèbre, traduit en vers français par un contemporain. Un commentaire mènerait loin s'il fallait méthodiquement, des hymnes orphiques, de Solin et d'Isidore de Séville et de Pline même et de Théophraste citer les imaginations concordantes ou contradictoires ; on se borne à contresigner les citations de Marbode de l'autorité de sainte Hildegarde, ou çà et là de telle autre, et d'y joindre la correspondante interprétation en vieux français.

DE ACHATE (*Agate*). — Hildegarde dit : L'agate naît du sol humide ; quoique chaude et enflammée, l'air et l'eau ont plus que le feu part à sa nature.

Selon Marbode : « Comme on le rapporte, fut pour la première fois trouvée la pierre d'agate, sur les bords d'un fleuve nommé de nom pareil... Elle conforte qui la porte, entretient sa vigueur, lui donne la faconde, la grâce et de bonnes couleurs. »

> Ut perhibent primum lapis est inventus Achates
> In ripis fluvii qui nomine dictus eodem...
> Portan' u munit viresque ministrat Achates
> Facundamque facit gratumque bonique coloris...

> Acate est cette apelée
> Par un eve u el est truvée...
> Mais la force de li est grand.
> Ume défent e fait poissant,
> Culur li fait aveir vermeil.

Transparente ou demi-transparente, noire, brune ou grise, rayée, tachetée, pointillée, mouchetée, souvent tri ou quatricolore, l'agate a reçu mille noms différents et on ne sait de quelle variété il est ici question.

DE ALLECTORIO (*Alectoire*). — Pierre imprécise ; selon Dom Pernety « espèce de pierre brillante et presque transparente comme du cristal », — ce qui paraphrase simplement Pline : *cristallina specie*.

Marbode : « Dans le ventricule d'un coq, évcuvé de ses tes-

ticules, qu'il ait vécu trois ans au moins en eunuque, prend
naissance cette pierre dont ce n'est là que la première gloire.
Et pendant deux fois deux ans, elle se met à croître, sans
que pourtant sa grosseur puisse excéder celle d'une fève.
Cette pierre rend invincible quiconque la porte, elle rend l'orateur disert en paroles, elle rend constant et en tout agréable à
tous. Elle donne la verdeur, excite aux choses de Vénus. Elle
est commode pour la femme qui veut plaire à son mari. Pour
qu'elle ait ces bons effets, on la porte close en la bouche. »

>   Ventriculo galli, qui testibus est viduatus,
>   Cum tribus, ut minimum, factus spado, vixerit annis,
>   Nascitur ille lapis, cujus non ultima laus est,
>   Et per bis binos capit incrementa sequentes
>   Mensuramque fabae crescens excedere nescit...
>   Invictum reddit lapis hic quemcumque gerentem,
>   Ille oratorem verbis facit esse disertum,
>   Constantem reddens cunctisque per omnia gratum.
>   Ille circa Veneris facit incentiva vigentes.
>   Commodus uxori quae vult fore grata marito.
>   Ut bona praestet clausus portatur in ore.

>   Alectoire tenent a bon
>   Ki creist el ventre del chiapun
>   Treis anz ooes pois est chiastrez,
>   Tan vit ke set ans a passez.
>   En son ventre trovent la pierre
>   Ke mut est precieuse e chiere.
>   D'une feve a la grandeur...
>   Ki la garde e la tient en mémoire
>   Vertu li dune e gran victoire,
>   Amer le fait e bien parlant.
>   Femme livre de son enfant
>   Et fait de sun senior amer.
>   Et en buche se voit porter.

De Jaspide (*Jaspe*). — Plus sûrement que l'alectoire (le tra-
ducteur ne semble pas avoir compris les *incentiva Veneris*),

le jaspe « apposé sur le ventre soulage la femme en gésine. »

Appositus juvat mulierem parturientem.

A femo ke travallo aie.

Mais de quel jaspe s'agit-il et comment s'y reconnaîtront les sages-femmes : la candide galactite, la corsoïde toute chenue, la très rouge sanguine, la glauque héliotrope ponctuée de pourpre, la jaunâtre térébenthine, la pseudo-malachite aux phosporescences vertes de chair putréfiée, la pseudoprase, rubanée, comme un mois à Marie, de blanc ou de bleu, la pierre d'azur, granulée de blanc et piquetée d'or, la pierre d'Arménie d'un vert bleu clair, semé de presque invisibles gouttes de lait, le pseudo-saphir pareil à un ciel de nuit d'hiver étoilé d'or, la panthère mouchetée d'ocre, la grammatite qui porte de gueules au pal d'argent, la polygramme dont la peau rouge s'écorche de lettres pâles — autant de jaspes.

DE SAPPHIRATO (*Saphir*). — Hildegarde : Le saphir est chaud. « Il croit vers le temps de midi, alors que le soleil en son ardeur arde si fort que de cette ardeur l'air se trouve un peu obstrué. — Secundum tempus meridianum crescit, cum sol in ardore suo tam fortiter ardet quod aer aliquantum de ardore ejus obstruatur. »

Il a, selon Marbode, de bien agréables spécialités, guérissant les sueurs profuses, les ulcères, les maux d'yeux ; mais pour qu'il départisse ses bénéficences « il faut que celui qui le porte, très chastement se comporte. »

Sed quis gestat eum castissimus esse jubetur.

Porter se volt mut chiastement.

Bleu de ciel (c'est le mâle), bleu de méditerranée (c'est la femelle), le saphir est quelquefois d'un très pâle vert d'eau, ou blanc, ou diamantin, ou laiteux ; il s'agit ici du saphir bleu, couleur du firmament, dont il est une condensation.

De Smaragdo (*Emeraude*). — Hildegarde : « L'émeraude croît au matin du jour et au lever du soleil, alors que la viridité de la terre et des gazons sont à l'extrême, alors que les herbes sucent aussi fort la viridité de la terre qu'un agneau le lait de sa mère. — Smaragdus in mane die crescit et in ortu solis... et tum viriditas terrae et gramina maxima vigent... et tunc herbae viriditatem fortiter tam sugunt ut agnus qui lac sugit, » — ce qui explique à merveille pourquoi l'émeraude est verte.

Marbode : « On croit qu'elle peut éloigner les tempêtes. On dit qu'elle peut comprimer les mouvements de lascivité. »

> Et tempestates avertere posse putatur.
> Fertur lascivos etiam compescere motus.

> Si toilt tempeste e luxure.

Allégoriquement les alchimistes appelaient émeraude la rosée de mai, mais cette rosée de mai n'était-elle même que le symbole de la rosée mercurielle, du métal en fusion au moment où dans la cornue il se sublime en vapeurs ; c'est le produit de la *putréfaction*, quatrième degré des opérations alchimiques. Peut-être que cette note obscurcira un peu, pour cette fois, les imaginations de l'adorable nonne de Rupertsberg.

De Onyce (*Onyx*). « Onychinus calidus est et circa tertiam horam diei in spissa nube crescit cum sol valde ardet. — L'onyx, dit sainte Hildegarde, est chaud et croît vers la troisième heure du jour dans une épaisse nuée quand le soleil fortement chauffe. »

Marbode : « Suspendu au cou ou passé au doigt, l'onyx évoque pendant le sommeil les lemures et toutes les tristesses. »

> At collo suspensus onyx digitove ligatus
> In somno lemures et tristia cuncta figurat.

> Onice fait gres sunges aveir
> Tenciuns e fantosmes veir.

Ces mauvais songes, la sarde (*sardius*, dit Marbode ; *sardine*, selon le vieux poète français) les éloigne et les vainc. C'est une pierre rougeâtre ou orangée, parfois très pâle, « qui naît dans les après-midi d'automne, après les grandes pluies, lorsque tombent et périssent les feuilles des lauriers, — folia laubrorum ». L'onyx simule assez bien un œil vague sous une paupière morne, œil blanc, œil rouge ; quelquefois côte à côte trois yeux diaboliques dardent leurs prunelles folles : d'où la peur et les rêves tristes.

De Chrysolitho (*Chrysolithe*, en réalité : *Topaze*). — Ardente liquéfaction d'or, flavescent polyèdre, la topaze « épouvante les démons, lorsque percée d'un trou, enfilée d'une soie d'âne, on la porte suspendue au bras gauche. »

> Pertusus setus si transpiciatur aselli
> Daemones exterret et eos agitare putatur.
> Trajectum laevo decet hunc portare lacerto.

> Ki la perce o dunc i met
> Sei d'asne el pertuisée
> Al senestre bras la pendra,
> Le diablez ne l'attendra.

De Beryllo (*Béril*). — C'est la glauque aigue-marine, la pierre céladonne « faite de la quintessence des eaux ». Marbode la recommande « pour faire passer les rots et les soupirs. »

> Portataque ructatus simul et suspiria tollit.

> E le li toldra suspir e rut.

De Topazio (*Topaze*, en réalité : *Chrysolithe*). — Cette pierre, la chrysolythe, qui simule les topazes avec quelque peu de vert, en reflet, dans le jaune pâle de sa chair, entre en composition dans de puissants magistères ; de plus, « elle apaise les eaux bouillantes. »

> Ferventes etiam compescere dicitur undas.

> Desboillir fait leve boillant.

De Hyacyntho (*Hyacinthe*). — Rougeâtre avec, selon l'occasion, des tendances au violet, à l'ambre, au miel, au lait (c'est l'hyacinthe femelle), au safran (c'est le mâle) : Marbode contredit un peu à ces nuances : « Il y en a de granates (couleur de grenat), de citrines (citron), de turquines (bleu mat de la turquoise, bleu de Venise). Toutes sont de vertu confortative, chassent la tristesse et les vaines suscipions. »

> ... Sunt granati, sunt citrini venetique,
> Confortativae cuncti virtutis habentur,
> Tristitiamque fugant et vanas suspiciones.

> Jagunces sunt de treis maneres
> Et sunt mut preciuses pieres.
> Lune est granate, laltre cirine,
> Laltre ovage si unt medicine.
> Tutes confortent par vigur,
> Vains pensers tollent et tristur.

A Rome, jadis, l'hyacinthe était la base d'un électuaire fameux contre les fièvres; on pulvérisait ensemble, puis on incorporait à du sirop de limon sucré de « sucre fin », des gemmes et divers ingrédients; en voici la formule traduite du pharmaceutique latin de Cléandre Arnobe, « academico ardente eterco » :

Hyacinthe orientale (selon d'autres, dragm. ii)
Emeraude orientale
Saphir or.
Topaze or.
Grenat or.
Perles (non perforées) } aa. scrupul. ii.

Corail rouge
Item blanc
Corne de licorne } aa. scrup. ii, 5.

Raclure d'ivoire.... dr. 5.
Bois d'aloès.... dr. ii, 6.
Os de cœur de cerf... n° 9.

Corno de cerf préparée à l'eau rosate
Semence d'oseille
— de chardon bénit
— de rue caprine
— de coriandre
Sandalum rouge et blanc } aa. dr. i.

Racine de dictame
Tormentille
Angélique
Pervenche
Bistorte
Terre bolaire
Terre sigillée
Roses rouges } ao. dr. i. scr. ii.

Sem. de citron . scr. iiii
Crocus.......... gr. xv.
Feuilles d'or..... n° xxx.
Bois de Cobar... dr. ii.
Ambre.......... scr. i.
Musc .... gr. viii.

DE CHRYSOPRASO (*Chrysoprase*). — C'est une prase plus verte et plus jaune, où se confondent la viridité des émeraudes et le doré des topazes solaires. Marbode, d'après Pline : « Elle a la couleur du suc de poireau ; gouttelée d'or, elle reluit autant que de la pourpre. Quant à ses propriétés, je n'ai pu les savoir. »

   Hic porri succum referens mistusque colore
   Aureolis guttis quasi purpura tincta renidet.
   Quas habeat vires potui cognoscere nondum.

   De jus de purret en a culur.
   Gutte est d'or e teinte purpurie.
   Altres vertus na ici mie.

DE AMETHYSTO (*Améthyste*). — La notation de Marbode est parfaite : « Pourpre ou violette est l'améthyste, on dirait une goutte de vin pur, on dirait une rose monde. D'autres, un peu fandes s'évanouissent vers le blanc ; c'est comme ces mélanges où l'eau corrompt la rougeur du vin. »

> Purpureus color ac violaceus est amethysto,
> Vel quasi gutta meri solet aut rosa munda videri.
> Quidam mareidior velut evanescit in album
> Ut corruptus aqua vini rubor inesse putetur.

> Ametisto a culur purpurin
> O tele cume gute de vin.
> Daltre tel cume violette,
> Ou cume rose munde e nette.
> Lune turne al kes a blanchur,
> Laltre a di vin mesle rouur.

DE CHELIDONIO (*Chélidoine*). — Pierre d'hirondelle, parce qu'on la trouve dans le ventricule de ces oiseaux, quand la lune est au croissant, la chélidoine est en réalité un très petit grain d'agate, blanc, gris, bleuâtre, roux, noir, etc. « La chélidoine rousse guérit la folie lunatique : »

> Cedit gestato lunatica passio rufo.

> La ruige toilt la passium
> Ke prent a ume per luneisum.

DE GAGATE (*Jayet ou Jais*). — « Par suffumigation, le jayet rend aux femmes leurs règles... On croit qu'il est contraire aux démons... Il vainc les prestiges et résout les enchantements ; c'est, dit-on, la pierre de touche de la virginité. »

> Par suffumigium mulieri menstrua reddit...
> Idem daemonibus contrarius esse putatus...
> Vincit praestigia et carmina dira resolvit
> Et solet (ut perhibent) deprehendere virginitatem.

> Dessuz se se nestuve feme
> Ses natures li rend la geme.
> Quant est ars mut est mirables
> Chaice serpent, destruit diables,
> Charmes malvais, sorz e poisuns.
> De feme set virginité.

DE MAGNETE (*Aimant*). — Plein de sympathie pour l'acier, l'aimant est l'ennemi des femmes adultères : « Celui qui veut, dit Marbode, savoir si sa femme est adultère, n'a qu'à lui attacher pendant qu'elle dort cette pierre à la tête. Si la femme est chaste, elle viendra s'offrir aux baisers de son mari, sans se réveiller. »

> ... Qui scire cupit sua num sit adultera conjux
> Suppositum capiti lapidem stertentis adaptet.
> Mox quae casta manet petit amplexura maritum
> Non tamen evigilans....

> Si verite voilt un saveir
> Si sa feme aime altre pur veir
> La piere sur sun chief metra
> En dormant ke el no saura.
> Si chast est en sun dormant
> De li user li fera semblant.

Dans l'épigramme de Claudien, *de Magnete*, l'aimant de même représente le principe femelle,

> Ferrea Martis
> Forma nitet, Venerem magnetica gemma figurat.

Et, de même encore, c'est, par un renversement des règles, la femelle qui se jette sur le mâle :

> Hic mirum consurgit opus, Citheraea maritum
> Sponte rapit.

Ce bref chapitre du grand poète est une merveille de poésie et d'ingéniosité.

DE CORALLO (*Corail*). — « La pierre de corail est pendant sa vie dans la mer une sorte d'osier... Contractée par l'air, elle devient dure et se lapidifie. Du vert sa couleur passe au ponceau. »

> Corallus lapis est dum vivit in aequore vimen...
> Aere contractus fit durior et lapidescit,
> Cuique color viridis fuerat modo puniceus fit.

> Corals cum arbre naist en mer,
> Verz naist o mul fait a amer.
> Quant faire la tuche si devient dure
> Ruize devient de sa nature.

DE CORNEOLO (*Cornaline*). — C'est une chair rose; « c'est, dit Marbode, une pierre couleur de chair lavée... Elle mitige les contestations et les colères. »

> In disceptando surgentes mitigat iras
> Quique lavaturae carnis par esse videtur...

> Elle toilt ires o rancuins.
> Ume fait parler par rusuins.
> Icele est de meillur nature
> Ke de chiar semble lavure.

DE CARBUNCULO (*Escarboucle*). — C'est l'œil qu'au milieu du front, unique et rougeoyant, porte le dragon ou, selon d'autres, la wivre, cette pseudosirène qui ne doit pas se confondre avec la guivre, variété du griffon : un joyau doué d'une certaine rareté. De ce nom les anciens appelaient pêle-mêle toutes les pierres d'un éclatant rouge ou rose, nommément le grenat et le rubis : « L'escarboucle surpasse toutes les pierres les plus ardentes, jette des rayons tels qu'un charbon allumé dont les ténèbres ne peuvent venir à bout d'éteindre la lumière. »

> Ardentes gemmas superat carbunculus omnes,
> Nam velut ignitus radios jacit undique carbo.
> Hujus nec tenebrae possunt extinguere lucem.

> Scherbuncles gette de sei rais.
> Plus ardent piere ni a mais.
> De sa clarté la noit resplent
> Mais le jour nen fera neient.

On trouvera longue cette nomenclature et on la trouvera brève : Marbode disserte encore de quelques gemmes, le diamant, la perle, etc., mais que d'autres où il est muet. Il ne connaît, et qui nous en dira les secrets ? — ni la rose-rouge Almandine ; la brune Aromatite, qui fleure la myrrhe ; le Girasol, un peu de bleu et un peu de jaune dans du lait ; la sanglante Hématite qui, broyée, se résout en poussière de sang desséché ; ni le Jargon, ou diamant jaune ; ni l'encore jaune Marcassite ; ni les grasses Ollaires : la Serpentine toute marbrée, la grise Colubrine, et la Tarqueuse piquée de talc et de mica ; ni la Paranite, cette améthyste bleue ; ni le Smaragdo-Prase, couleur d'herbe roussie ; ni la Tourmaline qui simule une opale dorée ; ni les Bufonites, où d'azur, de bleu jaune, de glauque, se rangent les Turquoises.

Et il resterait encore à nommer la Pierre qui n'est pas une pierre, la Pierre par excellence fixe et inévaporable, la Pierre fermentative, qui transmue les formes, les couleurs et les densités, la Pierre essentielle et philosophale !

Un poète anglo-normand du xiv° siècle, le frère mineur Nicholas Bozon, inclina vers la galanterie, Bernis ou Grécourt déjà, la symbolique des gemmes : au catalogue de Marbode il en ajoute une, bien inattendue, la Femme :

> Ja n'est trovée en tere ou en mer
> Piere preciouse nule si chère
>   Que vayle à femme,
> Ne charbuche q'est si cler
> Ne diamand que dure entier
>   Ne autre gemme.

Marbode en ce *Livre des Gemmes* se révèle aussi superstitieux que mystique, aussi crédule que symbolique, — mais il a écrit, en commentaire aux versets 19 et 20 du xx° chapitre de l'Apocalypse une prose qui est tout un traité d'herméneutique chrétienne lapidaire. Il s'agit, selon saint Jean, de la Jérusalem nouvelle, qui sous des firmaments nouveaux, sur une terre renouvelée, apparaîtra parée comme l'Epouse. « Les fondements du mur de la cité sont ornés de toutes les pierres précieuses et il y a douze fondements. Fondement premier, le jaspe ; second, le saphir ; troisième, la calcédoine ; quatrième, l'émeraude ; cinquième, sardoine ; sixième, sarde ; septième, chrysolithe ; huitième, béril ; neuvième, topaze ; dixième, chrysopraso ; onzième, hyacinthe ; douzième, améthyste. »

> Jaspis colore viridi
> Praefert virorum fidei,
> Quae in perfectis omnibus
> Nunquam marcessit penitus,
> Cujus forti praesidio
> Resistitur diabolo.
>
> Sapphirus habet speciem
> Coelesti throno similem :
> Designat cor simplicium
> Spe certa praestolantium
> Quorum vita et moribus
> Forte fulget virtutibus.
>
> Pallensque chalcedonius
> Ignis habet effigiem :
> Subrutilat in publico,
> Fulgorem dat in nubilo :
> Virtutem fert fidelium
> Occulte formulantium.
>
> Smaragdus virens nimium
> Dat lumen oleaginum :
> Est fides integerrima
> Ad omne bonum patula
> Quae nunquam scit deficere
> A pietatis opere.
>
> Sardonyx constat tricolor :
> Homo fertur interior
> Quem designat humilitas
> Per quem albescit castitas :
> Ad honestatis cumulum
> Rubet quoque martyrium.

Sardius est puniceus
Cujus color sanguineus,
Decus ostendat martyrum
Ritô agonisandum :
Sextus est in catologo,
Crucis haeret mysterio.

Auricolor chrysolitus
Scintillat velut clibanus :
Pretendit mores hominum
Perfectae sapientiae
Qui septiformis gratiae
Sacro splendescit jubare.

Beryllus est lymphaticus
Ut sol in aqua limpidus :
Figurat vota mentium
Ingenio sagacium :
Quod magis libet mysticum
Summae quietis otium.

Topazius quo rarior
Eo est pretiosior.
Extat nitore griseo
Adspectu et aethereo :
Contemplativae solidum
Vitae praestat officium.

Chrysoprasus purpureum
Imitatur concilium.
Est intertinctus aureis
Miscello quodam guttulis :
Haec est perfecta charitas
Quam nulla sternit feritas.

Jacinthus est caeruleus
Nitore medioximus,
Cujus decora facies
Mutatur ut temperies :
Vitam signat angelicam
Discretione praeditam.

> Amethystus praecipuus
> Decore violaceus,
> Flammas emittit aureas
> Notulasque purpureas :
> Praetendit cor humilium
> Christo commorientium.

N'en est-il pas de Marbode ainsi que du subtil empereur d'Aurier :

> Quand je parle, on dirait qu'il tombe de ma bouche
> Des anges, des saphirs, des fleurs et des rubis...

(Le jaspe est de verte couleur : il signifie la foi humaine qui en tous ses accomplissements jamais entièrement ne se fane, et par son solide bouclier permet de résister au diable.

Le saphir a une beauté pareille au céleste trône : il désigne le cœur des simples, de ceux que meut un espoir certain, de ceux dont la vie brille par les mœurs et par les vertus.

La pâlissante calcédoine apparaît à l'effigie du feu : elle subrutile à la lumière et fulgure en l'obscurité : telle est la vertu des fidèles occultement formulée.

L'émeraude, trop verte, donne des lueurs oléagineuses : c'est la foi très intègre, ouverte à tout ce qui est bien, qui jamais ne s'écarte de l'œuvre de piété.

Le sardonyx est tricolore, — symbole de l'homme intérieur que l'humilité caractérise, par qui s'affirment les chastes candeurs : il signifie encore par son rouge la suprême excellence du martyre.

La sarde est couleur de pourpre : sa couleur sanglante exprime l'honneur des martyrs en leur noble agonie : sixième du catalogue, elle symbolise le mystère de la croix.

Couleur d'or, la chrysolithe scintille tel qu'un four embrasé : elle est le signe des hommes où la parfaite Sagesse fait resplendir le nimbe sacré de sa grâce septiforme.

Le Béril est lymphatique, tel qu'un soleil clair aperçu dans l'eau : il figure les désirs des esprits ingénieux et sagaces, et de plus le mystique repos de la paix suprême.

La topaze est rare, pour cela précieuse. Elle est d'une luminosité grise avec des apparences éthérées, — symbole de l'immuable solidité d'une vie contemplative.

La chrysoprase ressemble à un concile de cardinaux. Elle est est toute ponctuée de gouttelettes d'or: c'est la parfaite charité que nulle méchanceté ne décourage.

L'hyacinthe est d'un bleu mitoyen, et son décor change avec la température : signe d'une âme angélique très adonnée à la discrétion mystique.

L'améthyste est surtout violette ; elle émet des flammes d'or et de pourprescentes étincelles : symbole des humbles cœurs qui avec le Christ se crucifient.)

(Quelques notes paraissent nécessaires : 1° de la mystérieuse calcédoine, Marbode donne une description qui fait songer à l'opale; 2° les trois couleurs du sardonyx ou sardoine sont le noir, le blanc et le rouge ; 3° la sarde est quelquefois confondue avec la cornaline; la chrysolithe dont parle ici Marbode, est la pierre que nous nommons maintenant topaze, et réciproquement; ce renversement a déjà été signalé plus haut, dans l'analyse du *Livre des Gemmes*.)

Marbode n'est pas le premier poète chrétien qui ait, d'après l'Apocalypse, érigé une Jérusalem céleste toute de pierres précieuses. Dans le *Rythme sur les joies du Paradis*, que l'on attribue à saint Augustin, le texte de saint Jean est ainsi allégué :

> Ubi vivis margaritis surgunt aedificia,
> Auro celsa micant tecta, radiant triclinia.
>
> Solis gemmis pretiosis haec structura nectitur,
> Auro mundo tanquam vitro urbis via sternitur...

(Là tout en perles vives surgissent des édifices, l'or sur les toits étincelle, l'or rayonne dans les salles. Rien que de pierres précieuses s'ordonne la structure de cette ville unique, les rues sont pavées d'or monde plus transparent que le verre...)

Cette cité céleste, une hymne liturgique des environs du xe siècle, la chante en un grandiloquent mysticisme; en voici quelques strophes selon le texte exact; les correcteurs du bréviaire l'ont mutilé avec une inintelligence qui va jusqu'à substituer partout au mot *lapis*, pierre précieuse, le mot *petra*, caillou, ce qui enlève à ces vers tout caractère mystique et même toute signification :

> Urbs beata Jerusalem
> Dicta pacis visio,
> Quae construitur in coelis
> Vivis ex lapidibus,
> Et angelis coronata
> Ut sponsata comite :
>
> Nova veniens e coelo
> Nuptiali thalamo
> Praeparata, ut sponsata
> Copuletur Domino :
> Plateae et muri ejus
> Ex auro purissimo.
>
> Portae nitent margaritis,
> Adytis patentibus...
>
> Tunsionibus, pressuris,
> Expoliti lapides
> Suis coaptantur locis
> Per manus artificis;
> Disponuntur permansuri
> Sacris aedificiis.
>
> Angulare fundamentum
> Lapis Christus...

(Cité béatifiée, Jérusalem, toi dont le nom dit vision de paix, toi qui aux cieux es bâtie avec de vivantes pierres et d'anges, couronnée comme une épousée par son époux : —

Vierge, elle descend du ciel, toute pour le lit nuptial parée, l'épousée qui va s'unir à son Seigneur : ses rues et ses murs sont en un or très pur. — Les portes ouvertes du sanctuaire s'adornent de perles... — Par les coups, par les épreuves chaque pierre bien polie est à sa place insérée par les mains de l'Artisan : elles sont disposées pour éternellement permaner en les sacrés édifices. — La pierre angulaire est la pierre Christ...)

Le *De variis mansionibus urbis coelestis Hierusalem*, manuscrit du xive siècle conservé à Carlsruhe donne quelques détails sur les habitants de la cité unique, spécialement sur les couleurs de leurs vêtements définitifs : ainsi les martyrs en souvenir de leur sang versé éclatent tels que les rouges rubriques des vieux évangéliaires, *fulgent rubricati* ; les vierges s'adornent de blanches perles ; les confesseurs, de l'étoile blanche et rouge ; les docteurs, du tortil d'or, *auream torquem*.

Vers le même temps, Conrad de Haimbourg esquissa, en son *Annulus B. M. V.*, une symbolique des pierres précieuses un peu différente de celle que Marbode expose.

L'anneau de fiançailles de Marie est incrusté de jaspe, signe de foi :

> Quam jaspidis
> Color monstrat viridis
> Plenam fide piâ.

De saphir, signe d'espérance, de calcédonie, signe de charité, d'émeraude, signe de pureté. Le sardonyx, selon Conrad, symbolise limpidement la gestation virginale. Cela n'est pourtant pas très clair ; voici le texte :

> Sardonyx inturbidus
> Ruber, niger, candidus
> Te designat limpide
> Conversatam placide
> Gestu virginali.

La sanglante sarde, *rubens sardius*, rémémore le moment où le glaive des douleurs transfixa la Vierge au pied de la Croix. La chrysolithe, aux flamboyantes étincelles, c'est la gloire des miracles et le don de Sagesse :

> Exprimit chrysolithus
> Prae fulgore inclytus
> Flammeis scintillulis
> Claram te miraculis
> Ac dono Sophiae.

Eclatant ou pâle,

> Beryllus pallidus
> Seu nitens fulgidus,

Le béril signifie l'humilité intérieure et l'amour du prochain ; et la topaze,

> Cunctis gemmis gratior,

c'est la contemplation. L'amour divin s'exprime par la chrysoprase, tachetée d'or et de pourpre,

> Ecce nunc qui rubeas
> Guttas jacıt aureas
> Chrysoprasus...

L'hyacinthe est la charité active ; la perle, l'angélique perfection ; l'agate, l'humilité ; le diamant, la force en la souffrance ; l'améthyste, celle qui est rose et rouge, *roseus color et purpureus* (encore une pierre bien difficile à identifier, peut-être s'agit-il de l'almandine ?), l'amour de prédilection ; l'onyx, enfin, résume l'union de toutes les vertus.

La symbolique des pierres est comme celle des animaux, comme celle des plantes, un peu chaotique.

Les gemmes nombrées dans l'Écriture ont, d'après l'exégèse mystique, des significations diverses mais précises. Voici leurs correspondances avec les milices célestes :

La Sarde signifie les Séraphins ;
La Topaze — les Chérubins ;
L'Emeraude — les Anges ;
Le Rubis — les Archanges ;
Le Saphir — les Vertus ;
Le Jaspe — les Trônes ;
L'Hyacinthe ⎫
L'Agate ⎬ signifient les sièges vides où reviendront s'asseoir les égarés ;
L'Améthyste ⎭
La Chrysolithe signifie les Dominations ;
L'Onyx — les Puissances ;
Le Béril — les Principautés.

Avec les Apôtres, les correspondances sont :

Barthélemy.... la Sarde ;
Jacques........ la Topaze ;
Jean........... l'Emeraude ;
Simon......... l'Hyacinthe ;
André......... le Saphir ;
Pierre......... le Jaspe ;
Thadée........ la Chrysoprase ;
Philippe....... la Sardoine ;
Mathias....... l'Améthyste ;
Thomas....... la Chrysolithe ;
Jacq. le Mineur la Calcédoine ;
Matthieu..... . le Béril.

Outre ces pierres on trouve encore, alléguée dans l'Exode et dans Ezéchiel, l'escarboucle, qui pourrait bien symboliser, suggère Cléandre Arnobe, la « Face de Dieu. »

XIII

Saint Bernard, abbé de Clairvaux. — Le Verbe, l'Acte, l'Amour. — Le *Carmen ad Rainaldum*. — Le Rythme sur le mépris du monde. — Saint Bernard, Jacopone de Todi et François Villon. — La Mort Saint-Innocent. — Martial d'Auvergne et la *Dance des Femmes*. — L'*Hortus deliciarum*. — Saint Bernard poète liturgique. — Le *Laetabundus*. — Les Hymnes à la Vierge. — *Jesu, dulcis memoria*. — L'amour divin, Ulrich de Wessobrunn, S. François d'Assise. — La *Rhythmica oratio* et ses imitations. — Les obédiences monacales d'après saint Bernard et Thomas a Kempis.

XIII. — SAINT BERNARD

Grand par la parole, orateur, poète et créateur verbal en latin et en français, trouveur de formes, de rythmes et de nombres ; — homme d'action, fondateur de plus de cent soixante monastères, sous la règle de saint Benoît par lui réformée, vrai pape d'Occident sous dix papautés nominales, théologien et directeur d'âmes ; — saint : c'est-à-dire, embrassant en ces trois modes, tout : le verbe, l'acte, l'amour ; créature si complexe et si vaste qu'elle effraye et attendrit comme un signe visible des complaisances de Celui qui est l'Art absolu : tel nous apparaît saint Bernard, abbé de Clairvaux.

A le considérer seulement comme poète, il se dresse dans sa robe de moine, parmi les plus grands. Ne le voit-on pas, de même qu'en la transparence d'un vitrail, la tête un peu penchée sous le Souffle, une main sur la Règle, sans laquelle toute vie choit au bon plaisir des sens, une main d'acier trempée ainsi qu'un braquemart, mais gantée d'amour ; et de l'autre main les doigts s'allongent sur la mince plume de corbeau qui grave de si fins alphabets. Il écrit ses sermons, analyse les tourments auxquels se voue patiemment et librement le luxurieux pour l'accomplissement total de sa volupté : « Vigilat tota nocte luxuriosus non solum patienter sed et libenter, ut suam expleat voluptatem. » (*Sermon p. a la IV*ᵉ *Féerie de la Semaine sainte*). Comme Odon de Cluny, avec la même audace stylistique, mais avec bien plus de personnalité dans le mépris, il vilipende la chair ; c'est le sujet de son *Carmen paraeneticum ad Rainaldum* :

Quisquis amat Christum, mundum non diligit istum :
Sed quasi fetores spernit illius amores,
Aestimat obscoenum quod mundus credit amoenum

Et sibi vilescit totum quod in orbe nitescit...
Nec modo laetaris, quia forsan cras morieris :
Cur caro laetatur, quae vermis esca paratur ?

(Qui aime le Christ ne peut aimer le monde : et il méprise telles que des fétidités ses amours ; il tient pour obscène ce que le monde croit amène, et vil ce qui resplendit humainement... Ne t'éjouis pas maintenant, car peut-être demain seras-tu mort : Pourquoi la chair s'éjouit-elle, cette pâture préparée pour les vers ?)

Le Rythme sur le mépris du monde développe logiquement la même idée :

O miranda vanitas ! O divitiarum
Amor lamentabilis ! O virus amarum !
Cur tot viros inficis, faciendo charum
Quod pertransit citius quam flamma stuparum ?

Homo miser, cogita : mors omnes compescit,
Quis est ab initio, qui morti non cessit ?
Quando moriturus est, omnis homo nescit :
Hic qui vivit hodie, cras forte putrescit.

Qui de morte cogitat, miror quod laetatur :
Cum sic genus hominum morti deputatur,
Quo post mortem transeat homo, nesciatur :
Unde quidem sapiens, ita de se fatur :

Dic ubi Salomon, olim tam nobilis
Vel ubi Samson est, dux invincibilis ?
Vel pulchrior Absalon, vultu mirabilis ?
Vel dulcis Jonathas, multum amabilis ?

Quo Caesar abiit, celsus imperio ?
Vel Dives splendidus, totus in prandio ?
Dic, ubi Tullius, clarus eloquio ?
Vel Aristoteles, summus ingenio ?

O esca vermium ! o massa pulveris !
O roris vanitas, cur sic extolleris !
Ignorans penitus utrum cras vixeris,
Fac bonum omnibus, quamdiu poteris.

(O surprenante vanité! O des richesses le lamentable amour! O virus très amer! Pourquoi tant de cœurs infestes-tu, en leur rendant cher ce qui passe plus vite qu'une flambée d'étoupes?

Songe, ô pauvre homme : la mort fauche tout le monde ; qui donc, ayant eu naissance, à la mort échappera? L'heure à laquelle il mourra, tout homme l'ignore : mais celui qui aujourd'hui vit, demain peut-être pourrira.

Celui qui pense à la mort, je m'étonne qu'il puisse s'éjouir : car si tout le genre humain est voué à la mort, quel sera le lendemain son sort éternel, chacun l'ignore : Voici ce que profère un certain sage :

Dis, où est Salomon, le roi si mémorable? Ou bien où est Samson, capitaine indomptable! Ou le bel Absalon, au visage admirable? Ou le doux Jonathas, lequel fut tant aimable?

Où est allé César, maître du grand empire? Ou le riche splendide, toujours en mangeries? Dis, où est-il, Marc Tulle, illustre en éloquence? Dis, où est Aristote, au suprême génie?

Nourriture des vers! ô masse de poussière! ô chair plus vaine que rosée, de quoi t'enorgueillir? Tu ne sais même pas si tu vivras demain, homme, sois donc bon pour tes frères, pendant que tu le peux.)

Même thème en le *Pianto de la Chiesa reducta a mal stato*, de Jacopone de Todi :

> O son li patri pieni di fede
> O son li propheti pien di speranza
> O son li apostoli pien di fervore
> O son li martyri pien di fortezza
> O son li prelati justi e severi
> O son li doctori pien di prudenza
> Molti ne veggio saliti in scienza
> Ma la lor vita non ma convenza.

Le poète italien apparaît plus satirique que mélancolique, mais le mouvement est pareil, au moins matériellement.

Du Rythme de saint Bernard et peut-être de ces vers de Jacopon, Villon, le grand poète en qui vient agoniser l'esprit du moyen âge, tira ses trois illustres ballades, des Dames, des Seigneurs du temps jadis, et l'autre « à ce propos en vieil françois » :

> Mais où sont les sainctz apostoles,
> D'aulbes vestuz, d'amiz coeffez,
> Qui sont ceincts de sainctes estoles...

> Voire, où sont de Constantinobles
> L'emperier aux poings dorés...

Ce « vieil françois » de Villon ne diffère pas beaucoup de la langue de son temps ; ce n'était pas un poète comme en voit à cette heure, habiles à d'un peu hétéroclites marqueteries, à d'adroits, mais bien saugrenus pavages, où de nobles dalles aux lions passants de sinople alternent avec des grès arrachés aux alvéoles des rues de Montmartre. Il n'usait que du français de vers 1460, comme saint Bernard du latin de vers 1140, et tous deux également synthétisent la plus magnifique poésie de leurs siècles. Le bon « raillart » n'est pas très loin, en esprit, de l'abbé de Clairvaux. Tous deux le savent, que « mort saisit sans exception : pauvres et riches »,

> Sages et folz, prebstres et laiz,
> Noble et vilain, larges et chiches,
> Petitz et grans, et beaulx et laids,
> Dames à rebrassez colletz...
> Portant attours et bourreletz...

Et comme le moine vierge, l'ahonti cliquepatin voulait bien trépasser, même « à douleur »,

> Puys que papes, roys, fils de roys,
> Et conceuz en ventres de roynes
> Sont enseveliz mortz et froidz.

Saint Bernard ne dit pas autre chose :

> O sors gravis ! o sors dura !
> O lex dura, quam natura
> Promulgavit miseris !
> Homo, nascens cum moerore
> Vitam ducis cum labore
> Et cum metu moriris.

(... Homme, tu nais en la douleur, ta vie se passe en le labeur et quand tu meurs, en quelle terreur !)

A l'époque où nous vivons, de blague exaspérée, la peur de la mort sévit bien plus qu'au moyen âge : seulement, par lâcheté on n'en parle pas. Cette peur occulte, grâce aux bienfaisantes épidémies, ainsi que sous l'orage une vase d'égout, on la voit parfois teindre de vert les abjectes faces qui encombrent les rues.

Jusqu'à la Renaissance, jusqu'à cette monstrueuse jobarderie du classicisme, sorte de terreur intellectuelle qui courbe encore l'humanité sous le couperet métaphysique des grammairiens, jusqu'à la fin du xve siècle, les poètes tant latins que de toutes vulgaires langues s'ingénièrent à diversifier le diadème de la très laide et inéluctable Reine : et non moins les enlumineurs et tailleurs de pierres. Caractéristique, la Mort Saint-Innocent au sexe liquéfié et la peau du ventre vide tombant sur des cuisses pareilles à de vieux os rongés par un chien ; caractéristiques, les Danses des Morts et celle-ci, notamment, de Martial d'Auvergne : *la Dance des Femmes* (où dans les vignettes la Mort n'est pas un pur squelette mais la hideuse putréfaction Saint-Innocent, reconnaissable en la diversité, vraiment prodigieuse, des attitudes) ; c'est encore du saint Bernard :

> O vous, mes seigneurs et mes dames,
> Qui contemplés ceste painture,
> Plaise vous prier pour les ames
> De ceulx qui sont en sepulture.

> De mort neschappe créature.
> Allez, venez, après mourez.
> Ceste vie cy bien petit dure.
> Faictes bien et le trouverez.

Mais le latin est allé bien plus loin qu'aucune langue dans la peinture des putréfactions dernières. Il faut lire ce passage extrait de l'*Hortus Deliciarum*, **Le Jardin des Délices**, de Herrade, au XIIe siècle abbesse de Hohenbourg : « Sicque homo vermes, bestias, serpentes hereditabit. Caro namque ejus partim in vermes vertitur, partim ab ipsis consumitur, partim in putretudinem ; deinde in pulverem redigitur. Medulla ejus in serpentes, cerebrum dicitur verti in bufones ; et quia homo serpenti ad peccandum consensit, moritur ; et post mortem in serpentes vertitur. — Ainsi l'homme a pour héritiers les vers, les vilaines bêtes, les crapauds, les serpents. Sa chair, en effet pour une partie se change en vers, pour une autre partie est absorbée par les vers eux-mêmes, pour le reste, s'en va en putréfaction ; enfin elle est réduite en poussière. Sa moelle, dit-on, se change en serpents, sa cervelle en crapauds ; et c'est parce que l'homme est tombé au péché par le serpent qu'il meurt et qu'après sa mort il est changé en serpents. »

Après la Mort, l'Amour : ce sont les deux cordes, presque les seules, du psaltérion monacal de l'abbé de Clairvaux.

Naguère encore, en de certaines églises, le *Laetabundus* se chantait à Noël, noël oublié pour des rapsodies d'opéra-comique ; cette séquence si noblement mesurée pour dire une joie extrême et divine, une joie de renaissance de la lumière, une joie de nativité comme le monde n'en éprouva qu'une, cette prose de la Messe du Jour, tombée en désuétude, je la retrouve en un ancien paroissien de Lille, pays, comme les Flandres belges, rebelle à Santeul et aux poètes abbés romains :

> Laetabundus exultet fidel's chorus. Alleluia.
> Regem Regum intactae profudit thorus, res miranda.
> Angelus Consilii natus est de Virgine, Sol de stella.

Sol occasum nesciens, stella semper rutilans, semper clara.
Sicut sidus radium, profert Virgo filium, pari formâ.
Neque sidus radio, neque Virgo filio fit corrupta...

(Vers la joie exulte le chœur fidèle. Alleluia. — Le roi des rois, du lit de l'Intacte est sorti, chose étonnante. — L'ange du Conseil est né de la Vierge, Soleil issu d'une étoile. — Soleil qui ne se couche jamais, étoile toujours rutilante, toujours claire. — Comme de l'astre un rayon s'émane, la Vierge a produit un fils de pareille beauté. — Et ni l'astre par le rayon, ni la Vierge par le fils ne furent souillés.)

La Vierge, saint Bernard la chanta en un rosaire d'hymnes d'une poésie très pure, d'un rythme très spécial; ainsi, ces variations sur le Cantiques des Cantiques :

> Tu praeclarus
> Es thesaurus
> Omnium charismatum,
> Sane plenus
> Et amoenus
> Hortus es aromatum.
>
> Fons signatus
> Non turbatus
> Bestiarum pedibus,
> Non confusus
> Sed conclusus
> Divinis virtutibus.
>
> Exquisitis
> Margaritis
> Ornantur monilia,
> Sed tuorum
> Plane morum
> Extat major gratia.
>
> Tua fama
> Thymiama
> Balsamumque superat;
> Dum flagrescit
> Mentes pascit
> Et a morte liberat.

(Tu es le très illustre trésor de toutes les grâces, jardin tout
amène et tout plein d'aromates. — Fontaine scellée, que ne
troublent les piétinements des bêtes, source inagitée, source
entourée d'une haie de vertus divines. — De très exquises
perles fines s'adornent les colliers, mais de tes mœurs pures
la grâce exalte un plus clair rayonnement. — Ta gloire est plus
odorante que les thymiames et que le baume; car elle em-
baume, car elle nourrit les âmes et de la mort les préserve.)

Le nom de Jésus l'induit à des sourires et à des pleurs sur-
naturels, à des effusions qui spontanément se rythment et se
riment :

> Jesu, dulcis memoria,
> Dans vera cordi gaudia,
> Sed super mel et omnia
> Ejus dulcis praesentia.
>
> Nil canitur suavius,
> Nil auditur jucundius,
> Nil cogitatur dulcius
> Quam Jesu Dei filius…
>
> Nec lingua valet dicere,
> Nec littera exprimere,
> Expertus potest credere
> Quid sid Jesum diligere.
>
> Jesum quaeram in lectulo,
> Clauso cordis cubiculo :
> Privatim et in populo
> Quaeram amore sedulo.
>
> Cum Mariā diluculo
> Jesum quaeram in tumulo,
> Cordis clamore querulo,
> Mente quaeram, non oculo.
>
> Tumbam perfundam fletibus
> Locum replens gemitibus,
> Jesu provolvar pedibus,
> Strictis haerens amplexibus…

Desidero te millies,
Mi Jesu : quando venies?
Me laetum quando facies
Ut vultu tuo saties?..

O Jesu, mi dulcissime,
Spes suspirantis animae,
Te piae quaerunt lacrymae
Et clamor mentis intimae.

Quocumque loco fuero
Meum Jesum desidero :
Quam laetus quum invenero !
Quam felix quum tenuero !

Tunc amplexus, tunc oscula
Quae vincunt mellis pocula :
Quam felix Christi copula !
Sed in his parva marula.

(O Jésus doux à la mémoire, tu donnes les vraies joies du cœur, plus que le miel et plus que tout ta présence est douce. — Rien à chanter de plus suave, rien à entendre de plus délectable, rien à penser de plus doux que le nom de Jésus, fils de Dieu... — La langue ne peut dire et l'écriture ne peut exprimer, celui-là seul qui l'a senti peut comprendre ce que c'est que d'aimer Jésus. — Jésus, je le chercherai dans mon sommeil, en la cellule close de mon cœur : en secret et parmi le monde, je le chercherai d'un diligent amour. — Avec Marie, au crépuscule, j'irai le chercher au sépulcre, mon cœur a des clameurs plaintives, je le cherche en esprit et j'ai fermé les yeux. — Sur le tombeau mes larmes tombent et mes gémissements redondent, je me roule aux pieds de Jésus, je les embrasse de toutes mes forces... — Mille fois je te désire, mon Jésus : quand viendras-tu ? Et quand me feras-tu la joie de me rassasier de ta face ?... — O Jésus, ô mon très doux, espoir de l'âme soupirante, mes larmes d'amour te demandent, te demande la clameur de mon intimité. — Où que je puisse me trouver, Jésus, je te veux avec moi : Oh! la joie quand je l'aurai! les délices, quand je le tiendrai! — Oh! alors quels embrassements! O quels baisers plus délectables que des jarres de miel! Oh! les délices de l'union avec le Christ! Mais hélas! que l'heure est donc brève!)

Tels, dits par l'homme qui, avec saint François d'Assise, a le plus aimé, les désirs, les appels, les suprêmes et brefs plaisirs de l'Amour divin; Thomas a Kempis, lui-même, n'est pas allé si loin en adoration passionnée; ses cris de délectation, parfois ne sont que des réminiscences de saint Bernard, comme en la séquence *de Dulcedine Christi :*

> O dulcissime Jesu,
> Qui de coelo descendisti
> Et vitam mundo contulisti,
> Legam de te, scribam de te,
> Quaeram de te, cantem de te,
> Jesu, puer dulcissime.
> Nam suavis es et mitis
> Humilis plenusque virtutibus,
> Fili Dei altissime.

(O très doux Jésus, qui du ciel descendis et souffris la vie commune, je lirai de toi, j'écrirai de toi, je m'enquerrai de toi, je chanterai de toi, ô Jésus très doux enfant. Car tu es suave et débonnaire, humble et plein de vertus, ô Fils très haut de Dieu.)

Et Ulrich de Wessobrunn, deux siècles plus tard :

> Jesu, ave, fax amoris,
> Dulcis recordatio,
> Melos auris, favus oris,
> Cordis jubilatio,
> Solamen mi doloris,
> Mea exaltatio,
> Humani merces laboris,
> Tu ad te confugio

(Jésus, salut, flambeau d'amour, douce recordation, musique pour l'oreille, miel pour la bouche, jubilation du cœur, consolation de ma douleur, mon exaltation, récompense du labeur humain, vers toi je me confugie.)

Et, entre ces deux poètes de l'amour divin, l'essentiel amoureux, S. François d'Assise :

> In foco l'amor mi mise,
> In foco l'amor mi mise,
> In foco d'amor mi mise
> Il mio Sposo novello,
> Quando l'anel mi mise
> l'Agnello amorosello :
> Poiche in prigion mi mise
> Ferimmi d'un coltello,
> Tutto il cor mi divise
> In foco l'amor.

D'amour encore mais de très douloureux amour, et à classer parmi les plus nobles éjaculations sorties du cœur humain, la *Rhythmica Oratio ad unum quodlibet membrorum Christi patientis et a Cruce pendentis;* on en a douté, mais elle appartient, pourquoi pas ? — à saint Bernard :

Ad Manus :

> Manus sanctae, vos aveto,
> Rosis novis adimpletae,
> Hos ad ramos durè junctae
> Et crudeli ferro punctae.
> Tot guttis decurrentibus
> Ecce fluit circumquaque,
> Manu tua de utraque,
> Sanguis tuus copiose,
> Rubicondus insatar rosae
> Magnae salutis pretium.
> Manus clavis perforatas
> Et cruore purpuratas
> Cor de primo prae amore,
> Sitibundo bibens ore
> Cruoris stillicidium.

> Ad Faciem :
> Salve, caput cruentatum,
> Totum spinis coronatum,
> Conquassatum, vulneratum,
> Arundine verberatum,
> Facie sputis illita...
>
> In hac tua passione
> Me agnosco, Pastor bone...
>
> Non me reum aspernaris
> Nec indignum dedigneris :
> Morte tibi jam vicina,
> Tuum caput hic inclina,
> In meis pausa brachiis.
>
> Tuae sanctae passioni
> Me gauderem interponi,
> In hac cruce tecum mori :
> Praesta crucis amatori
> Sub tua cruce moriar.

(*Aux Mains:* O saintes Mains, je vous salue, pleines de roses nouvelles, vous si durement crucifiées, et de clous méchants trouées. En larges gouttes voilà que de chacune de tes mains ton sang coule abondamment, plus vermeil que les roses, prix sacré du grand salut. O mains de clous perforées et de sang tout empourprées, de tout mon cœur en grand amour, je bois d'une bouche altérée la profusion du sang sacré.

A la Face : Salut, ô Tête ensanglantée, d'épines toute couronnée, toute brisée, toute flagellée, toute battue à coups de roseau, salut, ô Face, toute souillée de crachats... En cette heure de ta passion, reconnais-moi, Pasteur très bon... Ne méprise pas le pécheur, ne dédaigne pas l'indigne : au moment que tu vas mourir, incline un peu vers moi ta tête, repose-la entre mes bras. En ta passion sacrée je voudrais tant intervenir, et sur le calvaire mourir avec toi : oh ! les amants de la croix, permets qu'ils aillent au pied de ta croix mourir !)

Le Salve caput cruentatum a été plusieurs fois imité et si douloureusement belle est l'idée de cette salutation au chef sanglant du Roi suprême que les variantes se peuvent presque toutes admirer.

> Ave, caput Christi gratum,
> Diris spinis coronatum...

dit l'oraison de quatorze vers à laquelle un pape attacha cinquante ans d'indulgence, tellement il la trouva touchante.

> Ave, caput inclinatum,
> Despective coronatum
> Spinis infidelium,
> Multis locis perforatum,
> Circumquaque cruentatum,
> Exemplar humilium.

(Salut, dit Conrad de Ganning, salut, tête inclinée, dérisoirement couronnée d'épines par les infidèles, en mille endroits toute perforée et toute ensanglantée, ô modèle des humiliés.)

On lit enfin en une des séquences recueillies dans le si précieux *Paradisus animae*.

> Caput spinis coronatum
> Totum languet cruentatum,
> Pugnis livet conquassatum,
> Sputis horret deformatum.

(La tête d'épines couronnée, languit toute ensanglantée, toute brisée, toute livide de blessures, toute salie de crachats, toute déformée.) — Ces vers, de date incertaine, sont peut-être contemporains du Christ de Grünewald.

Saint Bernard avait rédigé pour ses moines, afin, sans doute, de mieux l'inscrire en leurs lobes, une règle en vers, imposant le travail perpétuel, le chant des hymnes et des psaumes, le silence, l'oraison et la lecture, — cette nourrice des cloîtrés :

> Omnem horam occupabis
> Hymnis, psalmis et amabis
> Tenere silentium.

> Super hoc orationem
> Diliges et lectionem,
> Nutricem claustralium.

Ce qui rappelle immédiatement le petit traité de Thomas a Kempis, *Vita boni Monachi*, neuf petits chapitres en vers informes exprès; le viii° les résume :

De exercitiis monachorum

Monachorum est orare, gemiscere et orare pro suis defectibus;
Carnem suam castigare, vigilare, jejunare a voluptatibus;
Linguam refrenare, aures obturare a vanitatibus;
Oculos custodire, pedes praemunire ab excursibus;
Manibus laborare, labiis exultare, corde jubilare in Deo laudibus;
Caput denudare, basse inclinare, genua curvare crucifixi pedibus;
Prompte obedire, nunquam contradicere suis majoribus;
Libenter servire, cito subvenire infirmis fratribus;
Curas mundi abicere, coelestibus intendere totis conatibus.

Prier, gémir, châtier sa chair, veiller, jeûner de toute volupté, réfréner sa langue, se boucher les oreilles à toute vanité, fermer les yeux, lier ses jambes, travailler manuellement, louer Dieu, aller le chef nu, baisser la tête, courber les genoux aux pieds du crucifix, promptement obéir, ne jamais contredire ses supérieurs, librement servir, promptement subvenir à ses frères malades, mépriser les soucis du monde, de tous ses efforts tendre au ciel : telles donc, les obédiences du moine.

Dans le chapitre VI du même opuscule, saint Bernard est donné en exemple :

> Quaere Jesum cum Bernardo.

Et dans un cantique du même auteur, *Devotum Carmen cantandum in laude Jesu Christi*, ces deux vers se lisent, qui sont toute la vie mystique de l'abbé de Clairvaux :

> De nato Jesu cane dulciter,
> De passo Jesu dole graviter.

XIV

Anselme de Cantorbéry. — Pierre de Riga. — La Littérature des énigmes : Philippe de Harveng. — Reinier (*Reinerus*). — Matthieu de Vendôme. — Pierre Abailard. — Pierre le Vénérable. — Pierre le Diacre et Pierre de Blois.

XIV. — DE SAINT ANSELME A PIERRE DE BLOIS

Parmi tant et tant d'ouvrages dogmatiques, parénétiques ou ascétiques, Anselme, qui fut au xii° siècle, archevêque de Cantorbéry, composa une suite d'hymnes sur la Vierge, des Heures de la Vierge, adroitement versifiées, enfin deux petits traités intitulés *Carmen de contemptu mundi*.

Du premier la lecture amuse et presque surprend par une rare connaissance du caractère féminin. Mieux que tel romancier de nos contemporains, accoucheur d'âmes en éternelle gésine d'identiques adultères et qui s'ébaubit qu'une dame soit une femme, Anselme a démonté le mécanisme de cet être si naïvement immoral, jouet favori du primordial Démon, instrument aussi médiocre que la médiocrité même de la Ruse inférieure :

Intrat compta satis cellarum femina claustra,
    Suspirans dicit : « Discere sancta volo.
Accedo ad monachos peccatrix femina, namque
    Hi monita et sanctae dant documenta viae. »
Compta venis et sancta placent : quis credere possit ?
    Suspectam te habeo; credo nocere venis.
Lascivi risus, ardentis nutus ocelli
    Et tua garrulitas displicuere mihi.
Pastores, vigilate, lupos arcete rapaces
    A gregibus vestris : claustra negentur eis.
Occidunt animas multosque ad tartara mittunt,
    Et monachis pestis nulla timenda magis...
Crede mihi, frater, miser est quicumque maritus :
    Vis dicam quantum triste sit istud onus?
Si quis habet sponsam turpem, fastidit et odit :
    Si pulchram moechos anxius ipse timet.
Cernis enim quantum sibi forma pudorque repugnent,
    Raraque de pulchris esse pudica potest...
Si flat praegnans accessit et altera cura

Accrescuntque tibi multiplicanda mala.
Hinc illam metuis ne quis corrumpat adulter
Et pariat quorum non eris ipse pater...
Ista dat amplexus molles et dulcia figit
Oscula, sed tacito corde venena premit...
Fraudibus uxorum multi periere virorum :
Femina nil horret, cuncta licere putat.
Audet quidquid eam jubet imperiosa libido
Et metus et radio cedit et ipse pudor.
Haec leges sacras contemnit et omnia jura,
Turpe sit aut saevum, dum juvet, illud amat.

(Toute compointe, elle pénètre au monastère, soupire et dit : « Je me destine à la sainteté, je viens, pécheresse, trouver les moines, car c'est de leur bouche que l'on apprend les règles et les monitoires de la vie sanctifiée. » Ta componction ? Tu aimes la sainteté ? A qui le faire croire ? Je me méfie de toi : tu viens nous troubler. Tes sourires engageants, les œillades de tes yeux vifs, ton bavardage, tout cela me déplaît fort. Pasteurs, veillez, écartez du bercail les rapaces louves : que les cloîtres leur soient fermés. Elles égorgent les âmes, elles ont ouvert l'enfer à plus d'un homme : aucune peste n'est pour un moine plus redoutable...

Crois-moi, frère, bien malheureux est l'homme marié : veux-tu que je dise combien lourd est un tel fardeau ? Celui qui a une femme laide, elle le dégoûte et il la hait : si elle est jolie, il a peur des adultères. Remarque, en effet, combien la pudeur et la beauté répugnent à vivre ensemble : il est bien rare qu'une jolie femme soit chaste... Si ta femme est féconde, autres soucis et multiplications de tous les ennuis. D'abord, tu redoutes qu'elle ne soit corrompue par un libertin et qu'elle n'aille accoucher d'enfants dont tu n'es pas le père... Il y a encore ce genre de femmes qui embrassent tendrement leur mari, mignotement le baisent, et en dedans amassent contre lui une vénéneuse haine....

Bien des hommes furent victimes des ruses de leur femme : la femme ne recule devant rien, elle croit que tout lui est permis. Elle ose tout ce que lui commande l'impétuosité de sa luxure ; la crainte et la pudeur, tout cède à son caprice. Elle méprise les plus sacrées lois, tous les serments : que cela soit honteux, que cela soit féroce, du moment qu'elle jouit, elle est contente.)

Ces dernières remarques, principalement, ne sont pas dénuées de perspicacité. Ingénieux observateur, Anselme eut encore le don de la grâce poétique. On lui a parfois, à tort, attribué le *Salve Regina*, décidément plus ancien et probablement l'œuvre du bon poète moine, Hermanus Contractus, mais, en sa paraphrase de l'*Ave Maria*, c'est un trouveur exquis de métaphores charmantes, un semeur infatigable de profusions fleuries :

> Ave, virgo singularis,
> Placens aula virginalis.
>
> Ave coelestis mansio,
> Ave coeli introïtus.
>
> Ave vellus puritatis,
> Ave terra virginea.
>
> Ave terra benedicta,
> Ave regis sacrarium.
>
> Ave, stella virginalis
> Cujus partus singularis
> De cythara nos docuit
> In cruce quando obiit.
>
> Ipsi tunc bene psallimus
> Decem chordis psalterii
> Ad ipsum cum referimus
> Decalogum mysterii.
>
> Ave gemma singularis
> Habens scripta mysteria.
>
> Ave lamina aurea,
> In te ipsâ circumscripta.

(Salut, Vierge singulière, plaisant palais virginal. — Salut, céleste manoir, salut, exorde du ciel. — Salut, toison de pureté, salut, terre vierge. — Salut, terre de bénédiction, salut sanctuaire du Roi. — Salut, étoile virginale: ton fils, unique enfantement, nous enseigna la cythare sacrée, lorsqu'il mourut sur la croix. — Cytharisons pour lui, et que les dix cordes du psaltérion symbolisent le décalogue de ses gloires et de ses douleurs. — Salut, gemme singulière où des mystères sont écrits dans la pierre. — Salut, lingot d'or pur enchâssé dans la gemme...)

Son hymne au Saint-Esprit ne vaut ni celle de Raban Maur, ni celle de Robert, mais elle n'est pas méprisable :

> Veni, fortutido fragilium,
> Relevator labentium.
>
> Veni, spes pauperum,
> Refocillator deficientium.

(Viens, force des fragiles, viens relever ceux qui tombent. Viens, espoir des pauvres, viens, réconfort des défaillants.)

Du même siècle, Pierre de Riga, chanoine régulier de Saint-Augustin, à Reims : sa gloire est d'avoir rédigé des *Récapitulations* de l'Ancien Testament en vingt-trois courts chapitres ainsi ordonnés : le premier est sans A, ne contient cette lettre en aucun de ses vocables; le deuxième est sans B, etc. Récréation ingénieuse — moins cependant que les périlleux mots en losange, en escalier, en quadrillure, en étoile, en autel, en double et triple croix qu'avait exécutés, non sans dextérité, un contemporain de Juvencus, Optatien Porphyre, — modèles vénérables de ces exercices que les journaux dérobent sous la rubrique : Partie littéraire !

Symphosius Coelius, dès le IVᵉ siècle, avait eu la monomanie des énigmes. Modeste, il ne croyait pas avoir imaginé d'impérissables chefs-d'œuvre, car il nous a transmis ses heures de loisir précédées de ce vers :

> Haec quoque Symphosius de carmine lusit inepto.

Plus tard, l'archevêque de Mayence, Boniface, tortilla, lui aussi, quelques énigmes, *Ænigmata de Virtutibus*. Il les dédie et les expédie à sa sœur; ce sont « dix pommes d'or, dix oranges qu'il a cueillies à l'arbre de sa vie où elles mûrissaient, filles de très almes fleurs. Douces, elles s'inclinaient tombantes des rameaux sacrés, pendant que l'arbre de sa vie s'inclinait en arbre de mort. »

> Aurea nam decem transmisi poma sorori,
> Quae in ligno vitae crescebant floribus almis.
> Illius sacris pendebant dulcia ramis,
> Cum lignum vitae pendebat in arbore mortis.

Adhelme, dont furent antérieurement cités de séduisants vers, s'adonna parfois aux énigmes. Celle-ci affère à l'oiseau entre tous cher à ce poète :

> Pulcher et excellens, specie mirandus in orbe,
> Ossibus et nervis et rubro sanguine cretus,
> Cum mihi vita comes fuerit, nihil aurea forma
> Plus nitet : et moriens numquam mea pulpa putrescit.

(Excellent et très beau, d'une grâce unique au monde, d'os et de nerfs et de sang rouge sommé, rien, du jour où je suis né, n'a eu plus d'éclat que ma forme dorée : et après la mort ma pulpe ne pourrira jamais.)

Des fabricateurs d'énigmes latines, d'autres encore sont célèbres, tels que Tatwine et Eusèbe, mais, pour ne pas plus longtemps errer loin du XIIe siècle, que suffisent ces deux vers de Philippe de Harveng, mort en 1182, abbé des Prémontrés de l'abbaye de Bonne-Espérance (*De Bonae Spei*), dans le Hainaut cambrésien :

> Amplector corpus, vestes astringo fluentes :
> Zo vertitur in M, succendo cupidine mentes.

« J'embrasse le corps, j'étreins les vêtements flottants : Changez Zo en M, j'allume dans l'esprit la cupidité. » Le mot est évidemment *Zona*, ceinture, qui devient *Mna*, abrégé de *mina*, mine (cent drachmes, variété de monnaie, mesure agraire et de jauge).

Reinier, Reinerus, moine de Saint-Laurent de Liège, écrivain mystique non sans mérite, n'a laissé que peu de vers : un obscur et très étrange poème *De conflictu duorum Ducum et animarum, mirabili revelatione, ac de Milite captivo per salutarem Hostiam liberato* (Du conflit des deux Ducs et des âmes, merveilleuse révélation, et d'un Soldat captif qui par la salutaire Hostie fut délivré), et un *Office du Saint-Esprit* versifié selon un agréable rythme :

> Ad Laudes
> Umbra noctis inclinatur,
> Terris dies reformatur,
> Repubescit sol aureus,
> Splendor gliscit aethereus.
>
> Vitiorum fuliginem,
> Peccatorum rubiginem
> Tergas, o sancte Spiritus,
> Expiesque nos penitus.
>
> Sic cum Patre, cum Filio
> Perpes tibi laudatio,
> Nos ut per te innovati
> Per te simus et beati.

(L'ombre de la nuit décline, sur la terre le jour se restaure, la barbe d'or du soleil repousse, et s'avive la splendeur de l'éther. — Que la noire fumée des vices, que la laide rougeur des péchés par toi soient effacées, ô Saint-Esprit, et purifie-nous pleinement. — Nous t'offrons comme au Père, comme au Fils, une perpétuelle laudation, afin que par toi renouvelés, nous soyons par toi béatifiés.)

Les poètes abondent en ce grand xiie siècle d'une si belle variété ; comment ne pas citer quelques vers de Matthieu de Vendôme, pleins de jolies images et imaginations, constellés de précieux mots ; c'est tiré d'un poème simplement appelé : *Descriptio Loci*, en français moderne : *Paysage :*

> Quod gustu commendat ovis vel dama popello,
> In triviis, raris crinibus, herba viret.
>
> Lilia sectantur vestis candore; ligatur
> Ad vulnus : faciens lanceolata jacet.
>
> Pallescit rubor in violis, mediusque videtur
> Nescio quis neuter inter utrumque color.
>
> Oris deliciae gingember prodit acutus.
>
> Pomus progreditur, dans succimentia rauco
> Hersula carboni conficienda mero.
>
> Cerasa plena rubent sed jacturam brevitatis
> Illorum redemit deliciosus honor.
>
> Foeniculus crispato viret quo dives odore
> Castigare solet spirituale malum.

(L'herbe que pour son goût le mouton ou le daim signale aux pauvres gens, en les carrefours, cheveux rares, verdoie. — Les lis sont coupés pour la blancheur de leur robe ; blessés on les engerbe ; gisent à terre des fers de lance. — Le rouge en les violettes blanchit : c'est comme un je ne sais quoi de neutre mitoyen entre deux nuances. — Délices de la bouche, ô gingembre aigu. — La pomme mûrit, dont les abondants sucs donneront sous le pressoir un vin rauque. — Les pleines cerises rougissent et leur gloire exquise rachète la brièveté de leur vie. — Le riche fenouil se crispe en son parfum, avec lequel on castoie le mal spirituel.)

De Pierre Abailard, le théologue hérétique, l'adversaire maté de l'abbé de Clairvaux, le rhéteur dont la subtilité affolait les générations, l'orateur dont le verbe inouï d'éloquence attirait autour de sa chaire, à Saint-Denis, des trois mille auditeurs à la fois, du pauvre amoureux

> ... qui fust chastré et puis moyne,

et alla mourir en 1142 au monastère de Saint-Marcel, près de Chalon-sur-Saône, il n'est question ni de narrer la gloire, ni les disgrâces.

Poète, il conserva, comme tel de ses contemporains, le culte des anciennes métriques, rédigea, ainsi qu'Anselme de Cantorbéry ou Matthieu de Vendôme, des vers régularisés selon le patron d'Ovide, mais son amour est pour la rime et pour le rythme syllabique.

Cependant, il a soin que la pénultième soit toujours brève, même en des formes de vers aussi radicalement neuves que ces décasyllabes (où il compare saint Paul à un rhinocéros, qui, attelé à une charrue, laboure en quelques bonds le champ du Seigneur) :

> Ut rhinoceros est indomitus
> Quem ad aratrum ligans Dominus
> Glebas vallium frangit protinus.

Les vers d'Abailard sont élégants et ingénieux ; sur la Nativité :

> Vitae viam in via peperit,
> Hospitium non domum habuit,
> Regum proles et coeli domina,
> Pro cameris intravit stabula.
>
> Obstetrices in partu deerant
> Sed angeli pro eis aderant
> Quorum statim chorus non modica
> Hujus ortus eduxit gaudia.

(Elle a, la Vierge, enfanté en chemin le Chemin de la vie ; elle trouva un abri et non une demeure ; le Fils des rois et la Dame du ciel ont eu pour chambre une étable. — Les accoucheuses manquaient, mais les anges les remplaçaient, et dès que l'Enfant fut venu, ils chantèrent abondamment les joies d'une telle naissance.)

Sur les noces spirituelles :

> Adorna, Sion, thalamum,
> Quae praestolaris Dominum :
> Sponsum et sponsam suscipe
> Cum cereorum lumine.
>
> Prudentes illae virgines
> Vestras aptate lampades
> Et occurrentes Dominae
> Surgant adolescentulae.

(Orne, Sion, le lit nuptial, toi qui attends le Seigneur : l'époux et l'épouse, reçois-les à la lueur de tes cierges. — Et vous, ô très sages vierges, préparez vos lampes, et que pour aller au-devant de la Dame, se lèvent les Adolescentes.)

Sur la parallèle résurrection du Christ et de la Nature, même idée que le *Salve festa dies* de Fortunat :

> Veris grato tempore
> Resurrexit Dominus...
>
> Cunctis exultantibus
> Resurrexit Dominus :
> Herbis renascentibus,
> Frondent arbores,
> Odores ex floribus
> Dant multiplices.

(En l'agréable temps du renouveau le Seigneur est ressuscité... — Dans l'exultation universelle le Seigneur est ressuscité : Voici les herbes renaissantes et la frondaison des arbres, des odeurs multiples s'exhalent des floraisons.)

Le bénédictin Pierre le Vénérable, abbé de Cluny, condensa en une hymne l'histoire de la vie et les miracles de l'illustre saint Benoît, l'infatigable thaumaturge. Plus que toutes les merveilles énumérées, ce fait nous touche que le fondateur de l'abbaye du Mont-Cassin fut aussi, par ses moines priants et défrichants, le fondateur de l'Europe chrétienne, agricole et intellectuelle. Il ressuscita un mort :

O quam mira potentia !

Il ressuscita une morte plus notoire que l'anonyme de la légende, — la Vie spirituelle. Réfection, selon le mouvement de l'animalité, d'une pourriture défunte, — c'est peu devant la rénovation de l'Esprit.

Lors de la translation de ses restes à Fleury-sur-Loire (c'était en hiver), dès que la châsse eut touché la terre, des fleurs surgirent du sol attendri par son contact et un printemps partiel se mit à sourire :

> Eductum fluvio sensit ut arida
> Non curans gelidi frigora temporis
> Vestit cuncta novis illico floribus
> Mutatâ facie soli.

Voilà, dite en une strophe symbolique, l'œuvre de saint Benoît.

Sans être un bien mémorable poète, Pierre le Vénérable a néanmoins laissé d'intéressants rythmes ; tels :

> Coelum terrae fundit rorem,
> Terra gignit Salvatorem.
>
> Chorus cantat angelorum
> Cum sit infans rex eorum.
>
> Venter ille virginalis
> Dei cella specialis
> Fecundatur spiritu,
>
> Et ut virga parit florem
> Sic et virgo redemptorem
> Carnis tectum habitu.

(Le ciel arrose la terre de rosée, la terre engendre son Sauveur. — Le chœur des anges s'est exalté à la naissance de l'Enfant-Roi. — Voici le ventre virginal, voici la cellule spéciale fécondés par l'Esprit. — La verge se fleurit de fleurs, la Vierge porte un Rédempteur, à l'abri dans sa chair.)

Il reste, avant de rejoindre des noms moins inconnus, à noter (c'est bien la première fois) l'admirable et mélacolique complainte du plus humble, du plus ignoré, du plus douloureux des moines, Pierre le Diacre (Petrus Diaconus), qui vécut et mourut au Mont-Cassin.

C'était peut-être un millénaire, mais il faut prendre ses futuritions comme des tableaux de la vie qui se déroulait autour de son cloître, et dont des bribes d'images, des fins de bruits arrivaient jusqu'à la cellule de l'orant. En cette diatribe contre les mauvaises mœurs de l'église et du cloître, deux vers, extrêmement touchants, sont à la fin d'une strophe jetés,

> Ignoravi et nescivi
> Corpus tuum, mulier.

Et dans cet aveu apparaît, non l'orgueil d'un pharisien, mais, un peu voilée peut-être par le regret des ignorances charnelles, la joie du bon moine à qui sa conscience ne reproche aucune forfaiture contre la règle, le contentement de s'être enfoncé dans les reins des pointes de fer, avec, demeurée parfois cuisante, la souvenance des tortures anciennes, des luttes contre le désir, des solitaires inquiétudes, des mourantes confessions, des hontes à la pénitence imposée ; — mais enfin il a vaincu et il est chaste : « Je l'ai ignoré, moi, je ne l'ai pas connu ton corps, ô Femme! »

Voici avec quelques coupures, les uniques vers de Pierre le Diacre ; ils sont barbares et d'une âpre saveur :

> Saevit ferrum, ira, dolus
> Et furta sacrilegia :
> Clericorum vero jura
> Erunt epycurea :
> Linquebunt divina jura,
> Obtinebunt cynica.
>
> Foeminas diligunt omnes,
> Foeminas praejudicant,
> Passim currunt, passim quaerunt

Huc illucque foeminas :
Ignoravi et nescivi
Corpus tuum, mulier.

Deum linquunt, Deum pellunt
Ut te solam habeant :
Æpulas diligunt magnas,
Vina pura ambiunt :
Fores observare jubent
Pauper ne ut veniat.

Caesares verosalutant,
Pauperes despiciunt :
Praevident, procurant namque
Aurum et pecuniam.
Proditores accusabunt,
Proditores diligent.

. . . .
Aurum ligat, aurum solvit
Datque sacros ordines.

. . . .
Malorum origo horum,
Papa est erroneus,
Callidus, valde perversus
Ultra omnes homines,

Exutus, alienatus
Bonis a coelestibus :
Lucra quaerit vero sua
In divinis ovibus,
Antychristi qui praecursor
Fuit a principio...

Le reste a trait au règne de l'Antéchrist et n'est qu'une paraphrase de l'Apocalyse. Traduction :

« Le fer sévit et la colère, le dol et les vols sacrilèges : le clergé, pour règle a la morale d'Épicure : il abondonnera les règles divines pour suivre celles du cynisme. — Tous, ils aiment les femmes, ils cherchent les femmes, ils vont, ils viennent, toujours en quête de femmes : moi, je l'ai ignoré et je ne l'ai pas connu ton corps, ô Femme! — Dieu, ils le laissent, ils le chassent, ils ne veulent que toi, Femme : il leur faut de larges festins, il leur faut des vins choisis : ils font garder les portes pour que le pauvre n'entre pas. — Ils sont aux genoux des Césars, mais ils méprisent les pauvres : ils amassent, ils collectent l'or et la monnaie : Ils dénoncent les apostats et ceux qu'ils vénèrent, ce sont les apostats. — L'or lie, l'or délie, l'or confère les ordres sacrés. — .....Origine de tous ces maux, le Pape est hérétique, rusé, extrêmement pervers au-dessus de tous les autres hommes. — Il est sorti, il s'est éloigné des biens célestes, il ne cherche que son bénéfice dans ses ouailles sacrées : c'est bien le précurseur de l'Antéchrist, tel qu'il a été décrit dès le commencement.)

Pierre de Blois qui écrivait en Angleterre, répète les mêmes plaintes, anathématise en presque les mêmes termes le sordide clergé qui déshonorait l'Église :

> Irreverenter confluunt
> Omnes ad sacrum ordinem,
> ..... sed hominem
> Veterem nunquam exuunt,
> Nec foetiditatis diluunt
> Antiquae turpitudinem.
> Hi calicis dulcedinem
> Dant in amaritudinem
> Et in venenum aspidis,
> Jesumque magnum sordidis
> Vestimentis induunt, et polluunt
> Testamenti sanguinem...
> Damnabile commercium!
> Fit membrum meretricium
> Qui membrum Christi fuerat.

(En foule irrespectueuse, ils se ruent vers les ordres sacrés..., mais le vieil homme, jamais ne le dépouillent, ni jamais ne lavent l'ordure de leur ancienne fétidité. La douceur du calice, ils la muent en amertume et en venin d'aspic, et le grand Jésus ils le revêtent de sordides vêtements, et ils polluent le sang du Testament... Damnable commerce ! Il est devenu le membre des prostituées, celui qui fut le membre du Christ...)

Si l'opinion du reclus du Mont-Cassin manque d'autorité, on ne contestera pas la valeur de celle d'un théologien tel que Pierre de Blois ; et avant d'être archidiacre de Bath et de Londres, il avait voyagé en plusieurs pays, jusqu'en Sicile. Le passage cité est extrait de son traité *Contra clericos voluptati deditos.*

Il faut être juste et ajouter que l'on trouverait, moins fréquentes que les vitupérations, d'occasionnelles glorifications du clergé des temps passés ; ainsi, en cette pièce où un anonyme voudrait enseigner aux curés le sens du coq qui gire et se pavane en haut des clochers. C'est du latin de petit intérêt et qui sent son xv⁵ siècle :

> Multi sunt presbyteri qui ignorant quare
> Super Domum Domini gallus solet stare...

Et après avoir louangé l'oiseau de sa bonne vigilance, qui lui coûte souvent la beauté de ses plumes :

> Quasi rex in capite gallus coronatur ;
> In pede calcaribus, ut miles armatur ;
> Quanto plus fit senior, pennis deauratur ;
> In nocte dum concinat, ut leo conturbatur...

Il conclut :

> Sic Deus per omnia mundos et ornatos
> Fecit suos clericos esse coronatos.
> Sic sacerdos corrigat legis trangressiones
> Verbis et flagitiis, ut fiant meliores.

XV

Adam de Saint-Victor. — Ses défauts ; son génie verbal et musical. — Ses Séquences. — Son épithaphe. — Saint Thomas d'Aquin. — *Lauda Sion.* — *Ecce panis angelorum.* — *Verbum supernum.* — *O salutaris Hostia.* — *Pange lingua gloriosi corporis.* — La poésie eucharistique : l'*In coena Domini* de Flavius ; deux strophes de Rottach. — Un imitateur d'Adam et de S. Thomas : Henricus Pistor.

XV. — ADAM DE SAINT-VICTOR ET SAINT THOMAS D'AQUIN

Le grand fabricateur de séquences régulières fut Adam, chanoine régulier de l'abbaye de Saint-Victor-lez-Paris; il mourut dans les dernières années du xiie siècle. Poète et non pas seulement de bonne volonté, mais de fait, très excellent versificateur, incomparable musicien, il lui manqua peu de dons, pour être, en vérité, le plus grand poète lyrique du moyen âge; il lui manqua de joindre à son génie d'artiste un peu de la folie de l'amour, un peu de l'envol du mysticisme; il lui manqua encore une originalité réelle de pensée, et l'antithèse dont il abuse ne parvient pas à en voiler l'absence sous les plis trop symétriques des tentures de fête; en excès, il eut un goût assez puéril pour les jeux de mots, auxquels il est d'ailleurs agréablement adroit; ainsi de la Vierge :

> A dilecto praeelecta.
> Ab electo praedilecta.

De la vie éternelle :

> Tu post vitam hanc mortalem
> Sive mortem hanc vitalem
> Vitam nobis immortalem
> Clemens restitue...

De la rédemption :

> Fons illimis
> Munde nimis,
> Ab immundo
> Munda mundo
> Cor mundani populi...

Si l'on veut bien ne le considérer que comme un musicien

érigeant à l'aide de mots des symphonies; ne lui demander —
et c'est beaucoup — que le charme matériel des agencements
rythmiques, le plaisir de la rime riche et merveilleusement
sonore, du vers plein et atteignant en soi toute sa valeur de
phrase musicale, valeur qui, en la strophe, va se multipliant
sur elle-même pour départir, avec sa conclusion, le contentement parfait de la parfaite eurythmie, alors Adam de Saint-
Victor nous apparaît tel que le plus magique artisan verbal
qui ait fait sonner le psaltérion latin.

Sa désinvolture parmi les méandres des rythmes est prodigieuse; on peut citer presque au hasard : *De Sancto Spiritu* :

> Lux jocunda, lux insignis,
> Quâ de throno missus ignis
> In Christi discipulos
> Corda replet, linguas ditat,
> Ad concordes nos invitat
> Linguae cordis modulos
>
> Christus misit quod promisit
> Pignus sponsae, quam revisit
> Die quinquagesimâ,
> Post dulcorem melleum
> Petra fudit oleum
> Petra jam firmissima.
>
> In tabellis saxeis
> Non in linguis igneis
> Lex de monte populo ;
> Paucis cordis novitas
> Et linguarum unitas
> Datur in coenaculo...
>
> Consolator alme veni,
> Linguas rege, corda leni,
> Nihil fellis aut veneni
> Sub tua praesentiâ.
>
> Nil jocundum, nil amoenum,
> Nil salubre, nil serenum,

Nihil dulce, nihil plenum
Nisi tuâ gratiâ.

Tu lumen es et unguentum,
Tu coeleste condimentum
Aquae ditans elementum
Virtute mysterii

Nova facti creatura,
Te laudamus mente pura,
Gratiae nunc, sed natura
Prius irae filii.

(Lumière aimable, lumière insigne, par laquelle le feu descendu du trône sur les disciples du Christ remplit les cœurs, enrichit les langues, nous invite à l'harmonie des concerts intérieurs. — Le Christ envoya le signe promis à son épouse et le cinquantième jour la revisita : après le miel de douceur, la pierre a émis de l'huile, ô pierre très inébranlable! — Sur des tables de pierre et non par des langues de feu la loi du haut de la montagne fut apportée aux peuples : à quelques-uns la rénovation du cœur et l'unité des langues fut donnée cénaculairement... — Très haut consolateur, viens, régis les langues, pacifie les cœurs : nul fiel, nul venin ne dure en ta présence.— Rien d'aimable, rien d'amène, rien de salubre, rien de pur, rien de doux, nulle plénitude sans ta grâce. — Tu es lumière et tu es baume, tu es le céleste condiment, tu es le ferment qui enrichit l'eau de la vertu du mystère. — Créatures de la rénovation, nous te remercions à plein cœur, fils maintenant de la grâce, jadis et par nature enfants de colère.)

Il est bien évident que de tels vers, noblement récités, imposeraient à des oreilles, même ignorantes, une forte impression de musique et même de poésie ; il est à peine besoin de les comprendre pour en subir le charme.

La signification de cette ode au Saint Esprit n'est pas sans doute méprisable; c'est une très ingénieuse paraphrase du *Veni, Sancte Spiritus*, mais rien de plus. Adam n'apporte de neuf en poésie latine, que le rythme ; le reste, à qui l'étudie, demeure secondaire.

Non moins admirable, la prose *De Assumptione* :

> Salve, mater Salvatoris,
> Vas electum, vas honoris,
> Vas coelestis gratiae :
> Ab aeterno vas provisum,
> Vas insigne, vas excisum
> Manu sapientiae.
>
> Salve, Verbi sacra parens,
> Flos de spinis spinâ carens,
> Flos, spineti gloria,
> Nos spinetum, nos peccati
> Spinâ sumus cruentati
> Sed tu spinae nescia.

(Salut, ô mère du Sauveur, vase d'élection, vase honorable, vase de célestes grâces : vase choisi de toute éternité, vase insigne, vase que cisela la main de la Sagesse. — Salut, mère sacrée du Verbe, fleur d'épine sans épines, fleur, gloire du buisson d'épines. — Nous, tout couverts d'épines, nous sommes ensanglantés par les épines du péché : toi tu ignoras les épines.)

Malheureusement des jeux de mots gâtent cette strophe si purement dessinée. Le poète continue, brisant insensiblement le rythme, avec une science musicale qui déconcerte :

> Porta clausa, fons hortorum,
> Cella custos unguentorum,
> Cella pigmentaria,
> Cinnamomi calamum,
> Myrham, thus et balsamum
> Superas fragrantiâ...

(Porte close, fontaine des jardins, coffre gardien des huiles et des essences, tu surpasse en parfum la tige de cinnamome, la myrrhe, l'encens et le baume.)

Encore, de la prose pour le dimanche dans l'octave de Noël :

> Splendor Patris et figura
> Se conformans homini,
> Potestate, non natura
> Partum dedit Virgini...
>
> Eva luctum, vitae fructum
> Virgo gaudens edidit
> Nec sigillum propter illum
> Castitatis perdidit.
>
> Si crystallus sit humecta
> Atque soli sit objecta,
> Scintillat igniculum,
> Nec crystallus rumpitur,
> Nec in partu solvitur
> Pudoris signaculum...

(Splendeur du Père et figure de conformité humaine, par volonté, non par nature, tu rendis mère une vierge,.. — Ève enfanta le deuil, la Vierge joyeuse émit le fruit de vie, sans perdre en un tel acte le sceau de la chasteté. — Le cristal trempé dans l'eau et soumis au soleil scintille en rais de feu, sans se briser : l'accouchement n'a point rompu le signe de la pudeur...)

La séquence *Mundi renovatio*, toute édifiée sur le nombre sept (strophe de sept vers de sept syllabes), offre des arrangements de rimes d'une très audacieuse variété (comparer pour le sens avec le *Salve festa dies* et le *Veris grato tempore*) :

> Mundi renovatio
> Nova parit gaudia :
> Resurgenti Domino
> Corresurgunt omnia.
> Elementa serviunt
> Et auctoris sentiunt
> Quanta sint solemnia

> Ignis volat mobilis,
> Et aër volubilis,
> Fluit aqua labilis,
> Terra manet stabilis,
> Alta petunt levia,
> Centrum tenent gravia :
> Renovantur omnia.
>
> Coelum fit serenius
> Et mare tranquillius ;
> Spirat aura leviùs,
> Vallis nostra floruit,
> Revivescunt arida
> Recalescunt frigida,
> Post quae ver intepuit...

(La rénovation du monde enfante de nouvelles joies : le Seigneur ressuscite et tout avec lui ressuscite. Les éléments esclaves comprennent la grandeur de la fête où leur créateur est adoré. — Le feu subtil vole et l'air est volubile, l'eau s'en va en fluidités, la terre demeure stable : les choses légères s'élèvent, les choses lourdes gardent leur centre de gravité : tout est renouvelé. — Le ciel devient plus pur et la mer plus tranquille ; les vents soufflent plus légers, notre val a fleuri, les aridités reverdoient, les frigidités se réchauffent sous la tiédeur du renouveau.)

Ces généralités sur le printemps dénotent une bien médiocre imagination ; il est presque cruel de les avoir mises en français, de les avoir dévêtues de leur agréable robe latine toute brodée de syllabes plus fines que des perles, — mais cela peut servir à le démontrer par un exemple : Adam est un musicien et presque rien de plus.

En la prose sur saint Jean-Baptiste, cette forme strophique inattendue :

> Contra carnis quidem jura,
> Joannis haec genitura :
> Talem gratia
> Partum format, non natura.

(Elle trangresse les lois de la chair, la génération de Jean : un tel enfantement est l'œuvre de la grâce et non celle de la nature.)

Et celles-ci :

> Martyr Dei, licet rei
> Simus, nec idonei
> Tuae laudi,
> Te laudantes et sperantes
> De tuâ clementiâ
> Nos exaudi.
>
> Veneramur et miramur
> In te tot mysteria :
> Per te frui Christus suâ
> Det nobis praesentiâ.

(Martyr de Dieu, bien que coupables et incapables de dire tes louanges, nous venons te louer en espérant être exaucés par ta clémence. — Nous vénérons et admirons en toi tant de mystères : que par toi le Christ nous accorde de jouir de sa présence.)

Et encore, le *Salve dies*, qui jadis, se chantait, au diocèse de Paris, le dimanche de Quasimodo :

> Salve, dies, dierum gloria,
> Dies felix, Christi victoria,
> Dies digna jugi laetitia,
> Dies prima !
> Lux divina caecis irradiat
> In quâ Christus infernum spoliat,
> Mortem vincit et reconciliat
> Summis ima.

(Salut, jour, gloire des jours, jour heureux, victoire du Christ, jour digne d'une éternelle joie, jour premier ! La lumière divine s'irradie vers les aveugles en ce jour, le Christ dépouille les enfers, et vainqueur de la mort réconcilie les abîmes et les sommets.)

Et ce fragment du *Laudes Crucis attollamus*, paraphrase d'un verset des litanies du Jeudi saint, à Laudes :

> Haec est scala peccatorum
> Per quam Christus rex coelorum
> Ad se traxit omnia :
> Forma cujus haec ostendit
> Quae terrarum comprehendit
> Quatuor confinia...
>
> Nulla salus est in domo
> Nisi cruce munit homo
> Superliminaria...

(La croix est l'échelle des péchés par laquelle le Christ, roi des cieux, les fait tous monter vers lui : sa forme se montre telle qu'elle embrasse la terre entière en ses quatre orients... Nul salut dans la maison, si l'homme n'a muni de la croix les linteaux de sa porte...)

Enfin, et là ce n'est plus de la virtuosité, — l'âme toute pure et nue du bon moine s'inscrit sur la plaque de cuivre de la tombe, — voici rédigée par lui-même en la forme classique son épitaphe :

> Haeres peccati, naturâ filius irae,
>   Exiliique reus nascitur omnis homo.
> Unde superbit homo, cujus conceptio culpa,
>   Nasci poena, labor vita, necesse mori ?
> Vana salus hominis, vanus decor, omnia vana :
>   Inter vana, nihil vanius est homine.
> Dum magis alludunt praesentis gaudia vitae,
>   Praeterit, imò fugit : non fugit, imò perit.
> Post hominem vermis, post vermem fit cinis, heu ! heu !
>   Sic redit ad cinerem gloria nostra suum.
> Hic ego qui jaceo miser et miserabilis Adam,
>   Unam pro summo munere posco precem :
> Peccavi, fateor, veniam peto, parce fatenti :
>   Parce, pater, fratres, parcite, parce, Deus.

(Héritier du péché, par nature enfant de colère, tout homme

naît condamné à l'exil. De quoi l'homme peut-il se glorifier, lui dont la conception est un péché, la naissance un châtiment, la vie un labeur, la mort une nécessité? Vaine la santé de l'homme, vaine sa beauté, tout est vain : entre tout ce qui est vain, rien de plus vain que l'homme. Au moment que l'allèchent davantage les joies de vivre, il s'en va, il court; il court : non, il meurt. D'homme il devient ver, de ver il devient poussière. Ah! Ah! Et notre gloire aussi retourne à sa poussière. Ci-gît le pauvre et misérable Adam, qui pour suprême aumône demande une prière : J'ai péché, je le confesse, je demande ma grâce. Pardonnez à qui avoue ses fautes; pardonne, père; frères, pardonnez; pardonne, ô Dieu!)

Adam, le « pauvre et misérable Adam », maintenant glorieux, eut un disciple, Thomas d'Aquin. Celui-ci est un homme de génie et, comme son maître, un versificateur d'une indéniable science. En ses hymnes, comme en ses séquences, le théologien a recours à quelques-uns des procédés du chanoine de Saint-Victor, mais il les transforme en méthode originale, enveloppe sous de larges antithèses une pensée d'une magnifique densité. Continuellement, l'Église redit les chants sacrés du grand poète scolastique: le *Sacris solemniis*, où se trouve le *Panis angelicus*; le *Verbum supernum* dont les deux dernières strophes forment l'*O Salutaris*; l'*Adoro te supplex*; le *Tantum ergo*, fragment du *Pange lingua gloriosi*; le *Lauda Sion*, enfin, ce résumé merveilleux de toute la poésie, de tout le dogme, de tout le symbolisme eucharistique.

> Lauda, Sion, salvatorem,
> Lauda ducem et pastorem
> In hymnis et canticis,
> Quantum potes, tantum aude
> Quia major omni laude
> Nec laudare sufficis.
>
> Laudis thema specialis
> Panis vivus et vitalis

> Hodie proponitur,
> Quem in sacrae mensa coenae
> Turbae fratrum duodenae
> Datum non ambigitur...

(Sion, loue ton Sauveur, loue ton chef et ton pasteur en des hymnes, en des cantiques. Fais pour sa gloire tous les efforts, car il est plus haut que toutes louanges et tu ne le loueras jamais assez. — En spécial thème de louange, le pain vivant et vital est offert aujourd'hui, le pain qui, lors du repas sacré, à l'assemblée des douze frères fut donné, le même absolument...)

Ne sont-ils pas, ces vers de bronze, d'une plénitude syllabique égale à tels nobles vers de M. Leconte de Lisle? — Et comment soutenir, à moins de congénitale et indélébile aberration, que cette poésie rythmée comme par le coup de marteau d'un battant de cloche s'inscrit après — combien après! — le *Non erat in votis?*

Saint Thomas d'Aquin est toujours d'un égal génie et son génie est fait surtout de force et de certitude, de sécurité et de précision. Tout ce qu'il veut dire, il l'affirme, et avec une telle sonorité verbale que le doute, apeuré, fuit :

> Ecce panis angelorum
> Factus cibus viatorum
> Vere panis filiorum
> Non mittendus canibus.
> In figuris praesignatur
> Quum Isaac immolatur,
> Agnus Paschae deputatur,
> Datur manna patribus,

(Voici le pain des anges, devenu le pain des voyageurs, c'est le vrai pain des enfants, qu'il ne faut pas jeter aux chiens. Il est en figures présignifié quand Isaac est immolé, quand l'Agneau de la Pâque est envoyé, quand la manne à nos pères fut donnée.)

Et encore :

> Verbum supernum prodiens
> Nec Patris linquens dexteram

Ad opus suum oxiens
Venit ad vitae vesperam.

In mortem a discipulo
Suis tradendus aemulis,
Prius in vitae ferculo
Se tradidit discipulis...

O Salutaris Hostia
Quae coeli pandis ostium,
Bella premunt hostilia :
Da robur, fer auxilium.

(Le Verbe suprême se manifestant au monde sans quitter la droite du Père, pour achever son œuvre est venu sur le soir de la vie. — Allant être par un disciple livré pour mourir à ses ennemis, lui-même à ses disciples se livra en un festin de vie... O salutaire hostie, toi qui du ciel ouvres la porte contre les ennemis qui nous poursuivent, donne-nous la force et le secours de ta grâce.)

Tout entier le *Pange lingua gloriosi* est admirable. En voici les deux premières et les deux dernières strophes :

Pange, lingua, gloriosi corporis mysterium,
Sanguinisque pretiosi quem in mundi pretium,
Fructus ventris generosi Rex effudit gentium.

Nobis datus, nobis natus ex intactâ Virgine
Et in mundo conversatus, sparso Verbi semine,
Sui moras incolatûs miro clausit ordine...

Tantum ergo sacramentum veneremur cernui,
Et antiquum documentum novo cedat ritui ;
Praestet fides supplementum sensuum defectui.

Genitori genitoque laus et jubilatio ;
Salus, honor, virtus quoque sit et benedictio ;
Procedenti ab utroque compar sit laudatio.

(Chante, ô ma langue, le mystère du corps glorieux et du précieux sang que répandit, pour le rachat du monde, le fruit du ventre généreux, le Roi des nations. — Il nous fut donné, il naquit pour nous d'une intacte vierge, il se mêla au monde, il répandit la semence de son Verbe, et achevant les jours de sa vie terrestre, il institua un mystère admirable... — Un si grand sacrement, vénérons-le, prosternés, et que les anciens préceptes cèdent à un nouveau rite ; que la foi supplée à la faiblesse des sens. — Au Père et au Fils louange et gloire ; salut, honneur, puissance aussi et bénédiction ; et à Celui qui des deux procède pareille laudation.)

L'office entier du Saint-Sacrement fut, sur l'ordre d'Urbain IV, composé par Thomas d'Aquin ; il choisit les textes de l'Écriture et des Pères et rédigea toute la partie qui devait être neuve, les hymnes, les proses, les oraisons, quelques versets et répons. Il n'est pas, cependant, le créateur de la poésie eucharistique.

Après les folies manichéennes des Albigeois, il était urgent d'insister sur ce point du dogme que, presque seul jusqu'alors, l'hérésiarque Bérenger avait, au x° siècle, contesté ; mais si la présence réelle n'avait pas encore été nommément célébrée en une fête solennelle, si cette vérité, égale en certitude pour un catholique à celle même de l'Incarnation, n'était pas l'objet d'une affirmation extraordinaire, elle était universellement reçue, quotidiennement jurée par l'oblation du sacrifice, et des poètes chrétiens l'avaient signifiée sans équivoque.

Il est possible que saint Thomas d'Aquin ait eu connaissance de l'hymne *In coena Domini*, attribuée à Flavius, en 580 évêque de Châlons ; et certainement pour son *Lauda Sion* il s'était servi du *Laudes crucis attollamus*, plus ancien d'un siècle. L'hymne de Flavius n'est pas sans intérêt ; en voici les quatre premières strophes :

> Tellus ac aethera jubilent
> In magni coena Principis,
> Qui protoplasti pectora
> Vitae purgavit ferculo : —
> Tellus ac aethera jubilent
> In magni coena Principis.

Hac nocte factor omnium
Potentis ac mysterii
Carnem suam cum sanguine
In escam transfert animae : —
Qui protoplasti pectora
Vitae purgavit ferculo.

A celsis surgens dapibus
Praebet formam mortalibus,
Humilitatis gratia
Petri petens vestigia ; —
Tellus ac aethera jubilent
In magni coena Principis.

Pallet servus obsequio
Cum angelorum Dominum
Ferendo lympham et linteum
Cernit coeno procumbere, —
Qui protoplasti pectora
Vitae purgavit ferculo.

(Que la terre et le ciel se réjouissent en la cène du très haut Prince, qui purifia le cœur de sa créature avec le pain de vie : — que la terre et le ciel se réjouissent en la cène du très haut Prince. — Ce soir, l'universel créateur, l'instaurateur du grand mystère, a changé sa chair et son sang en nourriture spirituelle ; — il purifie le cœur de sa créature avec le pain de vie. — Délaissant les agapes célestes, il apparaît sous une forme visible et, par la grâce de l'humilité, il se baisse vers les pieds de Pierre : — que la terre et le ciel se réjouissent en la cène du très haut Prince. — Le serviteur pâlit de respect lorsqu'il voit le Seigneur des anges, portant l'aiguière et les linges, se pencher vers l'ordure, — lui qui purifia le cœur de sa créature avec le pain de vie.)

Plus tard, bien après saint Thomas d'Aquin, un moine allemand du xve siècle, Ulrich Stöcklins de Rottach exprima douloureusement sous le pressoir de la croix et le sang de Jésus et le vin de la vigne ; c'est en un de ces infinis rosaires voués à la Mère de Dieu :

> Qui botrus exprimitur
> In crucis torculari,
> Quo vinum conficitur
> Calicis praeclari.

(Grappe exprimée sous le pressoir du calvaire, grappe d'où sort le vin unique du calice.)

Et un autre rosaire du même poète redit encore :

> Qui de coeli vinea
> Botrus est egressus
> Ac per torcularia
> Crucis fuit pressus.

(Grappe de la céleste vigne jetée pour être écrasée sous le pressoir de la Croix.)

Cette métaphore, enviable même par le grand poète eucharistique, n'appartient pas exclusivement à l'imagination de Rottach ; la plupart des écrivains mystiques l'ont esquissée, en se souvenant du biblique *sang de la vigne*, de la grappe d'Engaddi et des paroles de Jésus, suivant saint Jean ; Pierre Damien avait même proféré, s'adressant à la Vierge :

> Ex te botrus egreditur
> Qui crucis prelo pressus
> Vino rigat arentes
> Sancti Spiritus mentes.

D'où qu'elle vienne, elle est admirable et méritait d'être ici consignée.

A propos du *Lauda Sion*, il faut noter que la strophe de six vers, telle qu'elle domine en cette prose, semble avoir été créée, du moins très perfectionnée par Adam de Saint-Victor, qui en donne le type dans son *Heri mundus exultavit* ; on la retrouve un peu plus tard dans le *Stabat mater*, où son rhythme brisé devient l'expression définitive de la douleur.

Au commencement du xvᵉ siècle, en ce même monastère où avait vécu Adam, un chanoine régulier, nommé Henricus Pistor, inséra dans cette forme son éloge de saint Jean-Baptiste ; il imite, non sans un certain talent d'arrangeur de mots, à la fois Adam et Thomas d'Aquin : « O lampe où la lumière est le verbe de Dieu, conduis-nous vers les luminaires éternels : Que vers le port hors de cette mer ; que vers la joie, hors de ce deuil, ta grâce nous dirige enfin ! »

> O lucerna verbi Dei
> Ad coelestis nos diei
> Perduc luminaria :
> Nos ad portum ex hoc fluctu,
> Nos ad risum ex hoc luctu
> Tua trahat gratia !

XVI

Innocent III. — La poésie franciscaine. — S. Bonaventure. — *Philomena*. — L'Horloge de la Passion. — Symbolisme du Lion. — Les quatre Figures de Jésus-Christ. — Les Christs à tête de lion. — Le *Recordare sanctae crucis*. — L'Arbre-Croix. — Le *Psalterium B. Mariae Virginis*. — Le *Sub tuum praesidium*. — *Adeste, fideles*. — Le *Planctus de Christo*.

XVI. — INNOCENT III ET SAINT BONAVENTURE

Il y eut des papes de toutes sortes ; il y en eut d'humbles et de hauts, de médiocres et de bas, de mondes et de sordides ; il y en eut de simoniaques, comme Léon X ; il y en eut de satanisants, comme Grégoire VI et Benoist IX ; il y en eut de très grands, comme Grégoire Ier et Grégoire VII, imperators absolus des âmes ; de très piteux, comme Adrien VI ; il y en eut un exquis et pur entre tous, probe et doux, fort et pieux, doué d'intelligence et de grâce, de science et de poésie : Innocent III. Tel qu'un poème, par la plénitude rythmitique du style son traité *De contemptu mundi* se développe selon la noble tristesse des cœurs mystiques ; et dans ses vers c'est la tendresse amoureuse de saint François d'Assise, sertie ainsi qu'une précieuse gemme en de fines orfèvreries. Telle, sa prose pour la fête de l'Assomption :

> Ave, mundi spes, Maria,
> Ave, mitis, ave, pia,
> Ave, plena gratiâ.
> Ave, virgo singularis
> Quae per rubum designaris
> Non passum incendia.
>
> Ave, rosa speciosa,
> Ave, Jesse virgula
> Cujus fructus nostri luctus
> Relaxavit vincula...
>
> Ave, virginum lucerna
> Per quam fulsit lux superna.
> His quos umbra tenuit...
> Ave, gemma, coeli luminarium,
> Ave, Sancti Spiritus sacrarium...
>
> O quam sancta, quam serena,
> Quam benigna, quam amena
> Esse virgo creditur,

Per quam servitus finitur,
Porta coeli aperitur
Et libertas redditur.

O Castitatis lilium,
Tuum praecare filium
Qui salus es humilium,
Ne nos pro nostro vitio
Inflebili judicio
Subjiciat supplicio :

Sed nos tuâ sanctâ prece,
Mundans a peccati fece,
Collocet in lucis domo :
Amen dicat omnis homo.

(Salut, espoir du monde, Marie; salut, douceur; salut, piété, salut, pleine de grâce. Salut, vierge singulière, signification du buisson qui brûle sans se consumer. — Salut, rose spécieuse, salut tige de Jessé, dont le fruit a brisé les chaînes de notre désolation... — Salut, lampe des vierges, par qui fut allumée la lumière supérieure pour ceux que détenaient les ombres... — Salut, gemme, luminaire du ciel, salut, tabernacle de l'Esprit Saint... — Oh ! combien sainte et sereine, et benoîte et amène est cette Vierge, par qui fut clos notre esclavage, ouverte la porte du ciel, par qui nous fut rendue notre liberté. — O lys de chasteté, daigne prier ton fils, qui est le salut des humbles, que pour nos péchés, au jour du rigoureux jugement, il ne nous soumette à l'éternel supplice : — Mais, par ta sainte prière qui nous lave des fèces du péché, qu'il nous installe en la maison de lumière : que toutes les bouches disent amen.)

Saint Bonaventure, mort en 1274, est comme un autre saint Bernard, mais plus humble et plus doux, né en des temps religieux profondément différenciés du précédent siècle par l'avènement de saint François d'Assise. Nul homme depuis saint Paul n'influença autant l'orientation de l'esprit humain que le fondateur des Frères Mineurs : une poésie nouvelle, un art nouveau, une religion renouvelée, s'irradiant de l'humble couvent de la Portioncule, règnent dans le monde chrétien depuis vers l'an 1210 jusqu'à cette époque indécise que l'on dénomme la Renaissance et qui fut l'un des reculs les plus mémorables en l'histoire de la civilisation.

La poésie franciscaine de langue italienne et dialectale, Ozanam, en un admirable livre, l'étudia : qu'il y soit donné ici un supplément — que compléteront les deux derniers chapitres du présent travail — en ce qui se réfère à la poésie latine.

Poème écrit en strophes monorimes, quatre vers de treize syllabes, la *Philomena* de saint Bonaventure est l'histoire mystique de l'âme pour qui la vie, pas plus longue qu'une ordinaire journée, s'écoule représentative, en chacune de ses heures, des phases de la vie de Jésus Dieu et Homme. L'aurore, c'est la création ; prime, l'incarnation du Christ ; tierce, sa vie publique ; sexte, la passion ; none, la mort ; vêpres, la sépulture :

> Sextam quum a perfidis voluit ligari,
> Trahi, caedi, conspui, diré cruciari,
> Crucifigi, denique clavis terebrari
> Caputque sanctissimum spinis coronari.
>
> Nonam die quum moritur, quando consummatus
> Cursus est certaminis, quando superatus
> Est omnino zabolus, et hinc conturbatus.
> Vespera quum Christus est sepulturae datus.
>
> Diem istum anima meditans in hortis,
> Suae facit terminum spiritalis mortis,
> Scandens crucis arborem, in quâ leo fortis
> Vicit adversarium, fractis portis mortis.
>
> Statim cordis organa sursum elevando
> Suum a diluculo cantum inchoando,
> Laudat et glorificat Deum, replicando
> Sibi quam mirificus fuit hanc creando...

(Sexte, c'est quand, par des perfides, il voulut être lié, trahi, flagellé, conspué, cruellement déchiré, crucifié, enfin transpercé de clous, et sa très sainte tête couronnée d'épines. — None, c'est quand il meurt, quand se consomme enfin la carrière et la lutte, quand le diable est tout à fait vaincu et culbuté. Les vêpres, c'est quand le Christ reçoit la sépulture. — Méditant au jardin sur cette journée, l'âme y trouve le terme de sa mort symbolique, elle vole sur l'arbre de la croix, où le très fort Lion a vaincu l'Adversaire et brise les portes de la mort. — Aussitôt, élevant vers le ciel la voix de son cœur, inaugurant ses chants dès le crépuscule, elle loue et glorifie Dieu et se répète combien il fut munificent en lui donnant la vie.)

Ce poème, en sa forme surélevée, rappelle les anciennes *Horloges de la passion*, où les heures canoniales symbolisent chacune des phases de la longue agonie du Christ. En voici une, réduite au premier vers de chaque strophe; le texte semble du xiv° siècle; on y a joint une ancienne traduction française, teintée de dialecte normand :

Hora prima ductus est Jesus ad Pilatum.
(A houre de Prime devant Pilat Crist estoit mené.)

« Crucifice ! » clamitant hora tertiarum.
(A houre de Tierce crient : « Soit à la crois attaché ! »)

Jesu hora sexta est cruci conclavatus.
(A houre de Sexte le meyns à la crois sount enclocé.)

Hora nona dominus Jesu expiravit.
(A houre de Noune Jhesu de ceste vie est trépassée.)

De cruce deponitur hora vespertina.
(A houre de vespres le cors Crist de la crois est oustée.)

Hora completorii datur sepulturae.
(A houre dereyne de complye le cors est enterée.)

Les horloges de la passion (il y en eut un grand nombre)

sont une des plus ingénieuses conceptions du moyen âge : saint Ambroise, en ses hymnes pour les heures canoniales, ne s'était point préoccupé de telles concordances. C'est évidemment là l'origine des chemins de la croix, pratique peu ancienne sous sa forme actuelle.

> Scandens crucis arborem, in quâ Leo fortis
> Vicit Adversarium...

Est-il inutile de noter que le Lion qui a vaincu sur la croix l'Adversaire, c'est Jésus-Christ, pendant tout le moyen âge ainsi symbolisé? Cette signification mystique, empruntée à l'Apocalypse (V. 5), devient, dans les auteurs populaires, purement matérielle et de superstition; confondu alors, soit avec le léopard, soit avec la panthère, le lion n'a plus que des effets de magie : « Pendu ou cloué à un arbre, disent les *Gesta Romanorum*, la panthère fait fuir le Dragon (le Diable) qui dévorait les âmes. » Dans un Évangéliaire du xi° siècle, écrit au monastère de Luxeuil, une très curieuse explication est donnée de l'origine de cette assimilation symbolique de Jésus au Lion :

> Convenit omnimodis Christo natura Leonis,
> Cujus ad occursum timet omnis turba ferarum...
> Non oculos claudit cum membris somnia tradit :
> Sic, caro cum Christi requievit in ore sepulchri,
> Spiritus infernum vigilans confregeret imum.

(Convient de toutes manières au Christ la nature du lion, à la venue duquel tremble le troupeau entier des fauves... Le lion ne ferme pas les yeux lorsqu'il livre ses membres au sommeil : ainsi lorsque la chair du Christ reposa en la gueule du sépulcre, son esprit qui veillait alla briser les enfers inférieurs...)

On a vu, principalement dans les séquentiaires, le presque infini nombre de noms donnés à la Trinité et à Jésus-Christ; quatre sont typiques et représentatifs : Homme, Bœuf, Lion,

Aigle. Saint Jérôme, commentant saint Marc, précise ce mystique quaternaire : Homme par la naissance, Bœuf par la mort, Lion par la résurrection, Aigle par l'ascension. — Homo nascendo, Vitulus moriendo, Leo resurgendo, Aquila ascendo. » Et de ces quatre symboles aucun n'est plus fréquent que le troisième qui souvent synthétise tous les autres : Anastase le Bibliothécaire décrivant une miniature de la Crucifixion, note : « Signum Christi habet historiam in modum leonis incapillatam. — L'image du Christ a une figure de lion avec une crinière. » Il faut d'ailleurs le répéter : la symbolique chrétienne, toujours abstruse et confuse, est aujourd'hui fermée, presque, à peu près indéchiffrable. Comment expliquer, si le Lion est la représentation de Jésus-Christ, que Sedulius, au cinquième siècle, il est vrai, ait pu dire, dans son hymne, *A solis ortus cardine* :

> Zelum draconis invidi
> Et os leonis pessimi
> Calcavit unicus Dei,
> Seseque coelis reddidit.

(La jalousie du dragon envieux et la figure du *lion* très mauvais, le Fils unique les écrasa, puis au ciel il se rendit.)

Une seule réponse est possible, c'est qu'il y a eu autant de symboliques que d'époques, qu'elles ont varié avec les temps, les pays, les hommes; le symbole est un langage secret qui perd toute valeur dès qu'on en met la clef aux mains des profanes : — ainsi de toute science et de tout art, de toute beauté et de toute originalité.

Achevant la lecture du *Philomena*, on y recueille de précieuses notes sur l'âme même du poète. Le voici en extase; la vision du Christ mourant l'excite à des désirs de mort, en un abandon de tout autre désir : « Alors l'âme, plus énamourée et plus fervescente, défaille toute, et la voilà toute tabescente. Elle ne peut plus parler, à peine, mais croissant en passion, elle finit par tomber sur son lit, en grande langueur.

— L'organe de son amoureuse voix s'est brisé, sa langue palpite encore, elle ne peut plus parler, ses paroles sont des larmes, son cœur blessé se lamente sur les souffrances du Seigneur. — Et si étroitement le Seigneur l'a fascinée qu'elle se croit en la contemplation du Bien-Aimé mourant : ses regards restent fixés sur la croix, et partout où ses yeux regardent, elle voit son amour. — Gémissements, soupirs, larmes, lamentations, tels sont ses délices, sa nourriture, ses aliments, et ainsi son martyre est incessamment renouvelé, et les douleurs qui la font vivre augmentent sa douleur. — En cet état elle méprise tout ce qui est terrestre et les consolations du monde lui semblent empoisonnées : à none, elle meurt tout à fait : la force de l'amour a rompu le dernier fil. — Car, lorsqu'elle se souvient qu'à la neuvième heure le Christ, en expirant, murmura : « Tout est consommé », elle jette un cri comme si ce cri était entré dans son cœur et l'avait lacéré, et comme le Christ, la voilà morte... — Salut, âme très douce, salut, très douce rose, lis des vallées, gemme précieuse, à qui la chair ne fut rien qu'une fétidité méprisée, que ta fin est heureuse et précieuse ta mort ! — Heureuse, qui jouis enfin du repos désiré, entre les bras de l'Époux doucement assoupie, et à son esprit fermement unie, et qui de ses lèvres reçois des baisers de miel. »

> Post haec dulcis anima plus et plus fervescens
> Sensu toto deficit, corpore tabescens.
> Jam vix loqui sufficit, sed affectu crescens
> Suo lecto decubat utpote languescens.
>
> Ergo dulcis gutturis organo quassato
> Lingua tantum palpitat, sonitu sublato ;
> Sed pro verbis pia mens fletu compensato,
> Lamentatur Dominum corde sauciato.
>
> Sic est autem animus illius illectus,
> Quasi ei praesens sit moriens dilectus,
> Et a cruce minime retrahit aspectus,
> Quia ibi est oculus, ubi est affectus.

Gemitus, suspiria, lacrymae, lamenta
Sibi sunt deliciae, cibus, alimenta,
Quibus nova martyr est interim inventa,
Sic suo martyrio praebent incrementa.

In hoc statu respuit quod est terrenum
Mundique solatium reputat venenum ;
Sed ad nonam veniens moritur ad plenum,
Quum amoris impetus carnis rumpit filum.

Nam quum « consummatum est » recolit clamâsse
Horâ nonâ Dominum, et sic expirâsse,
Quasi simul moriens clamat penetrâsse
Vocem istam suum cor atque lacerâsse...

Eia, dulcis anima, eia, dulcis rosa,
Lilium convallium, gemma pretiosa,
Cui carnitas foeditas extitit exosa,
Felix tuus exitus morsque pretiosa !

Felix quae jam frueris requiete cupitâ,
Inter sponsi brachia dulciter sopita,
Ejusque spiritui firmiter unita,
Ab eodem percipis oscula mellita !

Après cet hymne à la Mort délivrante, saint Bonaventure, assuré de ne plus aimer la vie, se prit d'amour pour la souffrance et il voulut se délecter aux pieds du Christ en une très haute et très noble plainte ; c'est le *Laudismus de S. Cruce* :

> Recordare sanctae Crucis
> Qui perfectam vitam ducis
> Delectare jugiter.
> Sanctae Crucis recordare
> Et in ipsâ meditare
> Insatiabiliter.

(Souvenez-vous sans cesse de la sainte Croix, vous qui espérez en les éternelles joies de la vie bienheureuse. De la sainte

Croix souvenez-vous sans cesse, et méditez sur elle insatiablement.)

Il multiplie les appellations et les accumule :

> Crux est navis, crux est portus,
> Crux deliciarum hortus
> In quo florent omnia :
> Crux est fortis armatura
> Et protectio secura
> Conterens daemonia

(La croix est le navire, la croix est le port, la croix est le jardin des délices, le jardin de toutes les floraisons : la croix est la solide armure et la protection sûre qui préserve des démons.)

Puis, comme en l'hymne de Claudien Mamert, la croix s'érige tel que l'arbre fécond et protecteur ; c'est l'arbre portrait en de vieux missels, l'arbre dont les branches recourbées portent lié et troué le Christ, tandis que des oiseaux, — nous tous — ont cherché sous les feuilles un coin de repos, en attendant la Résurrection qu'un phénix éployé signifie :

> Crux est arbor decorata,
> Christi sanguine sacrata,
> Cunctis plena fructibus...

(La croix est un arbre de beauté ; sacré par le sang du Christ, il est plein de tous les fruits...)

Mais l'arbre salutifère porte un agonisant :

> Cujus oculi beati
> Sunt in cruce obscurati
> Et vultus expalluit.
> Suo corpori tunc nudo
> Non remansit pulchritudo,
> Decor omnis aufugit.

(Les yeux bénis du Christ sur la croix se sont obscurcis et

son visage a pâli : à son corps maintenant nu, la beauté n'est pas restée, toute la grâce humaine est partie.)

Et, comme le précédent poème, saint Bonaventure termine son ode au Crucifié par l'aveu de ses désirs, toujours tels en leur permanence : « Souffrir avec Jésus sur la croix ».

Tecum volo vulnerari.

Plus original que les *Laudes B. M. V.*, poème traduit par P. Corneille, en vers dont quelques-uns sont heureux, redisant moins toujours la même chose, nous séduit le *Psalterium Beatae Mariae Virginis, auctore seraphico Doctore S. Bonaventura, ord. Minorum*. C'est un petit livre d'heures que saint Bonaventure rédigea en entier « ingénieusement, dit une préface, à l'imitation du Psautier de David » : cent cinquante psaumes dont les premiers mots sont empruntés au texte biblique et qui célèbrent la Vierge en une série de charmants poèmes en prose. Psaume XXIII :

« Domini est terra, et plenitudo ejus : tu autem sanctissima Mater ejus, cum eo regnas in aeternum.

Gloriam et decorem induisti : omnis lapis pretiosus est amictus et operimentum tuum.

Splendor solis super caput tuum : et lunaris pulchritudo sub pedibus tuis.

Sydera micantia ornant sedile tuum : astra te glorificant, ô stella matutina !

Memento nostri, Domina, in beneplacito tuo : et fac nos dignos glorificandi nomen tuum.

Gloria tibi sit orphanorum Mater : fac nobis benevolus sui omnipotens Pater. »

(La terre est au Seigneur et sa plénitude lui appartient : mais toi, sa très sainte Mère, tu règnes avec lui en l'éternité.

Tu as revêtu la gloire et la beauté : et la grâce de la lune est sous tes pieds.

Les étincelants astres adornent ton trône : les astres te glorifient, ô matutinale Étoile.

Souviens-toi de nous, Reine, selon ton bon plaisir : et rends-nous dignes de glorifier ton nom.

Gloire à toi, Mère des orphelins ; fais que nous soit bénévole le Père omnipotent.)

De cet opuscule une antiphone a été gardée par la liturgie le *Sub tuum praesidium*. Saint Bonaventure, en son culte spécial pour la Mère de Dieu, fut l'initiateur de l'*Angelus* : ce titre de gloire est authentiquement consigné dans les Actes de sa canonisation.

Adeste, Fideles !

> Quand nous serons enfants de chœur, — bientôt, —
> Nous aurons des robes écarlates
> Et nous génufléchirons en tenant la chape
> Des grands vieillards sacerdotaux
> Dont les paroles latines
> Montent vers le petit Jésus
> Qui sourit, les bras tendus,
> Dans les chapelles byzantines.
> Alleluia.

La prose de la nativité — qui me suggère le souvenir de ces vers de Louis Denise — est parfois attribuée à saint Bonaventure :

> Adeste, fideles,
> Laeti, triumphantes...

Elle est sans doute beaucoup moins ancienne. Plus réellement lui appartient le *Planctus de Christo*,

> O crux salvificus...

Ce sont des strophes, en forme de litanies, qui ont quelque parenté, quoique moins typiques, avec les *Litanies de grande consolation,* qui furent plus haut citées. On y trouve des invocations d'une langue singulière, telles que :

> Jesu concisus alapis,
> Jesu colaphizatus.
>
> Jesu punctus aculeis
> Jesu dire ligatus...

(Jésus déchiré de soufflets, Jésus assailli de coups. — Jésus poigné d'épines, Jésus lié cruellement...)

Ici finit l'esquisse de saint Bonaventure, le poète des larmes mystiques.

XVII

Le Cycle anonyme de la Vierge. — Le Jardin de Marie. — Séquence dialoguée. — Le *Lamentum lacrymabile*, la *Sequentia contra Turcas* et les *Complaintes* de Rutebeuf. — Chronologie de quelques proses anonymes. — L'*Ave, virgo singularis*. — L'*Inviolata*. — Le *Hac clara die turma festiva*. — Les multiples symboles de Marie. — Les *Cantiones Bohemicae* et Ulrich Stöcklins de Rottach. — Métaphores et antithèses touchant la Vierge-Mère. — Comparaisons avec les hymnaires grecs, Côme de Jérusalem, Théophane, Joseph l'hymnographe. — Discussions théologiques sur le rôle de l'Esprit Saint dans l'Incarnation. — La formule *Sine virile semine*. — Chasteté du latin mystique.

XVII. — LE CYCLE ANONYME DE LA VIERGE

> Dic, paraphonista,
> Cum mera symphonia,
> Tuba et canora,
> Palinodias canta...

« Dis-nous, paraphoniste, d'allègres symphonies, chante, avec les trompettes éclatantes, des séquences nouvelles... »

C'est pour la nativité de la Vierge qu'un moine réclame des chantres un soin spécial, les prie d'aller bien en mesure et d'accord avec les trompettes, sans doute les orgues, d'interpréter avec recueillement sa musique nouvelle sur de nouvelles paroles. Et, en la chapelle assombrie de vitraux de quelque vieux cloître (selon la notation de Laurent Tailhade) :

> L'orgue éployant le vol clair des antiphonaires
> Mêle aux séquences des préchantres ses tonnerres...

Entre dix séquences, il y en a une en l'honneur de Marie. Ce cycle, pour une grande part anonyme, ce jardin, plutôt, se fleurissait sans relâche, d'épanouissements charmants ou bizarres, capricieux ou exquis, adorables ou saugrenus. Un inconnu explique par une bien étrange comparaison, comment dans la chair de Jésus enfant demeure occulte la divinité : « En prenant forme humaine la divinité demeure immuable, et c'est l'humanité qui est glorifiée en Dieu. Ainsi la mortalité voile l'hameçon de la divinité ; ainsi du vorace Léviathan la voracité est déjouée : il ouvre la gueule pour engloutir l'appât, mais c'est lui qui va être pris et mangé... »

Ce n'est pas d'une indéniable clarté ; voici le latin :

> Nec mutatur dum assumit
> Hominem divinitas
> Sed assumpta gloriatur
> In Deum humanitas.

> Sic hamum divinitatis
> Occultat mortalitas.
> Sic voracis leviathan
> Luditur voracitas,
>
> Qui dum capit glutiendum
> Nostri vermen generis
> Ipse captus inescatur.

Une autre prose dédiée à la Vierge, le *Surgit radix Jesse*, était un chant dialogué entre le chœur et, dit le texte, « trois écoliers doués de voix puissantes. »

> CHORUS :
> Dic, Maria, quando scisti
> Te electam matrem Christi ?
>
> TRES SCHOLARES BENE VOCIFERATI :
> Vidi virum vultu blando
> Sic intrantem, non laxando
> Seras suis manibus.

Mais pourquoi fallait-il que les réponses de Marie fussent proférées par trois bons vociférateurs ?

Très anciennement, elle fut invoquée contre les Sarrasins, les Arabes, les Turcs, « gent impitoyable, ennemis cruels, adversaires de la croix, gent perfide, pleine de dol, polluée par de profanes rites, plongée en un lac de crimes, sordide, souillée de fèces et de fange », — comme il est dit dans le *Lamentum lacrymabile* inspiré par la prise de Jérusalem en 1097 :

> Vos Sarraceni, gens improba, saevior hostis,
> Vos Arabes, Turci, genus inimica crucis,
> Perfida, plena dolo, ritu polluta profano,
> Mersa lacu scelerum, sordida fece, luto...

La prose insérée à la messe de l'Office du Saint-Rosaire témoigne de la puissance de Marie à refréner le double Monstre, l'Infidèle et l'Hérétique : « Par sa faveur fut trucidé le double monstre maléficieux : le Turc impie est vaincu, tombe la gent hérétique. »

> Ipsa favente, coeditur
> Monstrum duplex maleficum :
> Impius turca vincitur,
> Cadit genus haereticum.

Elle ne daigna, cependant, s'opposer à la prise de Constantinople, qui fut pour les derniers séquentiaires un sujet où la prose se fait complainte. Innégligeable parmi les singularités liturgiques, la *Sequentia contra Turcas* qui date de vers 1453. (Donc, moins ancienne d'un siècle que la *Complainte de Constantinople*, où Rutebeuf crie déjà : « Constantinoble est perdue », et : « Sainte Yglise est éperdue ; » que la *Complainte d'Outre-mer*, où il déplore la lâcheté des Chrétiens à ne pas aller sauver le tombeau du Christ ; le Christ, au jour du Jugement, leur en demandera compte :

> Tornoieor, vous que direz
> Qui au jor du juyse irez ?
> Devant Dieu que porrez respondre ?
> Car lors ne se porront repondre
> Ne gent clergies, ne gent laies,
> Et Diex vous montrera ses plaies !
> Se il vous demande la terre
> Où por vous vout la mort soufferre,
> Que direz vous ? — Je ne sais qoi. —
> Li plus hardi seront si qoi
> C'on les porroit penre à la main :
> Et nous n'avons point de demain
> Quar li termes vient et aprouche
> Que la mort nous clorra la bouche.
> Ha ! Antioche, terre sainte,
> Com ci a dolereuse plainte
> Quant tu n'as mès nus Godefroiz !
> Li feus de charité est froiz
> En chascun cuer de crestien…)

Elle était chantée dans les messes votives contre les païens, afin que Dieu préservât les fidèles de la rage des Turcs, *a Turcarum rabie*. Ils ont commis mille crimes ; énumération : déprédé les églises, ravi les vases sacrés, égorgé les prêtres, exhumé les os bienheureux des saints, jetés aux chiens. « Ils ont défloré sur les autels et dévasté les vierges pudiques, chères à Dieu ; les murs où le Christ avec sa mère était en peinture, ils les ont délavés incontinent. Il ont chassé tous les saints, et les cloches et les chaires, ils les ont données au silence. »

> Deflorarunt inter aras
> Et vastarunt Deo caras
> Et pudicas virgines :
> Parietes ubi Christus
> Cum sua matre erat pictus
> Deleverunt continuo.
> Deturbarunt sanctos omnes,
> Et campanas et ambones
> Dederunt silentio.

Mais ce sont là des curiosités. Plus intéressantes, les hymnes et proses en un latin moins fané, que des anonymes, à partir du xi° siècle, insérèrent dans l'antiphonaire spécial de la Vierge :

> O quam glorificâ luce coruscas,
> Stirpis Davidicae regia proles,
> Sublimis residens Virgo Maria
> Supra coeligenas aetheris omnes !

(Oh ! de quelle glorifiante lumière tu resplendis, tige royale émergée de la souche de David, toi qui résides, Vierge Marie, dans les éthers supérieurs et qui règnes sur tous les coeligènes.)

Du xi° siècle encore le *Gaude visceribus mater in intimis*, et du xii° cette charmante paraphrase de la Salutation :

> Ave Maria, gratiâ plena,
> Dominus tecum, virgo serena.

En descendant d'âge en âge, selon une chronologie, peut-être bien incertaine, on trouve :

> Ave, virgo gratiosa,
> Mater Dei gloriosa,
> Favo mellis dulcior,
> Rubicunda plus quam rosa,
> Lilio candidior.

(Salut, Vierge très gracieuse, étoile plus que le soleil lumineuse, mère glorieuse de Dieu, douce plus qu'un rayon de miel, rubiconde plus qu'une rose, et blanche plus que le lis.)
Ou encore, le très beau poème qui commence ainsi :

> Salve, mater salvatoris,
> Vas electum creatoris,
> Decus coeli civium :
> Salve, virgo benedicta
> Per quam terra maledicta
> Meruit remedium.
>
> Salve mundi lux et vita,
> Pretiosa margarita
> Per quam mors occiditur :
> Salve mater gloriosi
> Per quam caput venenosi
> Serpentis conteritur...

(Salut, ô mère du Sauveur, vase élu par le créateur, joie du peuple d'en haut : Salut, Vierge de bénédiction par qui la terre maudite a mérité son remède. — Salut ô vie et lumière du monde, perle très précieuse, par qui fut empoisonnée la Mort : Salut, mère du Glorieux, par qui la tête du venimeux serpent fut écrasée...)
Dans une forme analogue mais plus ample encore, quelque moine de Saint-Gall érigea la merveilleuse séquence, *De Assomptione*, disparue du missel :

> Ave, virgo singularis,
> Mater nostri salutaris,

Quae vocaris stella maris,
Stella non erratica :
Nos in hujus vitae mari
Non permette naufragari
Sed pro nobis salutari
Tuo semper supplica...

Tu perfusa coeli rore,
Castitatis salvo flore,
Novum florem novo more
Protulisti saeculo :
Verbum patri coaequale
Corpus intrans virginale
Fit pro nobis corporale
Sub ventris umberaculo.

Jesus, sacri ventri fructus,
Nobis inter mundi fluctus
Sis via dux et conductus
Liber ad coelestia :
Tene clavum, rege navem,
Tu procellam sedans gravem
Portum nobis da suavem
Pro tua clementia.

(Salut, vierge souveraine et mère de notre salut, toi qu'on appelle étoile de la mer, étoile pas vagabonde : En cette mer de la vie, ne nous laisse pas faire naufrage, mais au nom de ton salut, ne cesse pas de prier pour nous. — Imprégnée de la rosée du ciel, sauve la fleur de ta chasteté, tu donneras au siècle, par un moyen nouveau, une fleur nouvelle : Le verbe coégal au Père, entrant dans ton corps virginal, y devient pour nous, corporel, sous l'ombre de ton ventre. — Jésus le fruit du ventre sacré, parmi les fluctuations du monde, sois notre chef et notre guide vers l'éternité : Tiens le gouvernail, régis la nef, et apaisant la lourde tempête, conduis-nous au port de suavité, par ta clémence.)

L'*Inviolata*, comme tant d'autres chefs-d'œuvre liturgiques, est encore une épave où le nom de l'auteur fut effacé par les vagues séculaires. Ce sont des vers bien exquis et comme en rêve et comme en fait Albert Samain :

> Des vers silencieux, et sans rythme et sans trame,
> Où la rime sans bruit glisse comme une rame.

> Inviolata, integra et casta es Maria,
> Quae es effecta fulgida coeli porta.
> O Mater alma, Christo carissima,
> Suscipe pia laudum praeconia
> Nostra ut pura pectora sint et corpora :
> Te nunc flagitant devota corda et ora.
> Tua per precata dulcisona
> Nobis concedas veniam per saecula,
> O benigna, o benigna, o benigna
> Quae sola inviolata permansisti.

(Inviolée, intègre et chaste, Marie, toi qui devins la fulgide porte du ciel. O noble mère, très chère au Christ, accepte la clameur de nos louages dévotes afin que purs soient nos cœurs et nos corps : telle est la supplication dont nous voulons pieusement t'importuner. Que par l'agréable musique de tes prières maternelles, le pardon nous soit pour l'éternité concédé, ô très douce, ô très douce, ô très douce, et la seule inviolée.)

Au même système d'assonnances monophones appartient la prose *Hac clara die,* qui jadis faisait partie de la liturgie spéciale de Saint-Séverin :

> Hac clara die turma festiva dat praeconia,
> Mariam concrepando simphonia nectarea :
> Mundi Domina quae es sola castissima virginum regina,
> Salutis causa, vitae porta, atque coeli referta gratia :
> Nam ad illam sic nuntia olim facta angelica :
> Ave Maria gratia Dei plena per saecula,
> Mulierum pia agmina intra semper benedicta ;
> Virgo et gravida mater intacta prole gloriosa.
> Cui contra Maria haec reddit foemina :
> In me quomodo tua jam fient nuntia,
> Viri novi nullam certe copulam

Ex quo atque nata sum incorrupta.
Diva missus ita reddit affata :
Flatu sacro plena fies Maria,
Nova afferens gaudia coelo, terrae nati per exordia,
Intra tui uteri claustra portans qui gubernat aethera,
Omnia qui dat tempora pacifica.
Amen.

Les qualifications sont immobrables dont, en les séquences, on gratifie la Vierge ; il y en a, devenues banales, qui même en ce temps l'étaient ; d'autres expriment un réel effort d'imagination et d'amour.

    Surgis et virguncula
    Et ut saliuncula
    Inchoata...

« Tu surgis et te voilà, pucelette, pareille à un brin de lavande à peine en fleur...)
Elle est : un puits d'honnêteté, *puteus honestatis;* un très doux gâteau de charité, *favus dulcis charitatis;* une gemme noble et rare, *gemma potens et nobilis;* le miroir de la Trinité, *Trinitatis speculum;* plus précieuse que l'or fin, *plus obryzo pretiosa;* la cellule du verbe, *cella verbi; lux eclypsim nesciens,* la lumière sans éclipse ; baume très pur, *opobalsamum; cella plena vino mero,* la cave pleine d'un vin de joie ; et son Jésus devient, en toute sainte mignardise, une grappe de chypre, une branche de myrte,

    Ille Cypri botrus,
    Myrrae fasciculus.

Elle est encore, pêle-mêle, le candélabre à sept branches ; la toison de Gédéon, toison de brebis et non de chèvre, où se refuserait à descendre la pluie qui arrose le Juste, à cause de l'inchasteté de cet animal ; — le lit de la pudeur, *thalamus pudoris;* la fontaine de l'édulcoration sacrée, *sacri fons dulcoris;* le halo éthéré, *jubar aethereum;* la lanterne du siècle, *lucerna saeculi;* la cour royale, *aula regalis;* la porte de cristal, *porta chrystallina;* l'officine du Pain vivant, *vivi panis officina*, — c'est-à-dire que son ventre est la boulangerie où s'élabora Jésus Christ, le pain éternel; la tour de guerre, par laquelle les hommes sont entrés dans la Cité définitive, *turris per quam transit gens* (cette image se trouve en les *Cantiones Bohemicae*); conque pleine de la rosée céleste de la grâce, *concha roris coelestis gratiae.* Si nous sortons un peu des anonymes, ce sera pour noter les spécieuses métaphores dont a voilé le poète allemand du xv° siècle, Ulrich Stöcklins de Rottach :

> Vitae pabulum,
> Pauperis umbraculum,
> Radix pudicitiae,
> Gratiae pincerna,
> Veniae lucerna,
> Turtur nubilis,
> Virgo columbina !

(Pâture vitale, parasol des pauvres, racine de la pudicité, échanson de la grâce, lanterne de l'absolution, tourterelle nubile, ô Vierge colombine !)

On trouve encore dans Rottach cette image très ancienne qu'il affectionne : *Summi regis triclinium,* et *Trinitatis triclinium* ce qui revient à dénommer la Vierge : Salle de festin du roi suprême, salle de festin où s'attable la Trinité !

Et on allongerait indéfiniment cette liste de symboles si l'on voulait dépouiller tous les *Jardins,* tous les *Rosaires,* tous les *Anneaux,* tous les *Chapeaux* et *Chapelets* mystiques consacrés, selon un amour presque désordonné, à la Mère du Christ.

Elle inspire des jeux de mots tout philosophiques et presque galants, allitératifs et cadencés :

> Sic flos flori placuisti,
> Pietatis gratia :
> Verbum verbo concepisti
> Regem regum peperisti
> Virgo viri nescia...

(Ainsi, fleur, tu plus à la fleur, par la grâce de la piété : par le verbe tu as conçu le verbe; le roi des rois tu enfantas, vierge du mâle insciente... »

> Castitatis in tenorem
> Plasma gignit plasmatorem,
> Virgo parit amatorem,
> Lactat patrem filia....

« En teneur de chas'eté, la forme engendre son formateur; la vierge enfante son amant; la fille allaite son père... »

> Triste fuit in Eva vae
> Sed ex Eva format ave
> Versa vice, sed non prave,
> Intus ferens in conclave
> Verbum bonum et suave.
> Nobis mater virgo fave
> Tua frui gratia.

Jeu de mots intraduisible sur ce que Eva signifiait *vae* (malheur), mais aussi *ave* (salut), — signification dernière et consolatrice que le nom de la première femme tenait cachée et que Marie a dévoilée. Ce mystique calembour se retrouve à chaque instant, notamment dans l'*Ave maris stella,* et il a souvent été symbolisé en images : tel le frontispice du *Paradisus animae* où l'on voit côte à côte, une femme nue appelée *Eva*, et une femme drapée, appelée *Ave* :

> Sumens illud Ave
> Gabrielis ore
> Funda nos in pace
> Mutans nomen Evae.

Les séquentiaires, pour vanter et prouver sa virginité, descendent aux détails mêmes de la fécondation :

> Nec gravidata viscera
> Sunt tamen per ulla
> Patris membra,

> Sed ex fide sola...
> Haec est virgo non irrigata
> Sed Dei gratiâ florigera...

« Et ses viscères gravidés ne le furent par l'opération d'aucun membre générateur, mais par celle de l'unique foi... Voici la vierge qui ne fut pas arrosée : c'est par la grâce de Dieu qu'elle porte des fleurs... »

Engrossée, elle le fut divinement, « par la Rosée de miséricorde qui, elle-même humidifia la tige et la féconda pour la fructification... »

> Ipse virgam humidavit
> Et in fructum fecundavit
> Ros misericordiae...

Une séquence monorime et d'une facture de litanies donne sur ce point de plus amples détails :

Sancti Spiritus assit nobis gratia,
Quo fecundata Deum peperit virgo Maria,
Per quem sacrata floret virginitas in Maria.
Spiritus alme quo repletur Maria,
Tu rorem sacrum stillasti in Maria.
Amator sancte quo intacta impregnatur Maria...
Tu cellam sacrasti sic benedicti ventris in Maria,
Ut tumeret et mater fieret virgo Maria.
Sic pareret, ne foetu perderet florem Maria...
Qui sine semine et rigante nemine te fecundavit Maria.
Hunc Deum nobis placa Maria.

(Que nous assiste la grâce du Saint Esprit,
Par lequel fécondée engendra Dieu la vierge Marie,
Par lequel, consacrée, fleurit la virginité en Marie.
Alme Esprit dont est remplie Marie,
Tu as distillé la rosée sacrée en Marie,
Amant très saint par qui, indéflorée, fut plénifiée Marie...
Tu as sacré la cellule du ventre béni de Marie,
Afin qu'elle portât et devînt mère, la vierge Marie.

Afin que cela fût, que par sa grossesse elle ne perdît sa fleur, Marie...

Celui qui sans semence et sans éjaculation t'a fécondée, Marie,

Ce Dieu, apaise-nous-le, Marie.)

Pour trouver l'origine de ces manières de dire il faudrait remonter jusqu'aux hymnaires grecs, à Côme de Jérusalem qui appelle Marie « la mère ignorante du mâle » ; à Théophane et à son ode alphabétique sur l'Annonciation ; à Joseph l'hymnographe qui en plus de trois cents hymnes revient, toujours divers, sur ces périlleux détails ; au latin Mérobaudes, enfin, qui écrivait vers le cinquième siècle :

Proles vera Dei cunctisque antiquior annis,
Nunc genitus qui semper eras lucisque repertor,
Ante tuae matrisque parens, quem misit ab astris
Æquaevus genitor, Verbique in semina fusum
Virgineos habitare sinus et corporis artus
Jussit inire vias, parvaque in sede morari...

(O Progéniture vraie de Dieu, plus ancienne que toutes les années! te voilà engendré, toi qui fus toujours, toi l'inventeur de la lumière et père d'abord de ta mère, — toi que missionna du haut des astres le géniteur que tu égales en âge, toi qu'il envoya, Verbe réduit en semence, habiter un sein virginal et entrer dans la forme de corporels membres et demeurer en un humble réduit...)

On alla plus loin ; ce fut le culte des mamelles, du ventre, de l'utérus ; ces vers sont parfois attribués à Hildebert et intitulés : *Oratio Hildeberti :*

Felix venter
Quo clementer
Deus formam induit,
Felix pectus
In quo tectus
Rex virtutum latuit,
Felix alvus

> Quo fit salvus
> Homo fraude perditus,
> Felix sinus quo divinus
> Requievit spiritus,
> Felix thorus et decorus
> Illius puerperae
> Quem maritus
> Ut est ritus
> Non praesumit tangere...
> O mamilla cujus stilla
> Fuit ejus pabulum...

« Heureux ventre où, en sa clémence, Dieu revêtit la forme, heureuse poitrine, sous le toit de laquelle le Roi des vertus se déroba. Heureuses entrailles où fut sauvé l'homme perdu par la Fraude, heureux sein où reposa l'Esprit divin. Heureux lit, et charmant, de cette accouchée, lit que nul mari, selon le rit, n'osa toucher... O mamelles dont la distillation fut sa nourriture... »

Rottach ajoute : « Salut, toi dont le ventre virginal fut le trône d'ivoire du Christ. »

> Ave, cujus venter virgineus
> Thronus Christi fuit eburneus.

Et Jules II, dans son oraison testamentaire : « O gloriosissima Regina misericordiae, saluto venerabile templum uteri tui, in quo requievit Dominus Deus meus... »

A force de quintessencier, les moines collaudatoires en arrivent à prêter à Dieu des imaginations de sensualisme anthropomorphique gênantes. La Trinité la désire : le père la veut pour fille ; le fils pour mère, le Saint-Esprit pour femme ; le Roi des rois éprouve à voir Marie, si belle, de la concupiscence ·

> Quem rex regum concupivit.

Et une hymne précise :

> Tu rosa, tu lilium
> Cujus Dei Filium
> Carnis ad connubium
> Traxit odor.

Occasion vraiment de rappeler le dit cité par Gerson en la xixe notule de son *Traité de la simplification du cœur :* « Il n'y a rien de plus suspect que l'amour, même envers Dieu » ; et Gerson ajoute : « Surtout en des femmes ou en des hommes à tempérament de femme, — viros muliebriter complexionatos. » L'amour en de telles natures tend toujours, même dans l'inconscience, au final aboutissement, et le mystère le plus chargé de méditations c'est celui-là qui seul évoque, et en abondance, des images d'une certaine suavité.

« Les éléments ne peuvent être engendrés que par leur propre sperme », dit Arnauld de Villeneuve en son *Semita Semitae*. Dieu, qui est par excellence l'Élément, ne put être humainement engendré que par un sperme divin, émané de son essence : c'est ce que vulgairement l'on dénomme le Souffle du Saint-Esprit. Très anciennement une grande dispute théologique s'éleva sur le point de savoir par où, par quel pertuis, ce Souffle ou ce Sperme essentiel avait pénétré dans les viscères sacrés de la Vierge. Malgré l'opinion douteusement exprimée, il est vrai, de saint Augustin et de saint Éphrem, un hérétique du nom d'Élien fut condamné au concile de Nicée pour avoir dit : « Le verbe est entré par l'oreille de la Vierge. » L'opinion contraire, celle qui admet la pénétration par les voies naturelles, est donc probable. Néanmoins l'Église, préférant que ce sujet ne fût pas trop approfondi, ne s'est plus prononcée dogmatiquement et elle a laissé Ennodius reprendre la thèse d'Élien ; elle a permis que le Missel de Salzbourg s'appropriât ces deux vers du poète :

> Gaude, Virgo, mater Christi,
> Quae per aurem concepisti.

(Sois en joie, Vierge, mère du Christ, toi qui par l'oreille as conçu.)

Le Bréviaire des Maronites (ces catholiques pour lesquels Rome a des tolérances qui vont jusqu'à autoriser le mariage des prêtres) contient encore une antiphone où on lit : « Verbum Patris per aurem Benedictae intravit. »

Il est clair que, toute théologie à part, de telles naïvetés sont cruellement indécentes, outre qu'elles tendent à détruire le symbole de la Vierge-Mère, à supprimer la moitié du mystère de l'incarnation, à faire mépriser un dogme qui suscite de telles controverses. Je pense qu'il est également irrévérencieux de se demander, comme tel casuiste de la compagnie de Jésus, si, selon une théologie et une physiologie également surannées, « dum in eam intrabat verbum Dei, Virgo semen emiserit vel senserit naturale delectamen. » Peut-être est-il prudent de s'en tenir à l'opinion toute négative du concile de Nicée.

Les poètes, dont le mysticisme un peu sensuel et naturaliste nous a rappelé le souvenir de ces ridicules discussions, ne tombent que bien rarement en de tels excès d'imagination. Encore, même en leurs écarts de langage, sont-ils justifiables. L'art n'était pas jadis, comme aujourd'hui, officiellement sanglé dans la robe montante d'une civilisation anglicane et bourgeoise ; on pouvait tout représenter, on pouvait tout dire ; les choses avaient toutes un nom que l'on employait, sans prétention et sans intention. Au dixième chapitre du Livre II de son *Divin Maître*, saint Clément d'Alexandrie réclamait déjà ce droit : « Je nomme sans honte, pour l'utilité de mes lecteurs, ces parties du corps où le fœtus se forme et se nourrit. Comment, en effet, aurais-je honte de les nommer puisque Dieu n'en a pas eu de les créer ? » Ceci pourrait répondre à la timidité de l'Eglise moderne qui a fait expurger ses hymnes et ses proses par de classiques cardinaux et de douteux abbés de lettres. Cela fut stupide, car en somme, tout le christianisme est là, dans la conception de Jésus par une vierge, *sine virili semine.* Ces simples mots, ou tels autres, *sine humana connectione, sine virili copula,* etc., suppriment le doute, précisent le fait : aussi les anciens poètes liturgiques les ramenaient-ils sans cesse, comme pour bien proclamer la haute absurdité de ce mystère, son illogisme, son invraisemblance, c'est-à-dire sa vérité, car, à bien réfléchir, l'Absurde est peut-être (il est permis de commenter ainsi saint Augustin) le critérium du Vrai.

Il faut de plus noter qu'en ces proses qui effarent les sots, le poète a cherché le mot juste, non pas l'image : en de seuls esprits anti-mystiques ces lectures pourraient appeler d'irrespectueuses représentations. Le mystère de la conception par le Souffle évoquait les ordinaires manœuvres de la fécondation humaine, mais non comme de désirables opérations. La plus merveilleuse gloire de Marie, elle les avait évitées pour, néanmoins, atteindre la maternité, et, à bout de métaphores empruntées à la fructification végétale, il fallait bien en arriver à des comparaisons précises, à l'acte animal. D'ailleurs le moyen âge, « énorme et délicat », ignora ce qui est pour notre hypocrisie la suprême délicatesse, la pudeur. Il ne comprit jamais en quoi il pouvait bien être indécent de parler librement de l'œuvre de chair ; il concevait que la chasteté était l'abstention réelle et non la pudibonderie des périphrases, dissertait de la génération, qui n'est selon Boèce que l'entrée dans la substance, *ingressus in substantiam* (des Vierges révérées pour telles le firent en leurs écrits, mystiquement), comme du boire ou du manger ; jugeait que l'ignorance, s'il n'est le plus grave, est le plus sot de tous les péchés, le plus irrévérencieux pour l'Esprit Saint.

Il est vrai, la parole est identique à l'action, mais elle ne se réalise en mouvement que selon la valeur même de l'intelligence qui la conçoit. La vision des choses, d'après saint Thomas d'Aquin et Duns Scot, s'accomplit en un double et successif mode : l'image, par l'intermédiaire du phantasme, se rend possible ; cette possibilité, l'intelligence l'admet ou la repousse, en interprète souverainement la signification. Miroir, dont la planitude originaire retravaillée, la courbure naturelle fléchie par notre liberté, l'esprit ne reçoit les rayonnements extérieurs que selon la constitution même de sa substance et de sa forme personnelles. La chasteté, ce n'est pas d'avoir peur, c'est de créer une âme refaçonnée de telle sorte que rien de bas et de laid ne puisse s'y pavaner, que l'immonde y passe sans y laisser de fumées, que le cerf déshonnête, si la meute des vices aboyants le relance, ait fui introuvable, sans pistes fraîches, sans l'ombre même de son massacre brisée dans les rivières claires ou remuante parmi les denses ramures.

XVIII

Le *Dies irae*. — Thomas de Celano. — Le *Libera* et ses variantes. — Deux *Proses des Morts*. — Les prophéties sibyllines. — Sources diverses : Othlonus, Hildebert, S. Pierre Damien, S. Anselme, le Rit mozarabe. — *Languentibus in purgatorio*. — Le prophète Sophonie. — Prototypes immédiats du *Dies irae* : le *Terret me dies terroris* et le *Cum recordor diem mortis*. — Texte du *Dies irae*. — Traduction rythmique.

XVIII. — HISTOIRE DU « DIES IRAE »

Efflorescences suprêmes, la poésie triste et pénitente du moyen âge se déploie en deux sombres fleurs amertumées de cendres, salées de larmes, le *Dies irae* et le *Stabat Mater*, la Peur, la Douleur, peur et douleur tempérées par l'adoration, par l'amour.

La croyance qui produisit des œuvres aussi profondément humaines peut vraiment avec des yeux innocents de toutes ténèbres affronter le reproche d'avoir avili l'esprit : et la simplicité des moyens employés étonne notre byzantinisme! Et, autre confusion, c'est à peine si ces deux séquences ont le mérite élémentaire de l'originalité.

Le *Dies irae* se fit tout seul, lentement cristallisé pendant des siècles, en des âmes tremblantes et adorantes. Le définitif poète fut, selon la tradition, un frère mineur, compagnon de saint François d'Assise, fra Tommaso da Celano. Des versets sur le Jour de colère gisaient épandus dans la liturgie, dans la Bible, dans des poètes, dans des théologiens : il les collecta, les mit en rythme et en rimes. Sa plus notable source fut évidemment le *Libera* :

Libera me, Domine, de morte aeterna, in die illa tremenda :
Quando coeli movendi sunt et terra.
Dies illa, dies irae, calamitatis et miseriae, dies magna et amara valde,
Quando coeli movendi sunt et terra.
Tremens factus sum ego et timeo : dum discussio venerit atque ventura ira,
Quando coeli movendi sunt et terra.
Contremuni Angeli et Archangeli ; impii autem ubi parebunt,
Quando coeli movendi sunt et terra ?
Vix justus salvabitur ; et ego miser ubi parebo,
Quando coeli movendi sunt et terra ?
Quid ergo miserrimus, quid dicam, vel quid faciam, dum nihil boni perferam ante tantum Judicem,

Quando coeli movendi sunt et terra ?
Vox de coelis : O vos mortui, qui jacetis in sepulchris, surgite et occurrite ad judicium Salvatoris,
Quando coeli movendi sunt et terra !
Creator omnium rerum, Deus qui me de limo terrae formasti et mirabiliter proprio sanguine redemisti, corpusque meum licet modo putrescat, de sepulcro facias in die judicii resuscitari,
Quando coeli movendi sunt et terra.
Libera me, Domine, de morte aeterna, in die illa tremenda,
Quando coeli movendi sunt et terra,
Dum veneris judicare seculum per ignem.

(Libère moi, Seigneur, de la mort éternelle, en ce jour où tout tremblera,
Dans le tremblement du ciel et de la terre.
Jour, celui-là, jour de colère, jour de calamité, jour de misère, jour très grand et très amer,
Dans le tremblement du ciel et de la terre.
J'ai peur et je tremble tant, j'entends l'interrogatoire, je vois s'avancer la colère,
Dans le tremblement du ciel et de la terre.
L'ange est épouvanté, l'archange ausssi, comment donc feront les mauvais,
Dans le tremblement du ciel et de la terre?
La juste à peine sera sauvé, pour moi, le méchant, comment faire,
Dans le tremblement du ciel et de la terre ?
Moi, si méchant, que dire, moi qui n'aurai que du mal à t'offrir, ô juge si grand, que devenir,
Dans le tremblement du ciel et de la terre ?
La Voix du ciel profère : ô vous les morts, gisant dans les sépulcres, levez-vous et venez, le Sauveur va vous juger,
Dans le tremblement du ciel et de la terre !
Père de toutes choses, Dieu qui m'as formé du limon de la terre et admirablement de ton propre sang m'as racheté, fais que mon corps tout putréfié, fais que du sépulcre, au jour du jugement, il sorte ressuscité,

Dans le tremblement du ciel et de la terre.

Libère moi, Seigneur, de la mort éternelle, en c jour où tout tremblera,

Dans le tremblement du ciel et de la terre,

Quand tu viendras juger le siècle par le feu.)

Cette séquence, qui fait pâlir d'effroi et pleurer de joie esthétique, date sans doute des premières années du xi° siècle et non pas des noirs avant-jours de l'An Mille. C'est seulement après cette date fatidique, quand les terreurs auraient dû s'apaiser, que la littérature de l'effroi surgit de toutes parts dans l'Eglise. Avant, sans doute, on priait pour oublier la peur : après, on chanta la peur et l'esprit humain en demeura marqué à tout jamais. C'est en ce sens qu'on a pu dire que l'An Mille était une pure légende ; en effet les témoignages d'une crainte universelle de la fin du monde sont tous postérieurs à l'époque où cette crainte dominait les âmes et les écrasait.

La fin du monde, le moyen âge l'attendit sans cesse; Jésus avait dit : « Je viendrai à l'improviste, comme un voleur » — et la stupéfaction aurait été modérée si tout à coup, à l'heure triste de l'aube, les trompettes sacrées avaient sonné dans le ciel pâle (cette surprise peut-être nous est réservée, de voir pleuvoir sur l'ignominie de notre basse civilisation les étoiles insultées, enfin farouches). Aussi les textes sont-ils sans nombre où le Jour de colère est allégué. Il y a d'abord, du *Libera*, plusieurs variantes ou paraphrases. Voici une variante du xi° siècle :

Audi, tellus, audi, magni maris limbus, audi, homo, audi, omne quod vivit sub sole :

Veniet, prope est dies irae, dies invisa, dies amara,

In qua coelum fugit, sol erubescit, luna fugabitur, sidera super terram cadent.

Heu, heu, quid nos peccatores et miseri in die illa tremenda,

Quando movendi sunt coeli et terra !

(Terre écoute, et toi, rivage de la grande mer, et toi, homme, et tout ce qui vit sous le soleil.

Il vient, il approche, le jour de colère, le jour qu'on n'a jamais vu, le jour amer,

Le jour où le ciel s'enfuira, où le soleil rougira, où la lune s'en ira, où les étoiles tomberont sur la terre.

Ah ! ah ! quoi de nous, pécheurs et méchants, en ce jour où tout tremblera,

Dans le tremblement du ciel et de la terre ?)

On lit dans une ancienne *Rythmica Oratio* :

> In tremenda mortis hora
> Veni, Jesu, absque mora
> Tuere me et libera.

(En cette terrible heure de la mort, viens, Jésus, et sans retard protège-moi, libère-moi.)

Un peu moins âgés, les vers suivants, extraits des *Versus de mortuis super responsario* : *Libera me*, présagent plus nettement encore le *Dies irae* :

> Lacrimosa dies illa
> Qua resurgens ex favilla
> Homo reus judicandus :
> Justus autem coronandus.

(Oh ! ce jour lamentable, où resurgi d'entre les cendres, l'homme coupable est jugé, — et le juste couronné !)

La *Prose de Montpellier*, même époque, donne à la quatrième strophe :

Dies illa tam amara, tam tremenda,
Dies illa dira nuntiabit signa : rugient maria sicut leo in silva...
Heu miseri !
Heu miseri !
Quid, homo, ineptam sequeris laetitiam ?

(Jour si amer, ô jour de tremblement,
Jour annoncé par les signes effroyables : les océans rugiront tels que les lions dans les forêts...

Ah ! Malheureux !
Ah ! Malheureux !
Homme, pourquoi choisis-tu la stupidité de la joie ?)

Ce dernier vers rappelle la méprisante admonestation d'Odon de Cluny, qui écrivait au xe siècle : « Etrange ou plutôt bien misérable la démence qui nous fait préférer la modique et brève jouissance d'un chatouillement mendié et quémandé à la gloire multipliée des saints dans l'éternité. »

Pareillement, en la *Prose des morts* de Saint-Martial de Limoges, on lit aux sixième et septième strophes :

> Cum ab igne rota mundi
> Tota coeperit ardere,
> Saeva flamma concremare,
> Coelum ut liber plicare,
> Sidera tota cadere,
> Finis seculi venire,
>
> Dies irae, dies illa,
> Dies nebulae et caliginis,
> Dies tubae et clangoris,
> Dies luctus et tremoris,
> Quando pondus tenebrarum
> Cadet super peccatores...

(Quand par le feu la roue du monde commencera toute à brûler, dans une impitoyable flamme à se consumer, comme un livre le ciel en deux se replier, et toutes les étoiles tomber, et la fin du siècle arriver — jour de colère, jour, celui-là, de nuée et de fumée, jour de trompette et de clameur, jour de sanglots et jour de peur, quand le fardeau des ténèbres tombera sur les pêcheurs.)

Thomas de Celano puisa encore dans la prophétie sibylline qui énumère chaque « signe du jugement, » *Judicii signum* :

> Coelo adveniet per secla futurus
> Scilicet in carne presens ut judicet orbem,
> Judicii signum...

> Et coram hoc Domino reges sistentur ad unum,
> Decidet e coelo ignis et sulphuris amnis,
> Judicii signum..

« Il surgira dans le ciel, celui qui vit dans tous les siècles, surgira visible corporellement pour juger le globe, — Signe du jugement.

« Et devant ce maître les rois se tiendront comme un seul roi, et il pleuvra du feu et un fleuve de soufre tombera, — Signe du jugement. »

La Sibylle était une autorité égale à celle de l'Ecriture. Déjà, à la fin du xi° siècle, Othlonus, moine de Saint-Emmeramme, invoquait ensemble la Sibylle et les Prophètes :

> Porro dies illa complebit vota sibyllae
> Atque prophetarum comprobat indicium.

(Et ce jour accomplira les vœux de la Sibylle et comprouvera le témoignage des prophètes.)

Le même moine songe au jour de colère.

> Illa dies mirae pravis advenerit irae.

(Ce jour adviendra d'étonnante colère contre les méchants.)

La quinzième strophe du *Dies irae* est verbalement dans Saint Matthieu, ch. xxv, v. 33 : « Et statuet oves, quidem a dextris suis, haedos autem a sinistris. — Et il placera les brebis à sa droite et à gauche les boucs. »

Pour ce souvenir évangélique, non moins que pour ses violents appétits, le bouc fut, durant tout le moyen âge, le plus fréquent symbole du péché, spécialement de l'impureté. C'était un lieu commun. On voit, au xii° siècle, Serlon, évêque de Séez et parfois poète, reprocher à Henri I*er* d'Angleterre et à sa cour, dans l'église de Carentan, de porter de longs cheveux et une longue barbe « qui les font ressembler à des boucs, dont les libertins imitent turpidement l'ignoble lubricité... Ils évitent de se raser pour ne pas blesser par une rude barbe les femmes qu'ils baisent. »

La deuxième et la sixième strophes du *Dies irae* furent pressenties par saint Pierre Damien :

> O quam dira, quam horrenda
> Voce judex intonat.

(Combien véhémente, combien terrible, s'élève la voix du Dieu juge !)

Egalement, la cinquième :

> Mox occulta singulorum
> Cunctis patent cordium.

(Tout ce qui se cache au fond de chaque cœur sera devant tous devoilé.)

Mais elle vient peut-être plus directemet de l'Apocalypse (xx, 12.) :

« Et vidi mortuos magnos et pusillos, stantes in conspectu throni, et libri aperti sunt : et alius liber apertus est qui est vitae : et judicati sunt mortui ex his quae scripta erant in libris, secundum opera ipsorum. — Et je vis les morts, les grands et les petits, se tenant face au trône, et les livres furent ouverts : et un autre livre fut ouvert, qui est le livre de vie : et furent jugés les morts selon les choses écrites dans les livres, selon leurs œuvres. »

La septième et la onzième, outre ce qu'elles prennent au *Libera*, empruntent quelques mots à un passage du traité de saint Anselme, *De Similitudine mundi* : » Desuper, judex iratus ; foris, mundus ardens ; intus, consciencia urens ; ibi, vix justus salvabitur... — En haut, le juge en colère ; dehors, le monde en flammes ; dedans, la conscience en feu ; là, le juste à peine sera sauvé... »

L'avant-dernière :

> Oro supplex et acclinis,
> Cor contritum, quasi cinis :
> Gere curam mei finis

« Je te le demande en ma prière, le front penché, le cœur contrit comme de la cendre, prends soin de ma fin dernière, » se retrouve, avec ses images, dans l'office des morts du Rit mozarabe : « Expandi manus meas ad te, Domine ; anima mea velut terra sine aqua : cito exaudi me. — J'ai étendu mes mains vers toi, Seigneur, mon âme est pareille à de la terre sèche : au plus vite, exauce-moi. »

Adam de Saint-Victor avait dit dans sa prose, *de Inventione sanctae crucis* :

> ... Sed quum dies erit irae
> Confer nobis et largire
> Sempiterna gaudia.

« Quand viendra le jour de colère, fais nous participer aux joies éternelles. »

La *Lamentation* d'Hildebert, *Lamentatio peccatricis animae* renferme quelques expressions qui se retrouveront presque textuelles dans la prose de Thomas de Celano ; et le rythme est le même :

> Quid boni Christo deferam,
> Quid me fecisse referam ?...
>
> Tunc ille rex altissimus
> Qui nunc extat piissimus
> Judex erit justissimus...
>
> Postquam nil quibo facere
> Quo poenas possim fugere
> Sed consumat in cinere...
>
> Quid tunc dices homuncio ?...

(Quoi de bon présenter au Christ, laquelle de mes actions lui offrir ?... Alors le très haut Roi, maintenant très pitoyable, sera très juste juge... Il n'y aura plus rien à faire, le châtiment sera infuyable, je serai consumé en cendre... Alors, que diras-tu, pauvre homme de rien ?)

S. Bernard, qui avait le génie du rythme, rencontra un presque définitif *Dies irae*. Déjà, on lit de telles phrases éparses dans sa prose (*Liber de modo bene vivendi*, ch. 71) : « Quid in illa die dicturi sumus... si in die judicii vix salvabitur justus... Nullus homo sine timore poterit esse illa die... » — « En ce jour que dirons-nous... si à l'heure du jugement le juste à peine est sauvé... Nul homme ne sera sans terreur en un tel jour. »
En vers, il formula :

>Ingens metus
>Aque fletus
>Meam turbat animam ;
>Pavet sensus
>Dum suspensus
>Horam pensat ultimam.
>
>Quis futurus
>Et securus
>In illo examine,
>Quando patent
>Quae nunc latent
>Arguente lumine !...
>
>Ululatus
>Et ploratus
>Frustra dabunt perditi
>Quum maligni
>Saevo igni
>Semel erunt traditi...
>
>Ad quid tendam
>Ut tremendam
>Evadam sententiam ?
>
>Quem requiram,
>Per quem iram
>Judicis effugiam ?...

(La crainte m'écrase et des sanglots troublent mon âme ;

mon cœur s'épeure lorsqu'en suspens il pense à sa dernière heure. — Qui donc alors, qui sera sûr de ses réponses, quand surgiront tous nos secrets, à l'argument de la lumière ?... — Les hurlements, les larmoiements, damnés, seront inutiles, quand les méchants au feu barbare seront livrés tous d'un seul coup... — Par où m'enfuir pour échapper à la sentence épouvantable ? A quel secours avoir recours contre la colère de mon juge ?...)

La prose *Languentibus in purgatorio*, prière que l'on adresse à Marie en quelques églises, est-elle antérieure au *Dies Irae* ? Il faut, dans le doute, en citer les cinq dernières strophes ; d'un beau rythme et de rimes très riches, elle apparaît assez inférieure d'idée et d'élocution :

    Intremendo Dei judicio
    Quando fiet stricta discussio,
    Tunc etiam supplica Filio
    Ut sit nobis cum Sanctis portio,
        O Maria.

    Dies illa, dies terribilis,
    Dies malis intollerabilis :
    Sed tu mater semper amabilis
    Fac sit nobis Judex placabilis,
        O Maria.

    Illa dies tantus servabitur
    Vigor quod vix justus salvabitur,
    Nemo reus justificabitur
    Sed singulis jus suum dabitur,
        O Maria.

    Nos timemus diem judicii
    Quia male de nobis conscii :
    Sed tu mater summi consilii
    Para nobis locum refugii,
        O Maria.

    Tunc iratus Judex adveniet,
    Singulorum causa discutiet

> Personamque nullam accipiet
> De singulis juste defflniet,
>   O Maria.

(A comparer avec Rottach, cinquantième strophe d'un *Acrostiche* sur l'*Ave Maria*, qui en compte plus de cent :

> Rogo, mater, plorabundis
> Aurem praebe vocibus,
> Opem ad te de profundis
> Miserere precantibus.
> Per te gratiarum undis
> Absolvantur citius
> Poena purgatoria.)

Traduction du *Languentibus* :

« En le terrible jour du jugement suprême, quand viendra l'heure de l'interrogatoire, alors va et supplie ton fils qu'il nous place parmi ses saints, ô Marie. — Jour, celui-là, jour effroyable, jour aux méchants intolérable : par toi, mère toujours aimable, le juge nous soit favorable, ô Marie. — Ah ! ce jour-là, ce jour aura tant de sévérité qu'à peine le juste sera sauvé, et nul coupable justifié, mais à chacun sera donné le sort qu'il aura mérité, ô Marie. — Craignons le jour du jugement, car notre conscience n'est pas tranquille : mais toi, mère du très haut conseil, prépare-nous quelque lieu de refuge, ô Marie. — Il viendra le juge en colère, discutera la cause de chacun, et sans égard pour n'importe quelle personne, de chacun il jugera avec justice, ô Marie... »

Enfin, l'origine authentique du *Dies irae*, du *Libera* et de tous les précédents vers et versets est antérieure au christianisme. Le *Dies irae* se trouve, en ses essentielles idées et assonances, dans un petit prophète (petit sans doute, parce qu'il proféra de courtes prophéties), dans Sophonie (*Prophetia Sophoniae*, 1) :

15. Dies irae, dies illa, dies tribulationis et angustiae, dies

calamitatis et miseriae, dies tenebrarum et caliginis, dies nebulae et turbinis.

16. Dies tubae et clangoris super civitates munitas et super angulos excelsos.

17. Et tribulabo homines et ambulabunt ut coeci, qui Domino peccaverunt : et effundetur sanguis eorum sicut humus et corpora eorum sicut stercora.

18. Sed et argentum eorum et aurum eorum non poterit liberare eos in die irae Domini : in igne zeli ejus devorabitur omnis terra, quia consummationem cum festinatione faciet cunctis habitantibus terram.

(15. Jour de colère, jour, celui-là, de tribulation et d'angoisse, jour de calamité et de misère, jour de ténèbres et de fumée, jour de nuée et de tourbillon.

16. Jour de trompette et de clameur sur les cités fortifiées et sur les angles des montagnes.

17. Et je tourmenterai les hommes et ils marcheront comme des aveugles, ceux qui péchèrent contre le Seigneur : et leur sang sera épandu comme de la terre molle et leur corps comme du fumier.

18. Mais ni leur argent, ni leur or ne pourront les libérer au jour de la colère du Seigneur : par le feu de sa jalousie toute la terre sera dévorée, et la consommation s'accomplira avec hâte de tous les habitants de la terre.)

Quelques autres allusions au jour de colère et de feu sont faites dans Jérémie, dans Joel et dans Amos, mais discrètes, sans précision et sans détails.

Avant de donner le texte du *Dies irae* lui-même, il convient encore de citer deux proses qui le précédèrent immédiatement et auxquelles Thomas de Celano a directement emprunté des vers, des rimes, des strophes presque entières. Toutes deux semblent du xiie siècle, de très peu antérieures à la rédaction franciscaine :

> Terret me dies terroris,
> Irae dies et furoris,
> Dies luctus et moeroris
> Dies ultrix peccatoris.

> Expavesco quidem multum
> Venturi judicis vultum
> Cui latebit nil occultum
> Et manebit nil inultum.
>
> Et quis nostrum non timebit
> Quando Judex apparebit
> Ante quem ignis ardebit,
> Peccatores qui delebit.
>
> Veniet Judex de coelis
> Testis verax et fidelis,
> Veniet et non silebit,
> Judicabit nec timebit.
>
> Juste quidem judicabit
> Nec personam acceptabit,
> Pretio non corrumpetur
> Sed nec precibus flectitur...

(Il m'atterre, le jour de terreur, le jour de colère et de fureur, le jour de deuil et de douleur, jour de vengeance sur le pécheur. — J'ai peur, j'ai grand'peur à l'idée de voir la face du Juge qui doit venir, de celui auquel rien ne sera caché, de celui qui ne laissera rien d'invengé. — Lequel de nous ne tremblera lorsque le Juge apparaîtra, lorsque le feu s'enflammera pour détruire les pécheurs. — Il viendra du ciel, le Juge, témoin vérace et fidèle, il viendra et ne se taira pas, il jugera et ne s'effraiera pas. — Il jugera très justement, sans acception de personnes, rien ne pourra le corrompre ni nulle prière le fléchir...)

Le *nec personam acceptabit* se trouve déjà dans Amalarius, *Regula sanctimonialium*, livre II, 10 : « Quia personarum acceptor non est Deus. »

La seconde prose a pour titre : *Meditatio animae fidelis :*

> Cum recordor diem mortis
> Et extremae diem sortis,
> Sic me terrent isti dies
> Ut sit mihi nulla quies.

Cum recordor quod sum cinis
Et quod cito venit finis,
Sine fine pertimesco
Et ut cinis refrigesco.

Cum recordor moriturus,
Quid post mortem sim futurus,
Terret me terror venturus
Quem expecto non securus.

Terret me dies terroris,
Irae dies et furoris
Dies luctus et moeroris
Dies ultrix peccatoris...

Quid tunc faciet peccator
Et quid corporis amator
Et quid agere valebit
Cui nihil jam licebit.

Siquidem tunc apparebit
Et quod fuit non latebit,
Quisquis sit jurè pavebit
Donec sciat quid habebit.

(Quand je pense au jour de la mort, et au jour du dernier sort, si tant m'atterrent ces jours-là que je n'ai plus aucun repos. — Quand je pense que je suis cendre et que bientôt viendra ma fin, sans fin je me mets à trembler et je deviens plus froid que cendre. — Quand je pense, moi qui dois mourir, à ce que me réserve la mort, m'atterre la terreur future, et j'attends, et je ne suis pas sûr. — Il m'atterre le jour de terreur, le jour de colère et de fureur, le jour de deuil et de douleur, jour de vengeance sur le pécheur... — Alors, que fera-t-il, le pécheur, et quoi le charnel amateur, et que deviendrons-nous, que nulle contrition ne sera plus permise? — Puisqu'à cette heure apparaîtra et se dévoilera tout ce qui fut caché, il faudra bien que chacun tremble jusqu'à ce qu'il sache le sort qui lui sera réservé.)

Le *Dies irae* va maintenant donner la sensation d'une œuvre connue en presque tous ses éléments et pourtant inattendue.

De die judicii

Dies irae, dies illa,
Solvet saeclum in favilla,
Teste David cum Sibylla.

Quantus tremor est futurus
Quando judex est venturus
Cuncta stricte discussurus !

Tuba mirum spargens sonum
Per sepulchra regionum
Coget omnes ante thronum.

Mors stupebit et natura
Quum resurget creatura
Judicanti responsura.

Liber scriptus proferetur
In quo totum continetur
Unde mundus judicetur.

Judex ergo quum sedebit
Quidquid latet apparebit :
Nil inultum remanebit.

Quid sum miser tunc dicturus,
Quem patronum rogaturus
Quum vix justus sit securus ?

Rex tremendae majestatis
Qui salvandos salvas gratis,
Salve me, fons pietatis !

Recordare, Jesu pie,
Quod sum causa tuae viae :
Ne me perdas illa die.

Quaerens me sedisti lassus :
Redemisti crucem passus :
Tantus labor non sit cassus.

Juste judex ultionis
Donum fac remissionis
Ante diem rationis.

Ingemisco tanquam reus,
Culpa rubet vultus meus :
Supplicanti parce Deus.

Qui Mariam absolvisti
Et latronem exaudisti
Mihi quoque spem dedisti.

Preces meae non sunt dignae,
Sed tu bonus fac benignè
Ne perenni cremer igne.

Inter oves locum praesta
Et ab haedis me sequestra
Statuens in parte dextra.

Confutatis maledictis,
Flammis acribus addictis,
Voca me cum benedictis.

Oro supplex et acclinis,
Cor contritum quasi cinis :
Gere curam mei finis.

Lacrymosa dies illa,
Quâ resurget ex favilla
Judicandus homo reus :

Huic ergo parce Deus !
Pie Jesu, Domine,
Dona eis requiem.

On en a essayé une traduction, respectueuse du texte et surtout du rythme :

Le Jugement dernier

Jour de colère, en ce jour-là,
Comme David le prophétisa,
Le monde en cendres s'en ira.

Quels cris alors, quel tremblement :
Dieu descendra du firmament
Pour juger tout très strictement.

La trompette éclate et redonde
Et va chercher au fond des tombes
Tous les sujets du Roi du monde :

Mort, quelle stupeur ! Et la nature
A peur de voir la créature
Affronter sa judicature.

Le livre éternel est ouvert,
Juste écriture où s'énumère
Les gestes de tout l'univers.

Et quand le Juge parlera
Le fond des cœurs apparaîtra :
Rien d'invengé ne restera.

Que dire alors, où me sauver ;
De quel patron me réclamer ?
Le juste à peine est rassuré.

Roi de terrible majesté,
Clément pour qui l'a mérité,
Epargne-moi, dans ta pitié !

Jésus très bon, ne m'oublie pas,
Moi qui fus le but de tes pas !
Ne me perds pas en ce jour-là.

Pour moi tu pris la forme humaine
Et de la croix souffris la peine :
Que tant de peine ne soit pas vaine !

Maître de justice et de gloire,
Daigne nous être absolutoire,
Avant le jour expiatoire.

Je viens à toi en gémissant,
Le front de honte rougissant :
Seigneur, pardonne au suppliant.

Madeleine a touché ton cœur,
Tu pardonnas à un voleur :
C'est mon espoir, à moi, pécheur.

O toi si bon, à l'heure dernière,
Reçois mes indignes prières,
Que je ne brûle pas en enfer !

Fais-moi place en ta bergerie,
Que j'entre en la maison de vie,
Parmi les bons que tu choisis.

Quand tu confondras les maudits,
Jetés en proie aux flammes pies,
Appelle-moi au paradis.

Je t'en supplie, daigne m'entendre :
Mon cœur est plus contrit que cendre,
Daigne à mon salut condescendre.

O jour de larmes, en ce jour-là,
Quand la poussière s'en viendra
Affronter ta judicature,

Pardonne à ta créature,
Seigneur, ô Jésus très bon,
Et donne-lui le repos.

Le Jugement dernier et l'enfer, sa conséquence pour les mauvais, c'était le souci et aussi la consolation du moyen âge; c'était le recours suprême contre les injustices et les tribulations de la vie, — le recours suprême et le seul, aujourd'hui comme jadis. Illusion pour illusion, celle-là valait mieux que la vaine justice humaine dont on nous leurre, que les vagues compensations qu'on nous promet éternellement pour demain. Isidore de Séville, dans son *De Contemptu mundi libellus aureus*, ajoute ce conseil : « Propone tibi adversus presentis carnis ardorem futuri supplicii ignem. Superet estum incendii recordatio eterni incendii, memoria ardoris gehenne ardorem excludat luxuriæ. »

XIX

Le *Stabat Mater*. — Jacopone da Todi. — *De Compassione B. M. V.* — Le *Moestae parentis Christi* et autres *Planctus*. — *De Tribulatione B. M. V.* — S. Bonaventure. — *De Pietate M. V.* — Le *O quot undis lacrymarum* et le *Planctus ante nescia*. — Diverses proses touchant la Passion et le *De Quinque vulneribus*. — Les Évangiles. — S. Ambroise. — Joseph l'hymnographe. — S. Bernard. — *Pianto de la Madonna*. — Une terre cuite peinte du Louvre. — Texte du *Stabat Mater*. — Traduction rythmique. — La poésie du Christ. — Le Verbe. — Hypographe.

XIX. — HISTOIRE DU « STABAT MATER »

L'histoire du *Stabat* est toute pareille. Jacopone de Todi (mort en 1306) n'inventa de cette lamentation ni tout le rythme, ni toutes les paroles, mais avec des intentions primitivement éparses, il créa un poème définitif et parfait comme la douleur supra-humaine dont les plaintes lui avaient frappé le cœur : et visité lui aussi presque corporellement par les pointes aiguës des sept Glaives, *ingemuit et cantavit*.

Quelques-uns des textes où il puisa des mots; le plus ancien, une séquence notkérienne, ne peut guère être moins vieux que le XIe siècle :

De Compassione beatae Mariae Virginis :
a. — ... Quam mater anxia stetisti, quando passionem innocentis filii compexisti inclyti cruci affixi !
b. — Cor matris lancea filio mortuo transfixit, passionem filius dum gustavit corpore, mater anima...
c. — O quam tristis et afflicta fuit illa benedicta mater unigeniti. Quod moerebat et dolebat, perpendebat hoc quaevis genetrix...
d. — Eia mater nobilis, quam vehementem dolorem gustaveras, tamen hunc tua fide temperans...
e. — Laus ejus filio...
f. — Laus quoque matri, quae condolet crucifixo.

Spécialement se retrouve dans le *Stabat* le verset *c*, qui en forme la deuxième strophe :

> O quam tristis et afflicta
> Fuit illa benedicta
> Mater unigeniti !
> Quae moerebat et dolebat
> Et tremebat, quod videbat
> Nati poenas inclyti...

De date un peu plus récente, sans doute, la très longue séquence connue sous le nom de *Planctus beatae Mariae virginis* :

Moestae parentis Christi Mariae lacrymas eia nunc recita, plebs, Agnis mitis cruore redempta.
Qui generis humani collapsi maculas purpurea lavavit in cruce, vulnera passus cruenta :
Sputa, clavos atque ludibria, spinas tulit et saeva verbera.
Mater cernens tanta supplicia flet discerpens pectus et ubera...
Inter omnes mulieres me dixisti benedictam,
Omnes nunc videre possunt me gementem et afflictam.
De hoc senex Symeon prophetat,
Dicens, ut Evangelista narrat :
Ecce positus in ruinam tuus iste filius
Et tuam animam ipsius pertransibit gladius...
Sic stat mater desolata
Jam non mater sed orbata
Dulci suo filio.
Plangit, plorat, praestolatur
Quoadusque deponatur
Corpus de patibulo.
O lacrymosus intuitus ! Sedet semimortua parens et extincti funeris in gremio tenet exuvias.
Omnia pererrat stigmata locaque cruenta clavorum et plagas cruentas, videt spinoso praecincta tempora
Serto, et in latere patentes cordis
Januas, ô gravis dolor et gemitus !
Nati quondam speciosi membra modo livida tractat mater inter manus teneras.
Manus extorquens exclamavit fletuque corpus irrigavit, stillans ut vos effundens lacrymas...
Quis potest lacrymas tenere, licet sit corde saxeo,
Et non simul condolere in hoc planctu virgineo ?
Qui cum ipsa nescit flere, non est ei compassio...
Ergo mater Jesu Christi
Propter poenas quas tulisti
Pro tuo dulci filio
Des ut tecum hic ploremus
Et cor nostrum perforemus

Compassionis gladio,
Sic, o Virgo dolorosa,
Fac nos tecum lacrymosa
Sentire suspiria,
Ut post vitam infelicem
Habeamus te ductricem
Ad aeterna gloria.

(De la triste mère du Christ, de Marie, raconte maintenant les larmes, ô peuple que racheta le sang du doux Agneau. — Du genre humain déchu, il lava les taches avec le sang de sa sanglante croix ; il souffrit de sanglantes blessures : — Il souffrit les crachats, les clous, les railleries, les épines, les verges très cruelles. — Devant de tels supplices, sa mère pleure et se déchire la gorge et la poitrine... — « Entre toutes les femmes vous m'avez proclamée bénie, — Tous peuvent à cette heure me voir gémissante et de peine accablée ». — De cela le vieillard Siméon prophétise, — en disant, comme l'Évangile le rapporte : — Voici que ton fils gît tout brisé et ton âme est transpercée par un glaive... — Ainsi elle est là, debout, la mère désolée, — Mère, non plus, mais dépouillée — De son fils très doux. — Elle se lamente, elle s'éplore, elle attend — Que l'on décloue — Le corps du gibet. — O spectacle à pleurer! La mère s'affaisse et presse sur son giron, demi-morte, ce que lui a laissé la mort. — Sa main tâte tous les stigmates et les saignants trous des clous et les saignantes plaies; les tempes sont ceintes du tortil — D'épines et sur le côté voici du cœur — Les portes ouvertes, ô trop lourde peine, ô gémissements! — Son fils très beau naguère, la mère à cette heure de ses tendres mains en caresse les membres livides. — Elle tord ses bras, elle sanglote, elle mouille le corps de ses pleurs, elle fond en larmes et l'arrose comme d'une rosée...—Ah! qui pourrait retenir ses larmes, quel cœur de pierre? — Comment ne pas se condouloir devant ces virginales lamentations ? — Celui qui est incapable de pleurer avec elle, il n'a au cœur nulle compassion... — Or donc, mère de

Jésus-Christ, — Au nom des peines que tu supportas — Pour ton fils très doux, — Fais qu'ici nous pleurions avec toi ! — Que notre cœur soit transpercé — Par le glaive de la compassion ! — Et fais, ô Vierge de douleur, — Fais que nous participions à tes larmes, — A tes soupirs, — Afin qu'après cette vie d'infélicité, — Nous méritions de t'avoir pour guide — Vers les glorieuses éternités.)

Une autre version de ce *Planctus Mariae*, manuscrit du XIIe siècle, contient, presque textuelle, une demi-strophe du *Stabat* :

> Quis est homo qui non fleret
> Christi matrem si videret
> In tanta tristitia...

D'un autre *Planctus*, cité par Mone :

> Prolem in cruce pendentem
> Moesta Mater aspiciens
> Lacrymatur incessanter
> Pectus suum percutiens.
>
> Plures movit ad dolorem
> Suo ploratu querulo,
> Natum videns cruentatum
> Tensum crucis patibulo.
>
> Animam moestae parentis
> Tunc pertransivit acrius
> Juxta verbum Simeonis
> Compassionis gladius.

(Son fils pendu à la croix, quand la triste mère l'aperçoit, elle pleure incessamment, se frappant le cœur. — Plusieurs partagent sa douleur à entendre les si plaintives éplorations de la mère qui voyait son fils sanglant cloué au gibet de la croix. — L'âme de la triste mère, très douloureusement la transperça, selon la parole de Siméon, le glaive de la Compassion.)

Dans la séquence intitulée *De Tribulatione B. M. V.*, se lit, selon le rythme définitif :

> Hic est agnus qui pendebat
> Et in cruce redimebat
> Totum gregem ovium :
> Qui cum nullus condolebat
> Matrem ejus consumebat
> Doloris incendium...

Le séraphique Bonaventure, le doux et chaste franciscain avait trouvé dans son *Recordare sanctae crucis* quelques vers excellemment rythmés que Jacopon ne modifia guère :

> Inter magnos cruciatus
> Est in cruce lacrymatus
> Et emisit Spiritum.
> Suspiremus et fleamus,
> Toto corde doleamus
> Super Unigenitum.
>
> Crucifixe, fac me fortem
> Ut libenter tuam mortem
> Plangam donec vixero.
> Tecum volo vulnerari,
> Te libenter amplexari
> In cruce desidero,

La séquence *De Pietate Mariae Virginis* semble plutôt une imitation qu'un prototype du *Stabat*. Elle est imprimée dans le Missel d'Angers de 1523.

> Festinemus omnes vere
> Matri Christi condolere
> In ejus martyrio...
> Virgo mater stat sub cruce
> Triumphante Christo suo
> Per mortem turpissimam...
> Lanceatus, depositus
> Est a cruce et sepultus.
> Sic torquetur filius...

La parité du rythme rend l'infériorité plus évidente. Il en est de même du *O quot undis lacrymarum*, prose du Bréviaire romain qui se chante à l'office des Sept Douleurs. Plus ancien et fort remarquable, le *Planctus ante nescia* est d'une verbalité toute différente ; on ne trouverait également que de rares concordances entre le *Stabat* et les divers proses *de Corona spinea, de Lanceo, de S. Sudario, in festa Faciei*, etc., accueillies par les anciens missels. On lit cependant dans un rythme *de Quinque Vulneribus* :

> Corpus quidem mortuum
> Jam nil sentiebat,
> Sed militis lancea
> Matrem transfigebat.

On se souvient des deux versets des Évangiles, point de départ de cette littérature de suprême désolation : « Stabat autem juxta crucem Jesu mater ejus. » (S. Jean, xix, 5) ; et : « Et tuam ipsius animam pertransibit gladius » (S. Luc, ii, 35). Ils furent souvent commentés en prose et c'est là la source directe de tous les *Planctus*. Ainsi, saint Ambroise en son *de Institutione Virginis* (vii, 49) : « Stabat ante crucem mater et fugientibus viris stabat intrepida. Spectabat piis oculis filii vulnera ; pendebat in cruce filius, mater se persecutoribus offerebat. » D'après un autre passage du même Père (*De Obitu Valentiniani*, 39), la Vierge ne pleurait pas : « Stabat sancta Maria juxta crucem filii et spectabat virgo sui unigeniti passionem. Stantem illam lego, flentem non lego. »

Cependant, cette intrépide impassibilité n'était pas traditionnelle, et même les hymnaires grecs, les moins tendres et les moins passionnés des poètes chrétiens, la font pleurer ; témoin ce *Stabat* grec du moine basilien, Joseph l'hymnographe, qui commence par ces mots : « Ἔλεγεν ἡ πάναγνος κλαίουσα... — La très chaste disait en pleurant... »

Pour saint Bernard, Marie au pied de la Croix symbolyse la plénitude des douleurs humaines :

> Quot angores,
> Quot dolores
> Tua sensit anima,
> Quum in crucem
> Summum ducem
> Gens levavit pessima.

Et il ajoute, en son *Liber de Passione Christi et ploribus et planctibus matris ejus* : « Cogitare libet quantus dolor interfuit matri, cum sic dolebat... Juxta crucem Christi stabat emortua Virgo... Ibi stabat dolens, confecta saevo dolore, expectans Christi corpus deponi de cruce... Haec plorabat dicens atque plorando dicebat... »

Comme Thomas de Celano pour le *Dies irae*, Jacopone de Todi avait donc, sans avoir besoin de les imaginer lui-même, tous les éléments de son œuvre lorsqu'il composa le définitif *Planctus* qui devait faire oublier tous les autres, et dont la perfection engagea à croire qu'un tel poème était une création toute personnelle et spontanée. Lui-même avait déjà écrit en italien une complainte dialoguée sur l'agonie du Christ et les douleurs de la mère du Christ. Les principaux personnages sont la Vierge, demeurée chez elle, et un Messager mystérieux qui *voit* ce qui se passe au Calvaire et le raconte à Marie ; le Peuple cà et là intervient. En voici un fragment :

Pianto de la Madonna de la passione del figlio Jesu Christo.

> Donna del paradiso
> Lo tuo figliolo e preso
> Jesu Christo beato.
> Accurre, donna, et vide
> Che la gente lallide
> Credo chello loccide
> Tanto lon flagellato.

Comme esser porria
Che non fece mai follia
Christo la speme mia
Homo lavesse pigliato.

Madonna egli e traduto
Iuda si la venduto
Trenta denari navuto
Facto na gran mercato.
Succurri madonna aiuta
Chal tuo figlio se sputa
Et la gente lo muta
Hando dato a Pilato.

O Pilato non fare
Lo figlio mio tormentare
Chio te posso mostrare
Como a torto e accusato.

Crucifige, crucifige
Homo che se fa rege
Secondo nostra lege
Contradice al senato.

O figlio, figlio, figlio
Figlio amoroso giglio
Figlio cui da consiglio
Al cor mio angustato...

Madonna ecco la cruce
Chez la gente la duce
Ove la vera luce
Dei esser levato...

Donna la man gli e stesa
Cun un ballon gli e fesa
Tanto cilon ficciato.

Haltra man se prende
Nella croce se stende
Et la dolor saccende
Che piu e multiplicato.

Donna li pie si preño
Et chiavellanse al leño
Omne iontura apreño
Tutto lan desnodato.

Et lo comencio el corotto...

(— Dame du paradis, il est pris, ton fils, Jésus-Christ le béni. Viens, dame, vois que les gens l'ont lié : je crois qu'ils l'ont tué, tant ils l'ont flagellé.

— Comment cela se pourrait-il, car il ne fit jamais aucun mal, le Christ mon espérance, que les hommes l'aient pris?

— Madame, il est livré. Judas l'a vendu, trente deniers il en a eu, et en a fait grand marchandage. Viens à son secours, Madame, car sur ton fils on crache, et les gens l'emmènent, car il est donné à Pilate.

— O Pilate ne pas faire tourmenter mon fils, car je puis te montrer comme à tort il est accusé.

(*Le Peuple*) — Crucifiez-le, crucifiez-le, l'homme qui se fait roi, selon notre loi est l'ennemie du Sénat.

— O fils, ô fils, ô fils, ô fils, ô mon amoureux lis, ô fils qui donnes réconfort à mon cœur en angoisse !...

— Madame voici la croix et les gens la dirigent vers où la vraie lumière doit être levée... Dame, sa main, on l'a tirée et avec un clou on l'a fendue, si fort a-t-on martelé. L'autre main on prend et sur la croix on la tend et la douleur s'avive, car la voilà multipliée. Dame, les pieds on lui prend et on les encloue sur le bois et toutes les jointures se fendent tant on l'a écartelé.

— Et moi je commence le chant funèbre...)

Il y a eu au Louvre, dans les salles de la sculpture du moyen âge un bas-relief italien du xve siècle, terre cuite peinte, ainsi ordonné :

Sur champ d'or la vierge et l'enfant Jésus tous deux effarés en leurs auréoles où en lettres pures se gravent les prophéties. L'un et l'autre regardent dans le noir, dans l'infini et devant leurs prunelles se dresse le calvaire. L'enfant aux fins cheveux d'or ramène à sa gorge astrictée sa menotte tremblante ; il est à moitié dévêtu : sa chemisette blanche, semée de sanglantes étoiles, lui tombe de l'épaule et sous sa brassière rouge ponctuée d'or, remontée par le roulis des muscles, le ventre se dénude et paraît son sexe puéril de Dieu chaste. L'attitude est la peur nerveuse du nourrisson, et s'il ne se rejette pas au sein maternel, c'est que, — raison et amour infinis en un corps d'enfançon, — il ne veut pas la faire pleurer. Elle ne pleure pas : elle est transfixée par de la terreur. Elle voit. Toute sa face porte les effroyables stigmates de l'hallucination douloureuse. L'œil fixe est terrifié par l'indéniable apparition. Il y a dans cet œil l'agonie au Jardin, la trahison de Judas, le reniement de Pierre, la verbération au poteau, les crachats, la croix traînée comme une chaîne le long du Golgotha, les mains fendues par les clous, les pieds déjointurés, le sang qui coule de la criblure des ironiques épines et aveugle les yeux, obstrue la bouche, le sang des mains, le sang des pieds, le sang du côté et le sang des sacrifices futurs, la mort en ignominie et la mort en gloire qui est encore la mort. La bouche est selon la courbe de la douleur la plus avérée et quelle pâleur ! La tête se penche un peu comme fascinée. A peine la mère sent-elle le présent fardeau de l'enfant ; c'est l'homme qu'elle porte et qu'elle soutient, cadavre sur ses genoux pitoyables. Sa main gauche, qui sort d'une étroite manche dorée et damassée, soutient à peine le bambin, et tout entière la femme s'affaisse dans la chaise aux volutes d'or. La robe bleue étreint une poitrine où l'angoisse, s'il n'était divin, ce lait de vierge, le ferait tourner, comme aux nourrices qui ont eu grand frayeur. Les cheveux, — et cela a un air de lamentation symbolique, un mouchoir sombre les recouvre et retombe en pleurant sur les oreilles, — coiffure peut-être de contadine, peut-être authentique de dame florentine, mais qui, là, accentue et remémore le deuil de l'âme. La merveille, c'est la tristesse absolue de la Mère et du Fils, — n'osant se regarder, se connaissant tous les deux voués à un supplice ineffable et sans rémission : mais la nature humaine, naturelle en la mère, imposée au fils par l'ordre suprême, se crispe un instant sous l'inéluctable réalité ; ils ont peur, peur l'un de l'autre, peur du spectacle visible en leurs yeux, ils ont éternellement peur, et ils savent, les inconsolables, qu'ils ne doivent pas être consolés.

Telle est cette effroyable et glorieuse œuvre d'un inconnu, qui a eu le génie d'évoquer avec rien que cela, une mère et son nourrisson, les XIV stades de la Passion du Sauveur. (Avec les mêmes éléments Raphaël donne à satiété l'impression de l'animale joie de la pouliche et de son poulain.) Je ne crois pas que l'on puisse aller plus loin dans la représentation de l'invisible par le visible, — ce qui est l'art tout entier.

Le *Stabat*, devant cette polychromie, s'égrène naturellement dans la mémoire.

Planctus B. Virginis.

Stabat mater dolorosa
Juxta crucem lacrymosa
Dum pendebat Filius.
Cujus animam gementem
Contristatam et dolentem
Pertransivit gladius.

O quam tristis et afflicta
Fuit illa benedicta
Mater Unigeniti !
Quae moerebat et dolebat,
Et tremebat, quum videbat
Nati poenas inclyti.

Quis est homo qui non fleret,
Matrem Christi si videret
In tanto supplicio ?
Quis non posset contristari,
Piam Matram contemplari,
Dolentem cum Filio ?

Pro peccatis suae gentis
Vidit Jesum in tormentis,
Et flagellis subditum.
Vidit suum dulcem Natum
Morientem, desolatum
Dum emisit spiritum.

Eia mater, fons amoris,
Me sentire vim doloris
Fac, ut tecum lugeam.
Fac, ut ardeat cor meum
In amando Christum Deum,
Ut sibi complaceam.

Sancta mater, istud agas,
Crucifixi fige plagas
Cordi meo valide.
Tui Nati vulnerati,
Tam dignati pro me pati,
Poenas mecum divide.

Fac me tecum vere flere
Crucifixo condolere,
Donec ego vixero.
Juxta crucem tecum stare,
Te libenter sociare
In planctu desidero.

Virgo virginum praeclara,
Mihi jam non sis amara:
Fac me tecum plangere.
Fac ut portem Christi mortem,
Passionis fac consortem
Et plagas recolere.

Fac me plagis vulnerari,
Cruce hâc inebriari,
Ob amorem Filii.
Inflammatus et accensus
Per te, Virgo, sim defensus
In die judicii.

Fac me cruce custodiri,
Morte Christi praemuniri,
Confoveri gratia.
Quando corpus morietur,
Fac ut animae donetur
Paradisi gloria.

Plaintes de la B. Vierge

La Mère était là, tout en pleurs
Au pied de la croix des douleurs,
　Quand son fils agonisa :
Son âme hélas! tant gémissante,
Tant contristée et tant dolente,
　Un glaive la transperça.

Oh ! qu'elle fut triste et affligée,
La bénie, la prédestinée,
　La mère du fils unique
S'apitoyait, s'adolorait,
Si fort tremblait, quand elle voyait
　Des peines si véridiques.

Quels yeux pourraient garder leurs larmes
A voir la mère de l'Adorable
　Sous le poids d'un tel supplice :
Quel homme au monde sans se contrire
Pourrait contempler le martyre
　De la mère et de son fils ?

Pour nos péchés, ô race humaine,
Elle vit Jésus en grand géhenne
　Très durement flagellé :
Elle vit son fils, son fils très doux
Baisser la tête, mourir pour nous
　Et mourir abandonné.

Source d'amour, douloureux cœur,
Fais que je souffre à ta douleur,
　Fais que je pleure avec toi :
Fais que mon âme soit tout en feu,
Que je plaise à Jésus, mon Dieu,
　Fais que j'adore avec toi.

O mère très sainte, daigne enfoncer
Les clous sacrés du Crucifié
  En mon cœur très fortement :
Je veux pâtir de ses blessures
Et je veux que ma chair endure
  La moitié de son tourment.

  Verser de vraies larmes, ô Mère,
Avec toi gémir au calvaire
  Jusques à ma dernière heure !
Permets qu'à l'ombre de la croix,
Debout, côte à côte avec toi,
  Je me lamente et je pleure.

  Vierge entre toutes claire et insigne,
Oh ! laisse-moi, cœur très indigne,
  Me lamenter avec toi :
Fais que je meure la mort du Christ,
Qu'à si grand deuil je me contriste,
  Que ses plaies saignent en moi !

Des plaies de Jésus tout blessé,
Je veux à la croix m'enivrer
  Pour l'amour de ton doux fils :
Pour tant d'amour daigne me prendre
O Vierge, et daigne me défendre
  A l'heure de la justice.

Que la croix m'enchaîne et me tienne,
Jésus me garde et me soutienne
  Au nom de son agonie :
Fais qu'à mon âme, après ma mort,
Advienne, quand mourra mon corps,
  La gloire du Paradis

Désormais, la poésie du Christ est morte et les lamentations de Marie laissent froids les cœurs populaires aussi bien que les âmes distinguées. La poésie du Christ est morte méprisée des oblateurs de sa chair et de son sang, — et j'ai peur qu'il ne s'en trouve plus d'un pour prendre en pitié, alors qu'Horace et Tibulle sont encore si peu connus, un égaré qui, au lieu de regratter ces deux pannes célèbres, exhume des reliques de Notker, d'Hildegarde ou de l'anonyme du *Planctus !*

Elle serait morte, la poésie du Christ, si le plus méprisé d'entre les poètes parias, si le poète qu'un matin, malade et ne pouvant fléchir les genoux, un ecclésiastique jeta hors d'une sacristie où il demandait la faveur de se confesser debout, si Verlaine n'avait écrit des lamentations aussi douloureusement belles que les plus éplorées des lamentations latines :

> Mon Dieu m'a dit : Mon fils, il faut m'aimer. Tu vois
> Mon flanc percé, mon cœur qui rayonne et qui saigne,
> Et mes pieds offensés que Madeleine baigne
> De larmes, et mes bras douloureux sous le poids
>
> De tes péchés et de mes mains ! Et tu vois la croix,
> Tu vois les clous, le fiel, l'éponge, et tout t'enseigne
> A n'aimer, en ce monde amer où la chair règne,
> Que ma chair et mon sang, ma parole et ma voix.
>
> Ne t'ai-je pas aimé jusqu'à la mort moi-même,
> O mon frère en mon Père, ô mon fils en l'Esprit,
> Et n'ai-je pas souffert comme c'était écrit ?
>
> N'ai-je pas sangloté ton angoisse suprême
> Et n'ai-je pas sué la sueur de tes nuits,
> Lamentable ami qui me cherches où je suis ?

> (... Et tu vois la croix,
> Tu vois les clous, le fiel, l'éponge...

> Agnus in cruce, levatur...
> Hic acetum, fel, arundo, sputa, clavi, lancea...

dit Claudien Mamert, — et le vieux *psalmorum modulator et phonascus* n'a pas un sentiment plus profond ni plus pieux du supplice divin.)

Et cette plus rare paraphrase de l'*Agnus Dei* est bien du même cycle (elle fait penser à l'*Agnello amorosello* de saint François d'Assise) :

> L'Agneau cherche l'aride bruyère,
> C'est le sel et non le sucre qu'il préfère.
> Son pas fait le bruit d'une averse sur la poussière.

Quand il veut un but, rien ne l'arrête ;
Faible, il lutte avec de grands coups de sa tête ;
Puis il bêle vers sa mère accourue et inquiète.

Agneau de Dieu, qui sauves les hommes,
Agneau de Dieu, qui nous comptes et nous nommes,
Agneau de Dieu, prends pitié de ce que nous sommes.

« Quaerit anima verbum, cui consentiat ad correptionem, quo illuminetur ad cognitionem, cui innitatur ad virtutem, quo reformetur ad sapientiam, cui conformetur ad decorem, cui marietur ad fecunditatem, quo fruatur ad jucunditatem. » (Saint Bernard, *Sermones in Cantica*, 85.) Traduction : « L'âme cherche le Verbe, avec lequel elle s'accorde vers la compréhension, par lequel elle est illuminée jusqu'à la connaissance, avec lequel elle s'efforce vers la sagesse, par lequel elle est réformée selon la sapience, avec lequel elle se plie à la beauté, avec lequel elle se marie en vue de fécondité, par lequel elle entre en jouissance de jocondité. »

Contemple, cœur mondain, lavé par tant de larmes,
La triste passion de ton très doux Seigneur,
Demande-lui pardon de ton ancienne erreur :
De la malice et du péché Jésus te garde!

APPENDICES

A. — Thomas a Kempis et les séquences dissimulées dans l'*Imitation*. — Autres œuvres du même où se rencontrent des séquences irrégulières et régulières : *Vallis liliorum,* — *Soliloquium animae,* — *Hortulus rosarum,* — *Orationes piae.*

A. — THOMAS A KEMPIS POÈTE

C'est, je crois, universellement admis à cette heure ; Thomas a Kempis, le moine de Windesheim, est l'auteur de l'*Imitation de Jésus-Christ;* s'il y avait encore un doute, il me conviendrait de le transpercer d'un ou deux mortels arguments. Le style de ce livre apparaît très spécial, plein d'assonances, souvent rythmé avec une grande décision : une attentive analyse, la transcription manuelle de tels passages, coupés selon la rime et selon le nombre, conduisent nécessairement à cette constatation, que, du commencement à la fin, sauf en des passages, ressouvenances probables d'antérieurs écrits sur le même sujet, l'*Imitation* est écrite en vers, en vers libres, un peu à la manière des proses de l'école de Saint-Gall, et notamment selon le mode du *Victimae paschali laudes.* Tel vers s'isole de la courante assonance, tel autre, qui porte une citation ou une référence aux Écritures, s'abstient du rythme ; parfois, les finales en *ari* (prononciation où la pénultième annihile le son ultime) riment avec les finales en *are*, — et il y a plusieurs autres particularités dont une patiente étude seule laisserait clarifier les apparentes incorrections. Des exemples sont, en un tel sujet, des preuves (la traduction citée est celle, un peu modifiée, du sieur de Beuil, prieur de Saint-Val) :

Liber primus. — *Caput I.*

1. *Qui sequitur me, non ambulat in tenebris, sed habebit lumen vitae. (Joan., c. XII.)*
  Haec sunt verba Christi, quibus admonemur
  Quatenus vitam ejus et mores imitemur,
  Si volumus veraciter illuminari
  Et ab omni caecitate cordis liberari,
  Summum igitur studium nostrum sit in vita Jesu Christi
   meditari.

(*Celui qui me suit ne marche pas dans les ténèbres, mais il possédera la lumière de la vie.* (Jean, ch. XII.) — 1. Voilà les paroles du Christ, par lesquelles il nous exhorte d'imiter sa conduite et sa vie, si nous voulons être éclairés de la véritable lumière et être entièrement délivrés de la cécité du cœur. Ainsi notre souveraine occupation doit être de méditer sur la vie de Jésus-Christ.)

Liber primus. — Caput XXIII.

1. Melius est peccata cavere
   Quam mortem fugere.
   Si hodie non es paratus,
   Quomodo cras eris ?
   Cras est dies incertus :
   Et qui scis si crastinum habebis ?

6. Disce nunc mori mundo,
   Ut tunc incipias vivere cum Christo.
   Disce nunc omnia contemnere
   Ut tunc possis libere
   Ad Christum pergere.
   Castiga nunc corpus tuum per poenitentiam
   Ut tunc vales certam habere confidentiam.

7. Ah ! Stulte qui cogitas
   Te diu victurum,
   Cum nullum diem habeas
   Hic securum !
   Quam multi sunt decepti
   Et insperate de corpore extracti !

(1. Il vaut mieux éviter le péché que fuir la mort. Si tu n'es pas prêt aujourd'hui, comment le seras-tu demain ? Demain est un jour incertain, et sais-tu si tu auras un demain ? — 6. Apprends dès maintenant à mourir au monde afin de commencer alors à vivre avec le Christ. Apprends dès maintenant à mépriser tout, afin de pouvoir librement aller au Christ. Châtie dès maintenant ton corps par la pénitence, afin que te soit possible la certitude et la confiance. — 7. Ah ! Insensé qui

comptes sur une longue vie, quand tu n'es pas même assuré d'un seul jour! Qu'il y en a donc de déçus, qu'il y en a de tirés de leur corps à l'improviste!)

Liber secundus. — *Caput XI.*

1. Habet Jesus nunc multos amatores
   Regni sui coelestis,
   Sed paucos bajulatores
   Suae crucis.
   Habet multos desideratores
   Consolationis,
   Sed paucos tribulationis.
   Plures invenit socios mensae,
   Sed paucos abstinentiae.

   Omnes volunt cum Christo gaudere,
   Sed pauci volunt pro ipso aliquid sustinere.
   Multi sequuntur Jesum usque ad fractionem panis,
   Sed pauci usque ad bibendum calicem passionis.
   Multi miracula ejus venerantur,
   Sed pauci ignominiam crucis sequuntur.

(1. Jésus a maintenant beaucoup d'amateurs de sa gloire et de son royaume, mais peu de porteurs pour sa croix. Il y en a beaucoup qui désirent ses consolations, mais peu ses tribulations. Il trouve plus d'un compagnon de table, mais peu d'abstinence. Tous veulent se réjouir avec le Christ, mais peu veulent endurer n'importe quoi pour lui. Beaucoup suivent Jésus jusqu'à la fraction du pain mais peu jusqu'à boire avec lui le calice de la passion. Beaucoup révèrent ses miracles, mais peu le suivent dans l'ignominie de sa croix.)

Liber tertius. — *Caput IV* (V, dans quelques éditions).

4. Amans volat, currit et laetatur :
   Liber est et non tenetur :
   Dat omnia pro omnibus
   Et habet omnia in omnibus :
   Quia in uno summo bono super omnia quiescit,

Ex quo omne bonum fluit et procedit :
Non respicit ad dona,
Sed ad donantem se convertit super omnia dona.

5. Deus meus ! Amor meus !
Tu totus meus et ego totus tuus !
Dilata me in amore,
Ut discam interiore
Cordis ore degustare
Quam suave est amare
Et in amore liquefieri et natare.

(4. L'amant vole, court et se réjouit : il est libre et rien ne le retient : il donne tout pour tous et possède tout en tous : parce qu'il se repose uniquement en ce souverain bien, d'où découlent et procèdent tous les biens : il ne regarde pas à ce qu'on lui donne, mais il s'élève de tout son cœur vers celui qui donne. — 5. Mon Dieu ! mon amour! Tu es tout à moi et je suis tout à toi! Dilate moi en amour, afin que par l'intérieure bouche de mon cœur j'apprenne à goûter combien il est suave d'aimer, et de se fondre et nager dans l'amour.)

Soumis au même traitement, le livre IV s'est presque révolté, n'a laissé issir que des vers lourds et informes; cette partie, d'ailleurs surérogatoire, n'est évidemment pas de la même main; le moine contemplatif et mystique fait place à un directeur de conscience, à un confesseur, à un médecin spirituel qui disserte des effets de l'eucharistie sur les âmes. Le continuateur a peut-être travaillé sur des notes de Thomas a Kempis : c'est tout ce qu'on peut accorder; mais j'admettrais plutôt une addition postérieure par un écrivain imitatif et de bonne volonté. Les autres ouvrages mystiques en prose de Thomas a Kempis (lesquels ne sont pas sensiblement inférieurs à l'Imitation, quoique rédigés pour un petit nombre d'élus mystiques) sont au contraire remplis de séquences; ainsi :

Vallis Liliorum. — *Caput XXV* C'est la séquence à rimes intérieures et finales :

> 2. En hodie rex vivit et imperat,
> Et cras non invenitur, nec auditur.
> Hodie in alto solio sedet et aureo pallio vestitur,
> Et cras sub terra sepelitur et amplius non videtur.
> Hodie a multis honoretur,
> Et cras a nullo curatur.

(2. Voici qu'aujourd'hui le roi rit et commande, et demain où est-il? Nul ne l'entend. Aujourd'hui assis sur un trône élevé il s'enveloppe du pallium d'or et demain le voilà sous la terre et nul jamais ne le verra plus. Aujourd'hui beaucoup le révèrent et demain nul ne s'occupera de lui.)

Poésie basée sur le parallélisme, de forme identique au § 1 du chapitre XI de l'Imitation, cité plus haut. Qui rédigea le *Vallis Liliorum* rédigea aussi l'*Imitation*. La prose suivante incite encore, semble-t-il, à la même conclusion :

Soliloquium animae. — *Caput V.*

> 2. O vitam pauperem et miserabilem,
> Vitam fragilem et lamentabilem,
> Quam boni magis patiuntur quam diligunt :
> Mali autem, etsi multum eam diligunt,
> Tamen diu in ea sustinere non possunt!
>
> O quando finieris
> Et quando cessabis
> Universa vanitas mundi ?
> Sed veniet tempus quando liberantur
> A servitute corruptionis omnes electi
> Qui jam soepe lamentantur
> Quia longe sunt a regno Christi.

(2. O vie de pauvreté et de misère, vie de fragilité et de lamentation, vie que les bons supportent, plutôt qu'ils ne l'aiment : les mauvais au contraire, bien qu'ils l'aiment beaucoup, ne

peuvent longtemps s'y maintenir. — Oh! quand finiras-tu et quand cesseras-tu, universelle vanité du monde? Il viendra le temps où seront libérés de la servitude de la corruption tous les élus qui ne cessent de se lamenter d'être éloignés du royaume du Christ.)

Hortulus rosarum. — *Caput XIII.*

> 2. Caritas nunquam est otiosa,
> Operatur enim magna
> Et sublimia,
> Inclinat se etiam libenter ad humilia
> Et abjecta.
> Ipsa perficit diligenter honesta,
> Delectatur viliora
> Sibi injungi ex obedientia.
> Non abhorret tangere infirmorum vulnera
> Lavare pedes,
> Sternare lectulos, purgare vestes,
> Tergere sordes.
> Ita patienter fert aspera,
> Laetatur inter opprobria.

(2. La Charité n'est jamais oisive, elle opère en effet des choses grandes et sublimes et s'incline encore volontiers vers les humiliations et les abjections. Elle accomplit diligemment les choses décentes et elle se délecte lorsque les plus viles lui sont par obéissance imposées. Elle n'abhore pas de toucher aux blessures des infirmes, de laver les pieds, de faire les lits, de purifier les vêtements, de nettoyer les ordures. Ainsi patiemment elle souffre les duretés de la vie et elle s'éjouit au milieu de l'opprobre.)

La séquence suivante extraite d'un traité en prose est rigoureusement régulière :

Orationes piae. — *Oratio X.*

> Gaude, Agnes, virgo Christi
> Quae in mundo dum fuisti
> Jesum dilexisti.

> Gaude, Agnes, virgo mitis
> Quae moribus redimitis
> Deo placuisti.
> Gaude, Agnes, gemma castitatis
> Quae candorem tuae puritatis
> Nunquam amisisti.
> Gaude, Agnes, pulchra facie
> Quae a nulla mundi specie
> Vinci potuisti.
> Gaude, Agnes, rosa speciosa
> Quae accepta morte pretiosa
> Coelos conscendisti.

(Triomphe, Agnès, vierge du Christ, toi qui pendant ta vie humaine aimas Jésus. — Triomphe, Agnès, ô vierge douce, toi qui ceinte de vertus, plus au Seigneur. — Triomphe Agnès, gemme très chaste, à la candeur toujours si pure, toujours pareille. — Triomphe, Agnès, car ta beauté par nulle autre beauté mondaine ne fut vaincue. — Triomphe, Agnès, rose précieuse, ta mort exquise de martyre t'ouvrit le ciel.)

N'est-ce pas bien toujours, de même qu'en l'*Imitation*, la phrase passionnée, mais un peu lasse, proférée comme avec regret par un moine qui sait que la parole véritable est la parole intérieure, par un moine qui a écrit un *Traité sur le Silence*, qu'il qualifie de sacré, « *sacrum scilicet silentium !* »

B. — Formation du Bréviaire romain actuel — Liste de toutes les proses, hymnes et principales antiphones du *Paroissien romain complet à l'usage de Paris*, avec les noms des auteurs ; à défaut, la date approximative ou la source la plus anciennement connue.

B. — HISTOIRE DU BRÉVIAIRE ROMAIN

Comme maintes fois il le fut, au cours de cette étude, noté, il ne faut pas s'attendre à trouver dans les missels actuellement liturgiques les textes authentiques des hymnes, des proses, des antiphones dues aux poètes latins mystiques du moyen âge ; ils ont été à différentes reprises mutilés.

Voici, succinctement, l'histoire du Bréviaire romain, aujourd'hui en usage dans l'Église universelle. Il date de 1568, fut la conséquence du Concile de Trente, clos en 1562. Promulgué par Pie V, il eut à subir plusieurs corrections ultérieures. Sous Clément VIII (1602), une commission composée du cardinal Bellarmin, de Baronius et de Silvius Antonianus le remania ; Urbain VIII, en 1631, délégua pour un nouveau et grave bouleversement les jésuites Faminiano Strada, Hieronimo Petrucci et Tarquino Galucci. Ces trois réformateurs corrigèrent les hymnes et les proses dans le sens d'une latinité classique (œuvre tentée en vain, dès 1523, par Zacharie Ferreri, avec l'approbation de Clément VII) et d'une conformité aux mètres d'Horace. Cette seule préoccupation leur fit faire aux textes anciens plus de 900 adultérations : tel est le bréviaire actuel, et c'est dire qu'on ne peut avouer pour ce recueil un absolu respect littéraire, — encore qu'en son ensemble il demeure l'un des plus enviables livres de lecture et de relecture qui soient au monde.

Quant au Bréviaire de Paris, il fut revisé pour la première fois en 1680, puis en 1736, sous l'inspiration janséniste et la direction de l'abbé Coffin. De cette dernière réforme sortit un ouvrage d'une abjection sans pareille, d'une infamie à faire pleurer. Dans ce témoin de la basse stupidité où était chue l'Église au xviiie siècle, la haine du mysticisme et la folie classique sont aiguisées à un tel point que dans l'office du Saint Nom de Jésus, par exemple, on lit à deux pages de distance le divin chef-d'œuvre de saint Bernard *Jesu, dulcis memoria* (qu'on n'osait encore renier) et une amplification qui débute ainsi :

Huc triomphantis proceres Olympi...

Toutes les paroisses de Paris n'acceptèrent pas une réforme où de pures poésies étaient remplacées par des odes de régent de collège. Les *Propres* de Saint-Séverin, Saint-Merry, Saint-Jacques-du-Haut-Pas, Saint-Étienne-du-Mont, etc., conservèrent leurs proses traditionnelles dont quelques-unes sont fort belles; telles, la prose de l'Office de la Réparation (Saint-Merry) :

Plange, Sion, muta vocem,
Da lamentum et atrocem
Dic furorem hominum...

La prose de S. Jacques et S. Philippe (Saint-Jacques-du-Haut-Pas) :

Vos una laeti canimus
Orbis sacri praesidia...

Il fallut, pour que le sacrilège fût accueilli universellement, le Concordat : alors, depuis le premier Empire jusque vers 1870, régna un bréviaire contenant 88 hymnes de Santeul, une centaine de l'abbé Coffin, — le reste ayant pour auteurs Guillaume de la Brunetière, Claude Santeul, frère du Victorin, Nicolas Le Tourneux, Isaac Habert, Sébastien Besnault, etc. L'actuel bréviaire est le romain; quant au *Propre* de Paris, il est toujours conforme, à peu près, au texte réformé de 1736.

On a cru intéressant, au moins pour quelques personnes, de dresser une liste de toutes les hymnes, proses et antiphones, non du Bréviaire entier, mais du Paroissien romain complet, avec indication des modifications subies par les textes, le nom des auteurs ; à défaut de nom connu, la date approximative de leur composition, ou la source la plus anciennement connue.

A

Ad coenam agni providi. .... S. Ambroise.
Adeste, fideles...................... S. Bonaventure.
   (Attribution.—Peut-être du xve ou
   même du xvie siècle.)
Ad Jesum accurrite.............. Brév. Paris.
Adoro te devote.................. S. Thomas d'Aquin.
Ad regias agni dapes.
   (Hymne modifiée.— V. *Ad coenam
   agni providi.*)
Æterne rerum conditor............ S. Ambroise.
Alma redemptoris mater.......... Hermanus Contractus.
A solis ortus cardine............. Sedulius.
   Attribué aussi à .... S. Ambroise.
Auctor beate saeculi.. .... Brév. romain.
Audi benigne conditor .... S. Grégoire le Gr.
   (4e str. modifiée.)
Aurea luce et decore roseo......... Helpidie.
Aurora lucis rutilat............... S. Ambroise.
Ave, maris stella.................. (VIIIe — Xe siècles.)
Ave, regina coelorum .... Brév. franciscain.
Ave, verum corpus natum......... S. Thomas d'Aquin.

B

Bone pastor, panis vere.
   (Fragment de : *Lauda, Sion, Salvatorem.*)

C

Christe, redemptor gentium .... S. Ambroise.
Christe, redemptor omnium....... (Xe siècle.)
Christe, sanctorum decus angelo-
   rum........................... Raban Maur.
Coelestis agni nuptias .... Fr. Lorenzini.
Coelestis urbs Jerusalem.
   (Hymne modifiée.— V. *Urbs beata
   Jerusalem.*)
Coelo quos eadem gloria consecrat. J.-B. Santeul.
Conditor alme siderum............ S. Ambroise.
Creator alme siderum.

(Hymne modifiée. — V. *Conditor alme siderum.*)
Crudelis Herodes Deum.
(Hymne modifiée. — V. *Hostis Herodes impie.*)
Custodes hominum psallimus angelos .... BELLARMIN.
(Attribution.)

D

Decora lux aeternitatis auream
(Hymne modifiée.— V. *Aurea luce et decore rosco.*)
Deus creator omnium .... S. AMBROISE.
Deus tuorum militum .... S. AMBROISE.
(2º str. modifiée.)
Dies irae, dies illa .... THOMAS DE CELANO
Doctor egregie Paule.
(Fragment de : *Aurea luce et decore roseo.*)

E

Ecce panis angelorum.
(Fragment de : *Lauda, Sion, Salvatorem.*)
Egregie doctor Paule.
(Hymne modifiée. — V. *Doctor egregie Paule.*)
Exite, filiae Sion .... Brév. romain.
Exultet coelum laudibus .... (Xᵉ — XIIᵉ *siècles.*)
Exultet Ecclesia, dum.
(Hymne modifiée. — V. *Gaude, prole graecia.*)
Exultet orbis gaudiis.
(Hymne modifiée. — V. *Exultet coelum laudibus.*)

F

Fas sit, Christe, mysteria .... *Brév. Paris.*
Festivis resonent compita vocibus. *Brév. romain.*

Fortem virili pectore.............	Sylvius Antonianus.
Funeri ne date planctum.........	*Rituel romain.*

G

Gallicae custos Genovefa gentis....	*Brév. Paris.*
Gaude, prole Graecia.............	Adam de S.-Victor.
Gaudii primordium et salutis	*Brév. Paris.*
Genovefae praeconia.............	*Brév. Paris.*
Genovefae solemnitas............	Adam de S.-Victor.
Gentis Polonae gloria	*Brév. romain.*
Gloria, laus et honor	Théodulphe.
(Hymne abrégée.)	

H

Hostis Herodes impie
(Fragment de : *A solis ortus cardine.*)

Humani generis cessant suspiria.	*Missel de Paris.*

I

Iste confessor Domini colentes.
(Hymne modifiée. — V. *Iste confessor Domini sacratus.*)

Iste confessor Domini sacratus	(IXe — Xe siècles.)
Induant justitiam	*Brév. Paris.*
Inviolata, integra et casta.........	*Ecole de S.-Gall.*

J

Jam sol reccedit igneus.
(Hymne modifiée. — V. *O lux beata Trinitas.*)

Jam surgit hora tertia............	S. Ambroise.
Jerusalem et Sion filiae	Adam de S.-Victor.
Jesu corona virginum............	S. Ambroise.
Jesu dulcis memoria.............	S. Bernard.
Jesu nostra redemptio............	S. Ambroise.
Jesu redemptor omnium	Abbé Coffin.
(Hymne corrigée. — V. *Christe redemptor gentium.*)	

L

Languentibus in purgatorio.......	(XIVe siècle.)
Lauda, Sion, salvatorem..........	S. THOMAS D'AQUIN.
Libera me, Domine, de morte aeterna........................	(XIe siècle.)
Lignum crucis mirabile...........	Brév. Paris.
Lucis creator optime..............	S. AMBROISE.
Attribué aussi à.................	S. GRÉGOIRE.
Lux de luce, Deus, fons	J.-B. SANTEUL.

M

Martyr Dei Venantius .... Brév. romain.
Memento, rerum conditor.
   (Hymne modifiée. — V. *Memento, salutis auctor.*)
Memento, salutis auctor.
   (Fragment de : *Christe, redemptor gentium.*)
Miris modis repente liber.
   (Hymne modifiée. — V. *Petrus beatus catenarum laqueos.*)

N

Nunc, sancte, nobis, Spiritus...... S. AMBROISE.

O

O filii et filiae .... (XIIe siècle.)
O gloriosa domina.
   (Fragment de : *Quem terra, pontus, aethera.*)
O gloriosa virginum.
   (Hymne corrigée. — V. *O gloriosa domina.*)
O invidenda martyrum, o poena.. Brév. Paris.
O lux beata, Trinitas............. S. AMBROISE.
O quot undis lacrymarum .... Brév. romain.
O salutaris Hostia.

(Fragment de : *Verbum super-
num prodiens, nec Patris.*)
O vos unanimes christianum chori.   J.-B. Santeul.
  (D'après un texte ancien.)

P

*Pange, lingua, gloriosi corporis
  mysterium*..................   S. Thomas d'Aquin.
*Pange, lingua, gloriosi lauream
  certaminis* (Hymne modifiée. — V.
  *Pange, lingua, gloriosi praelium
  certaminis.*)
*Pange, lingua, gloriosi praelium
  certaminis* ....   Claudien Mamert.
Panis angelicus.
  (Fragment de : *Sacris solemniis.*)
Pater superni luminis ....   Bellarmin.
Petrus beatus catenarum laqueos.   Helpidie.
Placare, Christe servulis.
  (Hymne modifiée. — V. *Christe,
  redemptor omnium.*)
Praeclara custos virginum ....   Brév. des Servites.

Q

*Quam pulchre graditur filia prin-
  cipis*........................   Brév. romain.
Quem terra, pontus, aethera ....   Fortunat.
Quem terra, pontus, sidera.
  (Hymne corrigée. — V. *Quem
  terra, pontus, aethera.*)
Quicumque Christum quaeritis ....   Prudence.
  (Hymne abrégée.)
*Quid nunc in tenebris tristis aber-
  ras*..........................   Brév. Paris.
Qui mutare solet grandibus infima.   Brév. Paris.
Quis novus coelis agitur triumphus   Brév. Paris.
Quodcumque in orbe nexibus.
  (Hymne corrigée. — V. *Quodcum-
  que vinclis super terram.*)
Quodcumque vinclis super terram.   Brév. romain.

R

Rector potens, verax Deus.........	S. Ambroise.
Regina coeli laetare..............	(XIVe siècle.)
Rerum creator optime......	S. Ambroise.
Rerum, Deus, tenax vigor.........	S. Ambroise.
Rex gloriose martyrum	(Xe siècle.)
(2e et 3e str. modifiées.)	
Rex gloriose praesulum	Brév. Paris.
Rex summe regum.................	Brév. Paris.

S

Sacris solemniis .....:...........	S. Thomas d'Aquin.
Saepe dum Christi populus........	Brév. romain.
Salutis humanae sator.	
(Hymne corrigée.—V. Jesu, nostra redemptio.)	
Salve, regina	Hermanus Contractus.
Salvete, flores martyrum.	
(Fragment de : Quicumque Christum quaeritis.)	
Sanctorum meritis inclyta gaudia	(VIIIe siècle.)
(Hymne entièrement modifiée.)	
Solemnis haec festivitas..........	Brév. romain.
Sponsa Christi quae per orbem.....	Missel de Paris.
Stabat mater dolorosa.............	Jacopon de Todi.
Sub tuum praesidium.............	S. Bonaventure.

T

Tantum ergo sacramentum.	
(Fragment de : Pange, lingua, gloriosi corporis mysterium.)	
Te deprecante corporum..........	Brév. romain.
Te Deum laudamus	S. Ambroise.
Attribué aussi à.............	S. Augustin.
et à	S. Hilaire.
Te Joseph celebrent	Brév. romain.
Te laudamus, o regnator..........	Brév. romain.
Te lucis ante terminum	S. Ambroise.

Te sancte rursus Ludovice praelia.	Brév. Paris.
Tu splendor et virtus patris........	Brév. romain.
Tibi, Christe, splendor patris......	Raban Maur.
Tristes erant apostoli.	
(Fragment de : Aurora lucis rutilat.)	

U

Urbs beata Hierusalem............	(VIIIe — Xe siècle.)
Ut queant laxis...................	Paul Diacre.

V

Veni, creator Spiritus............	Raban Maur.
(1re, 2° et 3e str. modifiées.)	
Veni, redemptor gentium..........	S. Ambroise.
Veni, sancte spiritus.............	Robert de France.
Attribué aussi à............... ...	Hermanus Contractus.
Verbum supernum prodiens, nec Patris......................	S. Thomas d'Aquin.
Verbum supernum prodiens a Patre	S. Ambroise.
Verbum supernum prodiens a Patris........................	Brév. romain.
Vexilla regis prodeunt.	Fortunat.
(1re, 2°, 3e, 5e, 6e et 7e str. modifiées.)	
Victimae paschali laudes.........	Notker Balbulus.
Attribué aussi à......	Wipo.
(Prose abrégée.)	
Votis pater annuit................	Brév. romain.

TABLE CHRONOLOGIQUE

Nota. — Bien qu'on ait suivi autant que possible la chronologie, il a été parfois nécessaire, en cette étude, de rapprocher pour plus d'intérêt, des auteurs un peu éloignés l'un de l'autre. Cette table rétablira l'ordre. Les dates indiquent soit la naissance et la mort, soit l'époque où il est fait mention du personnage, soit seulement la mort.

IIIe siècle

Commodien de Gaza.

IVe siècle

Juvencus (330). — Optatien Porphyre (324). — Antonius. — Lactance (290-324). — Fortunatus. — Symphosius Coelius. — Marius Victorinus (372). — S. Hilaire de Poitiers (368). — S. Damase (366-384). — S. Ambroise (340-397). — Sedulius (392). — Asterius (392). — Severius ou Severus sanctus Endelechius. — Faltonia Proba (400). — Ausone (379-392). — S. Jérôme (331-420). — Marcellus Empiricus.

Ve siècle

Tyro Prosper (407). — S. Gaudence (420). — S. Augustin (354-430). — S. Hilaire d'Arles (429-449). — S. Prosper d'Aquitaine (463). — Claudien Mamert (470). — Sidoine Apollinaire (482). — Avitus de Vienne (494). — Prudence (405). — Dracontius (440). — S. Paulin de Nole (410-431). — Marius Victor (425-455). — Mérobaudes. — S. Orientius (440). — S. Auspicius (470). — Paulin de Périgueux (490). — Amoenus (495). — Secundinus. — Paulin le Pénitent (376-466). — Drepanus Florus. — Arator.

VIe siècle

Rusticus Helpidius (520). — Florentinus. — Mavortius. — Coronatus. — Luxorius. — Ennodius (521). — Boèce (475-525). — Helpidie (525). — S. Remy (533). — Frédégaire. — S. Martin de Dumes (572). — Antiphonaire de Bangor. — S. Grégoire (590-604). — Flavius de Chalons (580). — Priscien.

VIIe siècle

Fortunat (600). — Marc du Mont-Cassin (612). — S. Columban (615). — Honorius Ier (625-638). — Isidore de Séville (570-638). — Liturgies mozarabes. — Bernard, moine. — Columban, moine. — Hartman. — Notker l'ancien. — Notker medicus. — Ratpert. — *Antiphonaire de S.-Gall*. — Tutilo. — Waldram. — S. Livinius. — S. Eugène de Tolède. — S. Fructuosus. — S. Domnus Ier.

VIIIe siècle

Adhelme. — S. Boniface, de Mayence (747). — Cyprien, moine. — Bède le Vénérable (735). — S. Hildefonse. — Paul Diacre. — Pierre de Pise.

IXe siècle

Le Poète saxon. — S. Paulin d'Aquilée (804). — Dagulf (809). — Charlemagne (814). — Joseph (801). — Fardulf (809). — S. Angilbert (814). — Alcuin (790-864). — S. Agobard (779-810). — Eginhard (810). — Théodulphe (821). — Bernowin (834). — S. Adalhard (826). — Ermold le noir (826). — Hildéric (834). — Raban Maur (788-856). — Walafrid Strabo (849). — Andrad (854). — S. Prudence, de Troyes (861). — Ebbo (850). — Hartman (850). — Ermanric (850). — Le Diacre Flore (860). — Servatus Lupus (862). — Engelmod. — Gotteschalc (868). — Alvarès de Cordoue (869). — Wandalbert. — Milo (872). — Jean Scot Érigène (872). — Héric (881). — Hincmar (882). — Harmot (834). — Aimoin (888). — Ratpert (890). — Angilbert de Corbie (890). — S. Tutilo (898). — Wolfard (898). — Halduin (849). — Sigloard. — Gosbert. — Ottfrid. — Loup de Ferrières (862). — Sedulius Scotus. — Hibernicus Exul. — Macer Floridus.

Xe siècle

S. Notker Balbulus (840-912). — Ratbod (918). — Salomon (920). — Waldram (920). — Abbon 923). — Cyprien de Cordoue (928). — Hucbald (930). — Odon de Cluny (942). — Cosmas Japigus (950). — Frédégod (963). — Flodoard (966). — Théoderic (984). — Erkembald (991). — Roswitha (999). — Agio (999). — Ekkehard le Vieux (973). — Ekkehard le Palatin (990). — Gunzon.

XIe SIÈCLE

Henricus monachus. — Gerbert (1003). — Surchard (1003). — Abbon de Fleury (1001). — Aimoin de Fleury (1008). — Heriger (1008). — Ademar (1029). — Fulbert de Chartres (1029). — Guido Aretinus (1034). — Dudo (1029). — Adalbero (1030). — Robert de France (1031). — Fromond (1040). — Héribert d'Eichstad (1012). — Odilon de Cluny (1049). — Berno (1018). — Wipo (1051). — Hermanus Contractus (1054). — Godeschalk. — Adelman (1061). — S. Pierre Damien (1006-1072). — Othlonus (1073). — Guido d'Amiens (1076). — Renal (1080). — Folcard. — Alphanus de Salerno (1085). — Gaiferius (1084). — Domnizon (1130). — S. Anselme de Lucques (1085). — Guillaume Apulus (1099). — Théodoric (1090). — Fulcoius (1098). — Guillaume de Poitiers (1099). — Jean de Garlandia (1040). — Gudin (1025). — Ansellus. — Zacharius. — Walphelm (1091).

XIIe SIÈCLE

S. Anselme de Cantorbery (1033-1109). — Radulfus Tortarius (1115). — Camenus (1115). — Laurent de Vérone (1119). — Rupert de S.-Héribert (1135). — Odon de Bayeux. — Udascale (1135). — Hildebert de Lavardin (1134). — Marbode (1123). — Pierre le Diacre (1138). — Serlon. — Abailard (1079-1142). — Hilaire d'Angleterre (1125). — S. Bernard (1091-1153).—Guillaume de S.-Denys (1152).— Pierre le Vénérable (1158). — Regilinde et Herrade, abbesses de Hohenbourg.— Adam de S.-Victor (1173). — S. Hildegarde (1100-1181). — Jean de Salisbury (1180). — Arnulfe de Lisieux (1184). — Philippe de Harveng (1182). — Reinier (1188). — Pierre de Riga (1170). — Pierre de Blois (1200). — Léonius de Paris. — Bernard de Cluny. — Jean de Hauteville. — Guillaume de Blois.

XIIIe SIÈCLE

Mathieu de Vendôme (1200). — Gautier de Castillon (1200). — Alain de Lisle (1203). — Innocent III (1198-1216). — Pierre de Corbeil (1222). — Thomas de Celano (1226). — S. Thomas d'Aquin (1226-1274). — S. Bonaventure (1221-1274). — Albert le Grand (1193-1290). — Godefroi de Saint-Victor. — Jean d'Antville.

XIVe SIÈCLE

Jacopon de Todi (1306). — Albert de Prague. — Conrad de Haimbourg (1360). — Jean Hondem (1350).

XVᵉ siècle

Henricus Pistor (1415). — Thomas a Kempis (1380-1471). — Conrad de Ganning. — Ulrich Stöcklins de Rottach. — Ulrich de Wessobrun.

XVIᵉ siècle

Bréviaire romain de Pie V.

XVIIᵉ siècle

Bréviaire romain de Clément VIII. — Bréviaire romain d'Urbain VIII. — Bréviaire de Paris de M. de Harlay.

XVIIIᵉ siècle

Bréviaire de Paris de l'abbé Coffin (1736).

BIBLIOGRAPHIE

Liste des principaux ouvrages consultés

A. — Ouvrages généraux, recueils d'œuvres, documents, etc.

Abbé U. Chevalier. *Bio-Bibliographie.*
Bibliotheca Maxima Patrum et antiq. scriptor. ecclesiasticorum (Lyon, 1677 et Paris, 1703-1705, 29 vol. in-folio).
Maï, *Scriptorum veterum nova collectio* (Rome, 1825-1889, 10 vol. in-4.
Corpus scriptorum ecclesiasticorum (Vienne, en cours de publ.).
Dom Martène, *Veterum Script. amplissima collectio.*
Migne, *Patrologie latine* (222 vol. in-4).
Migne, *Patrologie grecque* (166 vol. in-4).
Marrier, *Bibliotheca Cluniacensis* (Paris, 1614, in-folio).
Ellies Dupin, *Nouvelle Bibliothèque ecclésiastique* (Paris, 1690, 3 vol. in-4).
G. Fabricius, *Poetarum veterum ecclesiasticorum Opera Christiana et Operum reliquiae atque fragmenta* (Bâle, 1564, in-4).
A. Ebert, *Histoire générale de la littérature du moyen âge en Occident. Traduit de l'allemand* (Paris, 1883-84, 2 vol. in-8).
L. Dacherius, *Spicilegium veterum aliquot scriptorum* (Paris, 1723, 3 vol. in-folio).
Dom Mabillon, *Vetera Analecta* (Paris, 1723, in-folio).
Le même, *Museum italicum, seu collectio veter. scriptorum* (Paris, 1724, 2 vol. in-4).
Zaccaria, *Bibliotheca ritualis* (Rome, 1776-81, 3 vol. in-4).
Cornelius Schultino, *Bibliotheca ecclesiastica* (Cologne, 1592, 4 vol. in-folio).
Anaclet Secchi, *Hymnodia ecclesiastica* (Anvers 1634, in-8).
Voragine, *Legenda aurea* (Lyon, 1505, in-folio).
Durand, *Rationale Divinorum officiorum* (Bâle, 1488, in-folio).
Nic. Serrarii *Opuscula* (Mayence, 1611, in-folio).
J. Gretseri *Opera* (Ingolstadt, 1734, 17 vol. in-folio).
Sirmondi *Opera* (Paris, 1696, 5 vol. in-folio).
Cardinal Bona, *Rerum liturgicarum libri duo* (Rome, 1671, in-4).
Le même, *De divina Psalmodia* (Paris, 1663, in-4).
Tommasii *Opera* (Rome, 1754, 7 vol. in-4).

Jean Cochlée, *Speculum antiquae devotionis circa Missam* (Mayence, 1519, in-4).

Lazius, *De veteris Ecclesiae ritibus ac caeremoniis* (Anvers, 1560, in-4).

Dom Martin Gerbert, *Vetus Liturgia alemanica* (Saint-Blaise, 1774, 2 vol. in-4).

Le même, *Monumenta veteris Liturgiae alemanicae* (Saint-Blaise et Ulm, 1777-79, 2 vol. in-4).

Missale mixtum secundum regulam B. Isidori, dictum Mozarabes praefatione, notis et appendice ab Alex. Lesbeo, S. J. (Rome, 1755, in-folio). — Réimprimé dans: Migne, *Patr. lat.*, t. LXXXV-LXXXVI.

Wadding, *Annales minorum*.

Lebeuf, *Traité historique et pratique sur le chant ecclésiastique* (Paris 1741, in-8).

Grancolas, *Commentaire historique sur le Bréviaire romain* (Paris 1727, 2 vol. in-12).

Dom Guéranger, *Institutions liturgiques* (Le Mans, 1847, 4 vol. in-8).

Clichtove, *Elucidatorium ecclesiasticum* (Paris, 1516, in-folio).

Walraff, *Corolla hymnorum sacrorum* (Cologne 1806, in-8).

Björn, *Hymni veterum poetarum christianorum Ecclesiae latinae selecti* (Copenhague, 1818, in-18).

Mone, *Lateinische Hymnen des Mittelalters*.

Daniel, *Thesaurus hymnologicus* (Halle, 1841-56, 5 vol. in-8).

Kehrein, *Lateinische Sequenzen*.

Le même, *Anthologie aus den Christlichen Dichtern des Mittelalters* (Francfort, 1840, in-8).

F. Clément, *Carmina e poetis christianis excerpta* (Paris, s. d., in-8).

Nic. Gihr, *Les Séquences du Missel romain* [en allemand] (Fribourg en Brisgau, 1887, in-8).

Dreves, S. J. *Analecta hymnica medii aevi : Historiae rhytmicae ; Hymnarius Moissiacensis ; Hymni inediti;* etc. (En cours de publ.)

Hymnarium Sarisburiense (Londres, 1851, in-8).

Hymni, sequentiae et piae cantiones in regno Sueciae olim usitatae (Stockholm, 1885, in-16).

Balingem, *Flos hymnorum de SS. Virgine* (Douai 1624, in-8).

J. Kayser, *Etudes sur l'histoire des plus anciennes hymnes religieuses* [en allem.] (Paderborn, 1886, 2 vol. in 8).

Roth, *Lateinische Hymnen des Mittelalters* (Augsbourg, 1837, in-8).

Abbé Pimont, *Les Hymnes du Bréviaire romain* (Paris, 1884, 2 vol. in-8).

Duffield, *The latin Hymn-Writers and their Hymns* (New-York, 1889, in-8º).

J. A. Moehler, *La Patrolgie, ou Histoire littéraire des trois premiers siècles de l'Église*. Trad. de l'all. (Louvain, 1844, 3 vol. in-8).

Gaston Boissier, *La fin du Paganisme*.

Dom Ruinart, *Les véritables Actes des Martyrs*. Trad. franc. (Lyon 1827, 3 vol. in-16).
Montalembert, *Les Moines d'Occident*.
Antiphonaire de Bangor (Migne, Patr. lat., t. LXXII).
Antiphonaire de Saint-Gall (Migne. Patr. lat., t. LXXXVII).
B. Hauréau, *Singularités historiques*.
Le même, *Histoire de la phisolophie scolastique*.
Léon Gautier, *Les Tropes*.
Paradisus animae christianae, studio et op. Jacobi Merlo Hortsii. Editio altera (Lyon, 1678, in-32).
Selecta pietatis exercitia erga sacratissimum cor Jesu et purissimum cor Mariae, transcripta a N. Nilles, S. J. (Inspruck, 1860, in-12).
Anzeiger für Kunde der deutsch Vorzeit.
Coussemaker, *l'Harmonie au moyen âge*.
Abbé Darras, *La légende de Notre-Dame, hist. de la S. V. d'après les monuments et les écrits du moyen âge* (Paris, 1859, in-18).
F. M. Leoni, *Sibyllarum in veteri ecclesia auctoritas* (Venise, 1744, in-4).
Arevali, *Hymnodia Hispanica* (Rome, 1786, in-4).
Odericis Vitalis *Historia ecclesiastica* (Publiée par la *Société de l'Histoire de France*, 5 vol. in-8).
E. du Méril, *Poésies populaires latines du moyen âge* ; Paris, 1847, in-8º.
(Consulter : *A Catalogue of Fathers of the church and ecclesiastical writers to the fifteenth century*. Londres, C. J. Stewart, 1850, in-8.)
Bréviaires, missels, offices, etc.: *Offices propres de Saint-Merry* (Paris, 1733, in-12). — *Office pour la Fête de la Réparation* (P., 1725, in-12.) — *Offices propres de Saint-Etienne-du-Mont* (P., 1771, in-12). — *Offices propres de Saint-Séverin* (P., 1738 in-12). — *Offices propres de Saint-Jacques du Haut-Pas* (P., 1760, in-12). — *Pèlerinage du Calvaire sur le Mont-Valérien* (P., 1745, in-12). — *Officia propria SS. Ecclesiae Massiliensis* (Marseille 1732, in-16). — *Office divin à l'usage de Rome* (Lille, 1819, in-12). — *Office des Morts complet* (Paris, 1850, in-12). — *Heures à l'usage des personnes régulières et séculières des trois Ordres de N. P. S. François* (Paris, 1769, in-12). — Anciens Bréviaires de Burgos, Tournay, Paris, Hildesheim, Salzbourg, etc. — Anciens Missels d'Amiens, de Cluny, de Novion, de sainte Brigitte, etc. — *Missale secundum regulam S. Ambrosii* (Milan, 1504, in-folio).
Abbé U. Chevalier, *Bibliographie des Hymnes et Proses de l'Église* (En cours de publication dans les *Analecta Bollandica*).

B. — Œuvres séparées ou publiées dans Migne, Dreves, le corpus de Vienne, etc.

(Nota. — M., suivi d'un chiffre, signifie *Collection Migne*, tel tome.)
Abbon. — M. 132. — *Le Siège de Paris par les Normands, poème d'Abbon, avec la traduction en regard* (Paris, 1834, in-8).

Abbon de Fleury. — M. 139.
Abailard. — *Petri Abailardi Opera* (Paris, 1616, in-4). — M. 178.
Adalbero. — M. 141.
S. Adalhard. — M. 105.
Adam de S.-Victor. — Œuvres, édition Léon Gautier.
Adelman. — M. 143. — V. *S. Gaudence.*
Ademar. — M. 141.
S. Adhelme ou Aldhelme. — *Adhelmi opera omnia* (Oxford, 1844, in-8). — *De Virginitate* (dans *Bedae opera quaedam*, 1693). — M. 89.
Agio. — M. 137.
S. Agobard. — *S. Agobardi opera* (Paris, 1660, 2 vol. in-8). — M. 104.
Aimoin. — M. 126. — *Aimoini Monachi Libri V de Gestis Francorum. Libri II de inventione corporis S. Vincentii*, etc. (Paris, 1602, in-folio).
Aimoin de Fleury. — M. 139.
Alain de Lisle. — M. 210. — V. *Théodule.*
Albert le Grand. — *Alberti Magni opera omnia* (Lyon, 1651, 21 vol. in-folio).
Albert de Prague. — Dreves, *Anal. hymn.*
Alcuin. — *B. Flacci Albini Alcuini opera* (P. 1617, in-folio ; Monastère de Saint-Emmeramme, 1777, 2 vol. in-folio). — M. 100-101.
Alfanus. — M. 147.
Alvarés de Cordoue. — M. 121.
S. Ambroise. — *S. P. N. Ambrosii opera quae extant omnia* (Paris, 1844, 10 vol. in-8). — M. 14-17.
Amoenus. — M. 61.
Andrad. — M. 115.
S. Angilbert. — M. 99.
Angildert de Corbie. — M. 129.
Ansellus. — M. 151.
S. Anselme de Cantorbéry. — *Anselmi Cantuariensis opera* (Paris, 1675 et 1721, in-folio). — M. 158-159.
Anselme de Lucques. — M. 149.
Antonius. — M. 5.
Arator. — M. 68. — *Arator, De Actubus apostolorum* (Zutphanie, 1769, in-8).
Arnulfe de Lisieux. — M. 201. — *Arnulfi lexoviensis Epistolae*, etc. (Oxford, 1844, in-8).
Asterius. — M. 19.
S. Augustin. — *Augustini opera* (Paris 1689-1700, 11 vol. in-folio). — M. 32-47.
Ausone. — *Ausonii galli poetae opera omnia* (Florence, Ph. Junte, 1517, in-16). — *Opera quae extant* (Paris, 1730, in-4). — M. 19.
Auspicius. — M. 61.
Avitus. — M. 59. — *Alcimi Aviti De origine mundi* (Strasbourg, 1507, in-8).

Bède le Vénérable. — *Venerabilis Bedae opera omnia* (Bâle, 1563, et Cologne, 1612, 8 vol. in-folio). — M. 90-91.
Bernard le Moine. — M. 87.
S. Bernard. — *S. Bernardi opera omnia* (Paris, 1612, 6 vol. in-folio ; P., 1690 [édit. Mabillon], 2 vol. in-folio). — M. 182-185 bis.
Bernard de Morlaix ou de Morlay. — Duffield.
Berno. — Kehrein. — M. 142
Bernovin. — M. 105.
Boèce. — *Boethi opera* (Bâle, 1570, in-folio). — *Anicii Torquati Severini Boetii de Consolatione Philosophiae libri V* (Paris, 1680, in-4). — M. 63-64.
S. Bonaventure. — *S. Bonaventurae opera omnia* (Rome, 1588-1596, et Mayence, 1609, 7 vol. in-folio ; Venise, 1751-1756, 13 vol. in-4°. — *Psalterium B. M. Virginis* (Paris, 1656, in-32).
S. Boniface. — M. 89. — *Bonifacii opera omnia* (Oxford, 1845, 2 vol. in-8).
Camenus. — M. 161.
Charlemagne. — M. 97-98.
Claudien. — *Claudii Claudiani quotquot extant opuscula* (Paris, Simon de Colines, 1530. in-8).
Claudien Mamert. — M. 53.
S. Columban. — M. 80.
Columban. — M. 87.
Commodien. — *Commodiani Opera* (dans *Corpus scriptorum eccles.*, t. XV). — *Comm. Instructiones* (Witteb., 1705, in-4). — *Comm. Carmina recogn. E. Ludwig ; Particula prior Instruction. complectens* (Leipzig, 1878, in-12). — M. 5.
Conrad de Ganning. — Dreves.
Conrad de Haimbourg. — Dreves.
Coronatus. — Ebert.
Cosmas Jaspigus. — M. 133.
S. Cyprien. — *Cypriani Opera* (Paris, 1726, in-folio). — M. 81.
Cyprien de Cordoue. — M. 132.
Cyprien le Moine. — M. 89.
Dagulf. — M. 99.
Damase. — *Damasii Opuscula et gesta* (Rome, 1754, in-folio). — M. 13.
Domnizon. — M. 140.
S. Donus ou Domnus Ier. — M. 87.
Dracontius. — *Dracontii carmina* ed. F. Arevalo (Rome, 1791, in-4). — M. 60.
Drepanus Florus. M. 61.
Dudo. — M. 141.
Ebbo. — M. 115.
Eginhard. — *Œuvres complètes d'Eginhard* (publiées par la *Société de l'Histoire de France*, 2 vol. in-8). — M. 101.

EKKEHARD LE PALATIN. — Kehrein.
EKKEHARD LE VIEUX. — Kehrein,
ENDELECHIUS. — V. *Severius Sanctus.*
ENGELMOD. — M. 120.
ENNODIUS. — *Ennodii opera* (Paris, 1611, in-8). — M. 63.
ERKEMBALD. — M. 137.
ERMANRIC. — M. 116.
ERMOLD LE NOIR. — M. 105.
EUGÈNE DE TOLÈDE. — M. 87.
FALTONIA OU FALCONIA PROBA. — M. 19. — *Probae Falconiae cento Virgilianus.* (Halle, 1719, in-8).
FARDULF. — M. 99.
FLAVIUS DE CHALONS. — Mono.
FLODOARD. — M. 135.
FLORE LE DIACRE. — M. 119.
FLORENTINUS. — Ebert.
FOLCARD. — M. 147.
FORTUNAT. — *Fortunati opera* (Rome, 1786-1787, 2 vol. in-4). — M. 88.
FORTUNATUS. — M. 7.
FRÉDÉGAIRE. — M. 71.
FRÉDÉGOD. — M. 133.
FROMOND LE CÉNOBITE. — 141.
S. FRUCTUOSUS. — M. 87.
FULBERT de CHARTRES. — *Fulberti carnotensis opera varia* (Paris, 1608, in-8). — M. 141.
FULCOIUS. — M. 150.
GAIFERIUS. — M. 147.
S. GAUDENCE. — M. 20. — *Gaudentii Brixiae episcopi Sermones, etc. Accesserunt Ramperti et Adelmanni opuscula* (Patavii, 1720, in-4).
GAUTIER DE CASTILLON. — M. 208. — *Galterius de Castellione Alexandreidos Libri X* (Lyon, 1558, in-4).
GERBERT. — M. 139.
GODESCHALK. — Kehrein. — M. 141.
GOSBERT. — M. 120.
GOTTESCHALC. — M. 121.
GRÉGOIRE LE GRAND. — *S. Gregorii opera* (Rome, 1595, in-folio). — M. 75-79.
GUDIN. — M. 151.
GUIDO ARETINUS. — M. 141.
GUIDON D'AMIENS. — M. 146.
GUILLAUME APULUS. — M. 149. — *Guilielmi Apuliensis rerum in Italia, etc. Libri V* (Rouen, 1582, in-4).
GUILLAUME DE POITIERS. — M. 150.
GUILLAUME DE SAINT-DENIS. — 186.
GUNZON. — D. Martène, *Ampliss. collectio.*
HALDUIN. — M. 129.

Harmot. — M. 126.
Hartman. — M. 87.
Hartmannus. — M, 116.
Haymar le Moine. — *Haymari monachi De expugnata Accone liber tetrastichus edidit Riant* (1865, in-8°).
Helpidie. — M. 63.
Henricus Monachus. — Kehrein.
Henricus Piston. — Clément.
Héribert d'Eichstad. — M. 141.
Héric. — M. 121. — *Divi Germani quondam Attissiodorensis episcopi Vita, auctore Herico* (Paris, 1543, in-8).
Hériger. — M. 139.
Hermannus Contractus. — Kehrein. — M. 143.
Herrade. — M. 101.
Hilaire d'Angleterre. — M. 178.
Hilaire d'Arles. — S. *Hilarii Arelatensis opera* (à la suite de : *Leonis Magni opera*, Venise, 1748, 2 vol. in-folio). — M. 50.
Hilaire de Poitiers. — S. *Hilarii Pictavorum episcopi opera* (Paris, 1693, in-folio). — M. 9-10.
Hildebert de Lavardin. — *Hildeberti et Marbodii opera omnia* (Paris, 1708, in-folio). — M. 171.
S. Hildefonse. — M. 96.
S. Hildegarde. — S. *Hildegardis opuscula, epistolae, quaestiones*, etc. (Cologne, 1556, in-4). — M. 197.
Hildéric. — M. 105.
Hincmar. — *Hincmari opera* (Paris 1645, 2 vol. in-folio). — M. 126.
Hondem (Jean). — Balinghem, *Flos Hymn*.
Honorius Ier. — M. 80.
Hucbald. — *Hucbaldi de Laude Calvorum carmen mirabile* (Paris, 1853, in-16). — M. 132.
Innocent III. — *Inocentii III opera* (Cologne, 1552, in-folio). — M. 214-217.
Isidore de Séville. — S. *Isidori Hispalensis opera* (Paris, 1601, et Cologne, 1617, in-folio ; Rome, 1797-1803, 7 vol. in-4). — M. 81-84.
Jean de Salisbury. — M. 199. — *Joannis Saresberiensis opera omnia* (Oxford, 1848, 5 vol. in-8).
Jacopone de Todi. — *Jacopone de Todi, Poesie spirituali* (Florence, 1490, in 8° ; Venise, 1617, in-4).
Jean de Garlandia. — M. 150.
S. Jérome. — S. *Hieronymi opera omnia* (Paris, 1693, 5 vol. in-folio). — M. 22-30.
Joseph. — M. 99.
Juvencus. — *Juvenci Carmina recensuit F. Arevali* (Rome, 1792, in-4). — M. 14.
Lactance. — *Opera quae extant* (Leyde, 1660, in-8). — M. 6-7.
Laurent de Vérone. — M. 163.

S. Livinius. — M. 87.
Marbode. — V. Hildebert. — M. 171.
Marc du Mont-Cassin — M. 80.
Marius Victor (Claudius) — M. 61. — Clément. — *Poetae latini minores* (Altenbourg, 1780-98).
Marius Victorinus. — M. 8.
S. Martin de Dumes. — M. 72.
Mavortius. — Ebert.
Merobaudes. — M. 61.
Milo. — M. 121.
Notker l'Ancien. — M. 87.
Notker Balbulus. — *Notkeri Balbuli Liber sequentiarum*. — Clichtove. — Kehrein. — M. 87.
Notker Medicus. — M. 87.
Odilon de Cluny. — M. 142.
Odon de Cluny. — *Odonis Cluniacensis opera* (Dans Marrier, *Biblioth. clun*. — M. 133.
Odorannus. — M. 142.
Optatien Porphyre. — *Poetae latini minores* (Paris, 1824-28, 8 vol. in-8). — M. 19.
Orientius. — *Orientii Commonitoria ed. Delrio* (Anvers, 1600, in-12). — M. 61.
Othlonus. — M. 146.
Paul Diacre ou Paul Warnefrid, ou Paul d'Aquilée. - *Historiae miscellae* (Bâle, 1569, in-8). — *De origine et gestis Longobardorum* (Lyon, 1595, in-8).
Paulin Aquilée. — *S. Paulini Aquileiensis opera* (Venise, 1737, in-folio). — M, 99.
Paulin de Nole. — *S. Paulini Nolani opera aucta notis*, etc. (Vérone, 1736, in-folio). — M. 61.
Paulin de Pella ou le Pénitent. — *Corpus script. ecclesiast.* t. XVI.
Paulin de Périgueux ou Paulinus Petrocorius ou Petricordiae. — *Corpus script. ecclesiast.*, t. XVI. — *Poemata* (Leipzig, 1686, in-8).
Philippe de Harveng. — *Philippi Harvengii opera omnia* (Douai, 1621, in-folio). — M. 203.
Pierre de Blois. — M. 207.
Pierre de Corbeil. — Clément.
S. Pierre Damien. — *S. Petri Damiani opera omnia* (Paris, 1663, in-folio). — M. 144-145.
Pierre le Diacre. — M. 173.
Pierre de Riga. — M. 212. — Notices et Docum. de la S. de l'H. de France, 1884: *Versus de gaudio filii Regis*.
Pierre de Vaux-Cernay. — *Versus de victoria comitis Montisfortis* (*Ibid.*)
Pierre le Vénérable. — *Petri Venerabilis Epistolae, Rythmi et Miracula* (Paris, 1522, in-folio). — *Opera* (Marrier, *Bibl. clun.*). — M. 181.

Poète Saxon (Le) — M. 99.

S. Prosper d'Aquitaine. — *Prosperi Aquitani opera omnia* (Venise, 1744, 2 vol. in-folio). — M. 51. — *Poème de S. Prosper contre les ingrats, en latin et en françois* (Paris, 1698, in-16). — V. Prudence.

Prudence. — *Prudentius. Prosper. Joannes Damascenus. Cosmus Hierosolymitanus. Marcus episcopus. Theophanes* (S. l. n. d., in-8°; contrefaçon aldine de Lyon, vers 1502). — *Aurelii Prudentii Clementis quae extant* (Bâle, 1562 ; Amsterdam, 1667 ; Halle, 1739, in-8° ; Paris, 1687, in-4). — *Prudentii carmina ed. F. Arevalo* (Rome, 1788, 2 vol. in-4). — M. 60.

S. Prudence de Troyes. — M. 115.

Purchard. — M. 139.

Raban Maur. — *Rabani Mauri opera* (Cologne 1627, 3 vol. in-folio). — M. 107-112.

Radulfus Tortarius. — M. 160.

Ratbod. — M. 132.

Ratpert. — M. 87.

Ratpertus. — M. 126.

Regilinde et Herrade. — V. *Herrade.*

Reinier. — M. 204.

S. Remy. — M. 65.

Renal. — M. 147.

Robert de France. — M. 141.

Roswitha. — *Roswithae virginis germanicae opera* (Witheb. 1704, in-4). — M. 137. — *Poésies latines de Roswith avec une traduction libre en vers français* (Paris, 1850, gr. in-8).

Rusticus Elpidius. — M. 67.

Rupert de Saint-Héribert. — *Ruperti Tuitensis opera* (Cologne, 1602, 2 vol. in-folio). — M. 167.

Salomon l'Évêque. — M. 132.

J. Scott Érigène. — M. 122.

Secundinus. — M. 61.

Secundus. — M. 61.

Sedulius. — *Sedulii opera omnia ed F. Arevalo* (Rome, 1794, in-4). — M. 19.

Servatus Lupus. — *Servati Lupi opera* (Anvers, 1710, in-8). — M. 119.

Severius ou Severus Sanctus. — *Severii Sancti id est Endeleicht rhetoris de Mortibus boum carmen* (Leyde, 1715) in-8). — M. 19. — *Poetae latini minores* (Paris, 1824-26, 8 vol. in-8).

Sidoine Apollinaire. — *Caii Solii Apollinaris Sidonii Arvernorum episcopi opera* (Paris, 1597, in-8). — M. 58.

Sigloard. — M. 120.

Symphosius Coelius. — M. 7. — *Ænigmata et Griphi veterum ac recentium,* etc. (Douai, 1601, in-8). — V. *Notes* du chap. XIV. — *Poetae latini minores* (Altembourg, 1780-98).

Théoderic l'Évêque. — M. 137.
Théoderic le Moine. — M 150.
Théodule. — Duffield. — *Auctores octo continentes libros videlicet Cathonem, Theodulum de contemptu mundi, Alanum de Parabolis,* etc. (S. l., 1504, in-4). — *Ecloga* (Altenbourg), 1773, in-8).
S. Thomas d'Aquin. — *S. Thomae Aquinatis opera omnia* (Rome, 1570 et suiv., 17 vol. in-folio). — *L'Office du S. Sacrement en latin et en françois* (Paris, 1681, in-16).
Thomas de Celano. — Kehrein. — Clément.
Thomas a Kempis. — *Venerabilis Thomae a Kempis opuscula recognovit F.-X. Kraus* (Trèves, 1868, 2 vol. in-16).
Tutilo. — M. 87.
S. Tutilo. — M. 129.
Tyro Prosper. — Clément. — *Poetae lat. minores* (Altenbourg, 1780-98).
Udascalc. — M. 167.
Ulrich Stocklins de Rottach. — Dreves.
Ulrich de Wessobrun. — Dreves.
Walafrid Strabo. — M. 113-114.
Waldram le Moine. — M. 87.
Waldram l'Évêque. — 132.
Wandalbert. — M. 121.
Warnefrid. — V. *Paul Diacre.*
Wipo. — Kehrein. — M. 142.
Wolfard. — M. 129.
Wolphelm. — M. 154.
Zacharius. — M. 152.

NOTES

INTRODUCTION

De laude eremi. — *D. Eucherii de laude eremi libellus* (Anvers 1621, in-16). — Cf. *A rebours*, de J.-K. Huysmans (chap. III).
A. Grenier. — V. Notes du chap. VIII.
Les écrivains mystiques. — Il y aurait à chaque instant à noter les emprunts des mystiques latins à la Bible et au texte même de la Vulgate. Les *Prophètes*, le *Cantique des cantiques* et l'*Apocalypse* sont les trois sources les plus fréquentées par les poètes.
Hello. — *L'Homme*, par Ernest Hello (Paris, 1872, in-8).
Proclos. — A. Hertzberg, *Histoire de la Grèce sous la domination romaine* (Paris, 1888, 2 vol. in-8).

CHAPITRE I

Commodien. — A. Aubé, *Essai d'interprétation d'un fragment du Carmen Apologeticum* (Paris, 1883, in-8). — Cf. Ebert, Moehler et l'édition Ludwig.
Le Pape Gélase. — M. 59.
Gennadius. — M. 58.
M. Gaston Boissier. — Dans *la Fin du Paganisme*, ouvrage d'une grande valeur, malgré les préjugés classiques de l'auteur.
Apollyon. — Cf. Apocalypse, IX, 1 et 2.

CHAPITRE II

De Jona, De Sodoma, De Phoenice. — Elbert, t. I.
De Beneficiis suis christus. — Clément.
Ausone. — Cf. C. J. Jullian, *Ausone et son temps* (Rev. hist. 1891-1892).
Salvete, sancti vas amoris. — *Hymni et Cantiones Sueciae.*

CHAPITRE III

Buona Pulcella. — *Elnonensia*, 2ᵉ éd. (Gand, 1845, in-8).
Prudence. — V. sur Prudence : A Röseler, *Der Katholische Dichter Aur. Prudentius* (Fribourg en Brisgau, 1886, in-8) ; A Puech, *Pru-*

dence, *étude* (Paris, 1888, in-8); F. Kennel, *De Aur. Prudentii Clem. re metrica* (Rudolstadt, 1884, in-8) ; E. Faguet, *De Aur. Prudentii Clem. carminibus lyricis* (Bordeaux, 1883, in-8) ; H. Breidt; *De Aur. Prudentio Clem.* (Heidelberg, 1887, in-8).

CHAPITRE V

Claudien Mamert. — *S. P. N. Claudiani Mamerti de Statu animae* (Cygneae, 1655, in-16).
Fortunat, — V. Augustin Thierry.
Grégoire de Tours. — Cf. pour sa correspondance avec Fortunat le *Livre des Miracles* (Ed. *Société de l'Hist. de France;* P. 1864, in-8).
Boèce. — V. sur Boèce : H. Fraser Stewart, *Boethius, an essay* (Londres, 1891, in-8).
Le groupe des poètes africains. — Ebert, t. I.

CHAPITRE VI

S. Columban. — Cf. Montalembert, *Moines d'Occident.*
Malachie. — Cf. le P. Menestrier, *Sur les prophéties attribuées à saint Malachie.* — V. aussi : saint Bernard, *De la vie et des gestes de saint Malachie* (M., patr., lat.).
Théodulphe. — Cf. Hauréau, *Sigularités.*
Petalum. — Ancien ornement épiscopal, lame d'or qui descendait sur le front, vers le nez (*Du Cange*).
C'est à regret... — Sur les vertus des plantes et la médecine analogique, voir : Macer Floridus, *De viribus herbarum* (Paris, 1845, in-8) et J.-B. Porta, *Phytognomica* (Francfort, 1591, in-4).
Roswitha. — Sur Roswitha, Conrad Centès, Laurent de Medicis, voir Etienne, *Hist. de la Littér. italienne.*

CHAPITRE VII

Notker. — V. *Revue de Musique sacrée,* 1862.
Godeschalk. — Sur S. Jean-Baptiste dans la poésie latine du moyen âge, voir la *Légende de N.-D.,* par l'abbé Darras.
Ennodius. — G. Tanzi. *La Cronologia degli scritti di Magno Felice Ennodio ;* Trieste, 1889, in-8.

CHAPITRE VIII

Notker. — Il y eut encore plusieurs autres Notker, dont *Notker Labeo,* qui traduisit, au xie siècle, Boèce en haut allemand (Cf. Stewart, *Boethius.* — V. *Notes* du chap. V).

O Filii. — V. Appendice B.
Ave, praeclara maris stella. — Kehrein.
Jean le Géomètre. — Migne, *Patr. grecque*, t. 106.
Guillaume de Conches. — Cf. Hauréau, *Singularités.*
Grégoire le Théologien. — Grégoire de Nazianze. V. Migne, *Patr. grecque*, t. 35-38. — Cf. A. Grenier, *La vie et les poésies de S. Grégoire de N.* (Clermont-Ferrand, 1858, in-8).

CHAPITRE IX

Les Litanies. — Cf. *Paradisus animae.*
Une prose en l'honneur de S. Antoine. — Kehrein.
Ces vieilles exorations. — M. 138.

CHAPITRE X

Ave, maris Stella. — Clément.
Sanctorum meritis. — Clément.
Isaïe. — Le Talmud dit aussi, à propos des mêmes pratiques (Traité *Jebamoth*, livre IV) : « C'est comme si tu versais du sang humain ».

CHAPITRE XI

Hildebert. — Cf. Hauréau, *Les opuscules d'Hildebert de Lavardin.*
Jacques de Vitry. Le P. Chesneau. Jean de Gênes. — Ces auteurs sont cités d'après : *Rapport de M. le comte A. de Bastard sur une crosse du XIIe siècle.* (Dans *Bull. du Com. de la langue*, 1857.)

CHAPITRE XII

Mulier est confusio. — *Anzeiger f. Kunde der d. vorzeit*, nov. 1871.
Hymnes orphiques. — Ὀρφέως Ἀργοναυτικὰ, Ὕμνοι, καὶ περὶ Λίθων, *curante A. O. Eschenbachio. Accedunt H. Stephani et J. Scaligeri notae.* (Trèves, 1689, in-16.)
L'Agate. — Selon les *Hymnes orphiques*, l'agate a également des propriétés fortifiantes et excitantes, et de plus peut « rendre tel homme agréable aux femmes ». Il y a dans ces hymnes tout un traité des croyances relatives à l'agate.
Le Jaspe. — « Quand on porte sur soi une pierre de jaspe, on devient agréable aux Dieux (μακάρων), on est apte aux œuvres sacrées, on peut faire pleuvoir... (*Hymnes orphiques.*)
L'Émeraude. — « Ἀιγλήεντα μάραγδον, — l'émeraude qui brille pareille à l'air pur ». (*Hymnes orphiques.*)
Le Jayet. — « Les reptiles fuient le malodorant jayet, disent les *Hymnes orphiques* ; il guérit diverses infirmités des femmes ». —

Cela concorde avec ce que dit Marborde, mais de quelle pierre, au juste, entend parler le poète grec en décrivant ainsi le jais : « Le jais est *couleur de feu*, poli, pas très gros, il brûle en donnant une flamme telle que celle du pin bien sec ? » De telles définitions, moitié fausses, moitié vraies prouvent bien que tous ces poètes rapportent simplement de traditionnelles superstitions et que, pour ce qui est du *jayet*, par exemple, ils n'en ont jamais vu.

Le Corail. — « Le corail, selon le grec, est primitivement une herbe verte, une sorte d'algue... Vieillissant, elle se corrompt, se détache, surnage et à l'air se pétrifie tout en conservant sa forme végétale. » C'est ce que dit Marborde.

Nicholas Bozon. — Edition de la *Société des Anciens Textes*.

Un manuscrit de Carlsruhe. — Mone.

Rubens Sardius. — Hymnes Orphiques : « Le Sarde sanglant... Σάρδια δ'αίματόεντα. »

Cléandre Arnobe — *Il Tesoro delle Gioie, trattado maraviglioso. Per Cleandro Arnobio. Et hora in questi novelli giorni dato alla luce del Mondo... da Archangelo Riccio* (Venise, 1602, in-16). — Cf. sur les pierres précieuses, leurs vertus, leur symbolique : Pline, *Hist. nat.* ; Solin, *Polyhistor.* ; Avicenne, *De virtute cord.* ; Isidore de Séville, *Etymologies* ; Albert le Grand, *Comm. sur la Physique d'Aristote* ; Camillus Leonardus, *De fonte lapidum* ; Lod. Dolce, *Dialogo delle Gemme* (Trad. du *De fonte Lap.*) ; Denys le Chartreux, *Comm. sur l'Exode* ; Arius Montanus, *Comm. sur l'Exode* ; Diverses dissertations que l'on trouvera aux œuvres de Grégoire le Grand, Bède le Vénérable, Cardan, etc.

CHAPITRE XIII

S. Bernard. — On n'est pas d'accord sur l'attribution des poésies latines qui sont données ici à S. Bernard ; question très secondaire pour qui juge les œuvres en soi et non d'après la célébrité des auteurs ; voir à ce sujet Hauréau ; *Des poésies latines attribuées à S. Bernard* (Paris, 1890, in-8).

Le Mort Saint-Innocent. — Au Louvre. Cf Lenoir, *Musée*, et *Le Livret de l'Imagier*, dans le *Mercure de France*, mars 1892.

Herrade. — *Bibliothèque de l'École des chartes*, t. I".

S. François d'Assise. — Voir Ozanam, *Les Poètes franciscains*.

Ave, Caput Christi. — Mone.

Caput spinis coronatum. — *Paradisus animae*.

CHAPITRE XIV

Littérature des énigmes. — On peut consulter le recueil suivant : *Ænigmata et griphi veterum ac recentium, cum notis Josephi Castalionis in Symposium*, etc. (Douai, 1604 in-8).

Talwine et Eusèbe. — Ebert.
Hersula. — Ce mot n'est donné ni par Forcellini ni par du Cange.
Multi sunt. — E. du Méril.

CHAPITRE XV

Epitaphe d'Adam et de S. Victor. — Clément.

CHAPITRE XVI

Horloges de la Passion. — Mone.
Anastase le Bibliothécaire. — M. 127.
Laus B. Virginis. — OEuvres diverses de P. Corneille (Amsterdam, 1740, in-32).
Planctus de Christo. — Mone.

CHAPITRE XVII

Dic paraphonista. — Kehrein.
Nec mutatur. — Kehrein.
Dic, Maria. — Kehrein.
Lamentum lacrymabile. — M. 155.
Office du S. Rosaire. — (Paris, 1770, in-16.)
Sequentia contra Turcos. — Kehrein.
Rutebeuf. — La Complainte d'outre-mer et celle de Constantinople (Paris, 1833, in-8).
O quam glorifica. — Mone.
Gaude visceribus. — Clément.
Ave, Maria. — Clément.
Salve, mater Salvatoris. — Mone.
Ave, virgo singularis. — Kehrein.
Inviolata. — Mone.
Surgis et virguncula. — Kehrein.
Puteus honestatis, etc. — Kehrein.
Elle est encore, pêle-mêle, etc. — Mone. — Pour le reste du chapitre : Mone ; Kehrein ; Rottach ; Jean de Hondem ; Darras, *Légende de N. D.* ; *Selecta pietatis* ; *Missel de Salzbourg*, etc.

CHAPITRE XVIII

Audi Tellus... In tremenda... Versus de Mortuis. — Mone.
La Prose de Montpellier ; La Prose de Limoges. — Coussemaker.
La prophétie sibylline. — F. M. Leoni, *Sibyll.*
Languentibus in purgatorio. — Office divin à l'usage de Rome (Lille, Lefort, 1819, in-12).

Terret me dies terroris. — Mone.
Meditatio animae. — Mone.
Dies irae. — On trouve fréquemment dans les missels reformés cette correction à la 1re strophe :

> Dies irae, dies illa,
> *Crucis expandens vexilla,*
> Solvet saeclum cum favilla.

Et celle-ci à la 13e :

> *Peccatricem* absolvisti
> Et latronem...

De plus, généralement, la ponctuation est défectueuse.

CHAPITRE XIX

De Compassione B. M. V. — Kehrein.
Planctus B. M. V. — Kehrein.
Positus in ruinam — La Séquentiaire donne évidemment au *positus in ruinam* un sens positif tout à fait différent du sens symbolique de ce verset de S. Luc (II, 34) : « Ecce positus est in ruinam et in resurrectionnem multorum in Israel. »
Une autre version. — Clément.
D'une autre Planctus. — Mone.
De Tribulatione B. M. V. — Kehrein.
S. Bonaventure. — V. Chap. XVI.
O quot undis lacrymarum. — V. *Appendice B.*
Planctus ante nescia. — Mone.
De corona spinea... jusqu'à *De quinque vulneribus.* — Mone.
Joseph l'hymnographe. — Migne, *Patr. grecque*, t. 105
Jacopon de Todi. — Cf. A. d'Ancona, *Origine del Teatro italiano*, 2e éd. (Turin, 1891, 1 vol. in-8).
Il y a au Louvre. — Ce morceau, jusqu'au *Stabat*, a été imprimé dans le *Mercure de France* de janvier 1892 (*Livret de l'Imagier*.)
Stabat mater... Les corrections faites à cette prose dans les missels réformés sont souvent nombreuses ;

> Strophe 2 : Quae moerebat et dolebat
> *Pia mater, dum* videbat...
>
> Strophe 3 : Quis est homo qui non fleret
> *Christi matrem* si videret
> In tanto supplicio.
> Quis *posset non* contristari...
>
> Strophe 5 : In amando Christum Deum
> Ut *illi* complaceam...
>
> Strophe 7 : *Fac me pie tecum* flere...
> . . . .
> *Et me tibi* sociare...

Strophe 9 : *Ne flammis urar succensus*
　　　　　　Per te, Virgo.....

Contemple. — Traduction de l'*explicit* qu'au dernier feuillet de son Jacopone (1490) inscrivit l'imprimeur Florentin, Ser Francesco Bonaccorsi :

> Contempla cor mondan facto devoto
> La passion del tuo dolce Signore
> Chiedi perdono di tuo anticho errore
> D'ogni peccato et di malitia voto.

On attribue à Jacopon une contre-partie du *Stabat mater*, un cantique sur les joies de Marie adorant Jésus nouveau-né. En voici la première strophe, d'après le texte donné par Ozanam (*Les poètes franciscains*).

> Stabat mater speciosa
> Juxta focnum gaudiosa
> Dum jacebat parvulus.
> Cujus animam gaudentem
> Laetabundam et ferventem
> Pertransivit jubilus.

APPENDICE A

Thomas A Kempis. — D'entre les innombrables travaux sur l'auteur de l'*Imitation* le plus complet semble celui de Mgr Malou, évêque de Bruges (1856). Il est favorable au moine allemand. L'étude donnée dans la *Revue des Questions historiques*, avril 1873, est intéressante, mais elle conclut faussement que l'*Imitation* n'est l'œuvre de personne, qu'elle se forma lentement dans les cloitres, etc. On peut consulter un travail de Thomas Brunton, *Thomas A Kempis, notes, matériaux et recherches...* (Paris, Plon 1873, in-4°, — suivi d'un *Appendice* autographié), contenant plusieurs renseignements historiques importants. — L'édition de l'*Imitation* suivie ici est celle de J. Valart (Paris, Barbou, 1773, in-12) ; la traduction du sieur de Beuil (de Saci) est correcte dans la réimpression de 1745 (Paris, G. Desprez) ; pour les autres œuvres du même auteur on a suivi : *Vener. Thomae a Kempis opuscula recognovit F.-X. Kraus*, (Trèves, 1868, in-16). — Il y a au Musée Plantin, à Anvers, une lettre autographe de Thomas a Kempis, signée : *Thomas a Campis*.

APPENDICE B

Voici succinctement. — Cf. Dom Guéranger, Duffield et la *Bibliographie* A.

TABLE CHRONOLOGIQUE

Nombre de poètes mentionés à cette table ne sont pas étudiés dans le cours de l'ouvrage ; on les a écrits parmi les autres, en manière de complément. Leurs œuvres sont notées dans la *Bibliographie* B.

BIBLIOGRAPHIE

Ces deux listes d'ouvrages n'épuisent aucunement la bibliographie des poètes latins du moyen âge. — Consulter la *Bio-bibliographie* de l'abbé U. Chevalier.

INDEX GÉNÉRAL

Le texte seul, à l'exclusion de l'Appendice B, des Tables, de la Bibliographie et des Notes, est indexé. — On trouvera les noms d'animaux, de fleurs, plantes, pierres précieuses sous les rubriques *Bestiaire, Plantaire, Lapidaire*. — Les chiffres indiquent les pages.

A

Abailard, 225 à 227.
Abbon, 14, 95, 96.
Abécédaires (Hymnes), 62.
— (Poèmes), 113.
Absalon, 205.
Acrostiches, V. *Commodien*.
Acta sincera, 43, 44, 48.
Adam, 69, 125, 140, 166.
Adam de St-Victor, 235 à 243, 248, 249, 294.
Adélède, 87.
Adeste, fideles, 263.
Adhelme, 89 à 92, 97, 223.
Adorna, Sion, thalamum, 227.
Adrien VI, 253.
Æterne rerum conditor, 40.
Agathe (Ste), 42, 43.
Agnès (Ste), 331.
Alain de Lisle, 172 à 176.
Albert de Prague, 43.
Albert le Grand, 120, 121, 144.
Albigeois, 246.
Alcuin, 86 à 87, 113.
Alchimie, 120, 121, 184.
Alemans, 83.
Alexandrins (les), 17.
Alix (la belle), 145.
Alma redemptoris, 123, 124.
Alphanus, 159, 160.
Amalarius, 299.
Aman, 64.
Ambroise (S.), 39 à 42, 152, 257, 312.
Amos, 293.
Anacréon, 83.

Anastase le Bibliothécaire, 258.
André (S.), 94.
Angelico (l'), 83.
Animaux, V. *Bestiaire*.
An Mille, 289.
Anselme (S.), 18, 219 à 222, 226, 293.
Antéchrist (l'), 230, 231.
Anthemius, 66.
Antiphonaire de Bangor, 83 à 85.
Antiphonaire de S.-Gall, 35.
Antoine (S.), 134.
Apocalypse (l'), 191, 195, 257, 293.
Apollon, 37, 61.
Apollyon, 28.
Apothéose (l'), 49 à 50.
Apôtres (les), 42, 112, 159 à 160.
Apulée, 11.
Arabes (les), 268.
Aranéole, 61.
Arator, 78.
Arbre-Croix, 261.
Ariane, 15.
Aristote, 205.
Arnaud de Villeneuve, 280.
A solis ortus cardine, 62, 258.
Astrologie, 113, 114.
Athalaric, 78.
Audi benigne conditor, 78.
Audi, tellus, 289.
Augustin (S.), 42, 79, 125, 280, 282.
Aurea luce, 80.
Aurier (Albert), 194.
Ausone, 36 à 38, 61, 63, 79.
Ave, Eva, V. *Eve*.
Ave, maris stella, 151, 152.
Ave, mundi spes, 253.

Ave, preaclara maris stella, 120 à 122.
Ave, virgo singularis, mater, 271.
Ave, virgo singularis, placens, 221.
Avitus, 60, 68 à 69.

B

Barbara (Ste), 147.
Barbares (les), 59 à 61.
Bède le Vénérable, 93 à 94, 133, 134.
Bellarmin, 335.
Bénédictines, 151.
Bénédiction de l'huile, 140 à 141.
— des instruments de probation, 140.
Beneficiis suis Christus (de), 36.
Benoît (S.), 112, 179, 203, 237, 228.
Benoît IX, 253.
Bérenger (l'hérésiarque), 246.
Bernard (S.), 12, 13, 19, 83, 95, 135, 152, 155, 203 à 216, 254, 295, 313, 322, 336.
Bernard de Morlaix, 158.
Berno, 113.
Besnault (Sébastien), 336.

Bestiaire

Agneau, 110.
Agneau (Symbolisme de l'), 43, 115.
Aigle, 111, 167, 171.
— (Symbol.), 257.
Aletust, 168.
Ane (Symb.), 168.
Anesse (Symb.), 168.
Basilic, 168.
Bélier, 110.
Bœuf, 30.
— (Symb.), 257.
Brebis, 110.
Centaure, 168.
Chambal, 168.
Chimère, 167.
Chimère (Symb. de la prostituée), 180.
Colombe, 111.
— (Symb.), 48, 49.
Coq de clocher (Symb.), 232.
Corbeau, 91.
Couleuvre (Symb.), 109.
Cynocéphale, 168.
Daim, 225.
Dragon (Symb.), 168 à 171, 180, 190, 257, 258.
Eglisserion, 170.
Geai noir, 91.
Griffon (Symb.), 167, 168, 190.
Guivre, 168, 190.
Homme-Ane, 168.
Homme-Centaure, 168.
Léopard (Symb.), 43, 169, 257.
Léviathan, 170, 267.
Licorne (Symb.), 170, 171.
Lion, 24, 25, 110, 111, 169, 171, 180, 256.
Lion (Symb. de J.-C.), 257.
— (Christs à tête de), 258.
Lionne (Symb. eucharistique), 169.
Lions (Symb. des Deux), 43.
Loup, 30, 142.
Louve, 167.
Lynx, 18.
Monocentaure, 168.
Monoceros, 170.
Mouton, 225.
Panthère (Symb.), 52, 170, 257.
— (Symb. de J.-C.), 169.
Panthère (Symb. de la vaine gloire), 169.
Paon, 223.
— (Symb.), 91.
Paraude, 168.
Pard, 169.
Phalère, 63.
Phénix (Symb.), 27, 35, 36, 168, 261.
Plongeon, 91.
Poulain (Symb.), 97.
Pseudosirène, 190.
Rhinocéros, 171, 226.
Rosmaro, 168.
Sagittaire, 168.
Sirène, 167.
Sirène ailée ou Sirène-Oiseau, 167, 168.
Sirène-serpent, 168.
Sirène-dragon, 168.
Sirène-poisson, 168.
Stryge, 168.
Unicorne. V. *Licorne*.
Vautour, 63.

Veau, 110, 111.
Ver, 110, 111.
Vipère (Symb.), 51 à 52.
Wivre, 168, 190.

Beuil (le sieur de). V. *Sacy*.
Bible (la), *passim*, 15, 43, 69. etc.
Bobio (Monastère de), 83.
Boèce, 79 à 80.
Boissier (Gaston), 24.
Bonaventure (S.), 254 à 261.
Boniface (S.), 223.
Bourguignons (les), 459.
Bréviaire (le), 40, 43, 48, 335 à 343.
Bréviaire corrigé, 152, 335 à 343.
— romain, 335 à 343.
— de Paris, 335 à 343.
— de Naples, 147.
— des Maronites, 281.
Brunetto Latini, 168.
Burgondes (les), 61.

C

Calliope, 61.
Calvaire (le), 15. V. *Stabat mater*.
Cantilène de sainte Eulalie, 47, 48.
Carmen apologeticum, 27 à 30.
Carmen de conflictu hiemis et veris, 113.
Carmen de ingratis, 78.
Castitatis gradus, 161.
Catalogue des hommes illustres (le), 23.
Cathemerinon, 47 à 48.
Catholicon (le) de Jean de Gênes, 160.
Catulle, 12.
Centès (Conrad), 99, 100.
Cento nuptialis, 37.
Cerf (corne de), 187.
— (os de cœur de), 186.
Céruse, 67, 68.
Chair (la), 17 à 20, 64 à 66, 97, 203 à 208.
Chananéenne (la), 114, 115.
Chanson de Roland (la), 12.
Chapelet de virginité (le), 144, 145.

Charlemagne, 83, 86, 87, 92, 96.
Charles le Chauve, 113.
Chasteté, 161.
Chesneau (le P.), 169.
Christine (Ste), 159.
Cierges du Jeudi saint (Symb.), 142.
Citeaux (Monastère de), 172.
Cicéron, 83, 205.
Claire (Ste), 147.
Clairvaux (Monastère de), 203, 206, 208, 216.
Claudien, 11, 36, 189.
Claudien Mamert, 73 à 75, 261, 321.
Clavicule (la), 89.
Cléandre Arnobe, 170, 171, 187, 199.
Clément (Félix), 111, 119.
Clément d'Alexandrie (S.), 281.
Clément VII, 335.
Clément VIII, 335.
Clergé (mœurs du), 156, 157, 229 à 232.
Clergé (pénitences publ. du), 139.
Clichtove, 119.
Cluny (Monastère de), 158, etc.
Coffin (abbé), 335, 336.
Collationes, 18.
Colombe (Symb.), 48, 49.
Colombe (Ste), 85.
Columban (S.), 83, 84, 113.
Côme de Jérusalem, 278.
Comgil (S.), 81.
Commodien, 16, 21 à 31.
Commonitoires, 64 à 66.
Compassione, B. M. V. (de), 307.
Compositum de compositis, 120-121.
Conditor alme siderum, 40.
Consolation de la philosophie, 80.
Constantin, 17.
Conrad de Ganning, 215.
Conrad de Haimbourg, 115, 197.
Corinne, 68.
Corneille (P.), 262.
Coronatus, 79.
Couronnes (le Livre des), 49.
Crocs, 43, 44.
Croix (la), 14, 51, 73 à 75, 78, 261.
Croix (échelle des péchés), 212.
Cum recordor diem mortis, 299.
Cymbale, 147.
Cyprien (S.), 27, 35.
Cyrus, 38.
Cythare, 117.

D

Damase (S.), 42 à 44.
Daniel l'hymnographe, 119.
Dante Alighieri, 80, 120.
David, 62, 262.
Décadents, 16.
Delrio, 66.
Denise (Louis), 263.
Diable (le), 109, 141, 162, 170, 171, etc.
Diane, 36.
Didier (le roi), 92.
Didon, 15, 68.
Dies irae, 24, 94, 287 à 304.
— (Texte du), 301.
— (Trad. du), 302.
Disibodo (S.), 128.
Dominicains (les), 13.
Dracontius, 69.
Du Cange, 169.
Duns Scot, 282.

E

Ebert, 11, 94.
Ecce jam noctis, 78.
Ecce panis angelorum, 244.
Ekkehard le Palatin, 113.
Ekkehard le Vieux, 112, 113.
Elien (l'hérésiarque), 280.
Énigmes, 92, 222 à 224.
Ennodius, 23, 78, 79, 111, 280.
Ephrem (S.) 280.
Epiphanie, 85.
Ermold le Noir, 95 à 97.
Étienne de Langton, 145.
Eucharisticon, 63.
Eucharistique (Poésie), 243 à 249.
Eucher (S.), 13.
Eudes (le roi), 96.
Eulalie (Ste), 47 à 49.
Euphémie (Ste), 78.
Eusèbe, 223.
Eutychéens, 78.
Eva-Ave, 276.
Eve, 69, 76, 107, 108, 124, 276.
Evêques (les), 13.
Exempla (les), 52.
Exode, 199.
Ezéchiel, 199.

F

Femina dulce malum, 180.
Femme (la), 18, 64, 66 à 68, 179 à 180, 191, 219 à 221.
Femmes (Saintes), 42, 142.
Ferreri (Zacharie), 335.
Fin du Monde (la), V. *Jugement dernier*.
Flavius, 246.
Fleurs, V. *Plantaire*.
Flore le Diacre, 92, 93.
Florentinus, 79.
Fornication, 19 à 20.
Fortunat, 73, 75 à 78.
Fous (Fête des), 105.
Franciscaine (Poésie), 251 à 255.
Franciscains (les), 13.
François d'Assise (S.), 147, 158, 212, 213, 253, 254, 287, 321.
Francs (les), 60, 83, 96.
Frisons (les), 113.
Fromond, 157.
Fulbert de Chartres, 160 à 162.
Fulde (Monastère de), 94, 97.

G

Gaisberg (Franciscus), 106.
Gallicanus (le), 99.
Gallo-Romaines (les), 67 à 68.
Galucci (Tarquino), 335.
Gaude visceribus, mater, in intimis, 270.
Gautier (Léon), 103.
Gélase, 23.
Geneviève (Ste), 147.
Gennadius, 23.
Gerbert, 160.
Germains (les), 60, 61.
Gerson, 280.
Gloria in excelsis, 143.
Godeau, 61.
Godeschalk, 13, 114 à 116.
Goths (les), 28, 83.
Gratien, 63.
Grégoire le Grand, 78, 85, 103, 253.
Grégoire VII, 85, 171, 253.
Grégoire de Nazianze, 15, 90, 126, 170.
Grégoire de Tours, 78.
Grenier (A.), 15.
Grimald, 97, 106.
Grünewald, 215.
Guillaume de Conches, 126.

H

Habert (Isaac), 336.
Hac Clará Die, 273.
Hamartigeneia, 50 à 52.
Hauréau, 14.
Hello, 15.
Helpidio, 80.
Henri III (l'empereur), 119.
Henricus Monachus, 120.
Henricus Pistor, 249.
Héribert d'Eichstad, 158.
Hermanus Contractus, 120, 122 à 124, 153.
Hermas, 27, 80.
Herrado, 208.
Hérules (les), 59.
Heures canoniales, 40 à 41, 255 à 257.
Heures franciscaines, 135.
Hexameron, 69.
Hilaire d'Arles (S.), 78.
Hilaire de Poitiers (S.), 38 à 39.
Hildegarde (la reine), 87.
Hildegarde (Ste), 13, 124 à 129, 167, 169, 181, 183 à 184, 187, 321.
Hildebert de Lavardin, 165 à 172, 278, 294.
Holopherne, 64.
Homme (l'), 15.
Horace, 12, 15, 17, 67, 68, 152, 320, 335.
Horloges de la Passion, 256.
Hormisdas, 78.
Hortus deliciarum, 208.
Hortulus rosarum, 330.
Hostis Herodes impie, 39.
Hucbald, 113.
Hugues de St-Victor, 171.
Huile (l'), 140, 141.
Huns (les), 60.
Huysmans, 13, 39, 59, 67, 97.
Hymnarium sarisburiense, 160.
Hymne des douze pierres, 192.

I

Imitation (l'), 325 à 331.
Impureté, 19.
Incarnation, V. *Saint Esprit*.
Index librorum prohibitorum, 23.

Innocent III, 253 à 254.
Irlande, 83.
Interiori domo (De), 19.
Inviolata, 273.
Isaïe, 221.
Isidore de Séville, 181, 304.
Islam (Cardinaux de l'), 167.
Ivoire (Raclure d'), 186.

J

Jacopon de Todi, 205, 206. 307 à 320.
Jacques de Vitry, 52, 167.
Jam lucis orto sidere, 41.
Jardin des délices (le), 208.
Jean (S.), 191, 195, 241, 312.
Jean-Baptiste (S.), 114, 240.
Jean Damascène (S.), 128.
Jean de Gênes, 169.
Jean de la Croix (S.), 155.
Jean le Géomètre, 124.
Jérémie, 20, 62, 298.
Jérôme (S.), 15, 35, 258.
Jérusalem céleste (la), 165, 191, 195 à 198, 227.
Jesu corona virginum, 40.
Jesu dulcis memoria, 210.
Jesu ave fax amoris, 212.
Jesus refulsit omnium, 38.
Jésus (Compagnie de), 281.

Jésus-Christ

J.-C., *passim*.
— vainqueur d'Apollon, 37.
— figuré par toute la nature : agneau, brebis, serpent, pierre, flamme, montagne, vigne, fleur, etc., 110 à 111.
— litanies, 143 à 144.
— pourquoi homme, 166.
— résurrection, 227, 239, 240.
— incarnation, 267.
— symboles et métaphores : couronne des vierges, 40 ; agneau paissant les lis, 40, les fleurs, 116 ; agneau sur la croix, 74, 75 ; agneau dormant au

lit des vierges, 115, 116 ; agneau se reposant dans les girons virginaux, 116 ; mains du Père, 37 ; géant de la double substance, 39 ; prince de la vie, 119, 120 ; serpent d'airain, 121 ; vase recuit, 122 ; panthère, 169 ; lion, 171, 257 ; dragon, 171 ; aigle, 171, 257 ; bœuf, 257 ; serpent, 257 ; homme, 257 ; pierre angulaire, 197 ; *sol de stella*, 209 ; grappe de chypre, 274 ; branche de myrte, 274 ; grappe écrasée sous le pressoir de la Croix, 248.

Job, 171.
Joël, 208.
Jona (De), 35.
Jonathas, 205.
Joseph l'hymnographe, 278, 312.
Jugement de Dieu, 141 à 142.
Jugement dernier, 21, 24 à 30, V. *Dies irae*.
Juifs (les), 30, 119, 120.
Jules II, 279.
Jumièges (Abbaye de), 104.
Junte (Philippe), 36.
Justin, 23.
Juvénal, 15.
Juvencus, 35, 222.

K

Χαῖρέ μοι ὁ Βασιλεύς, 124.
Kehrein, 119.
Konrad II, 119.

L

La Brunetière (Guillaume de), 336.
Lactance, 35.
Laetabundus, 208.

Laforgue, 16.
Lamentatio peccatricis animae, 165, 171 à 173.
Lamentum lacrymabile, 268.
Languentibus, 296.

Lapidaire

Agate, 173, 181, 361.
— (Symb.), 198, 199.
Aigue-marine, 185.
Aimant, 167, 189.
Alectoire, 181 à 182.
Almandine, 191, 198.
Ambre, 145, 187.
Améthyste, 187, 188, 192.
— (Symb.), 194, 195, 198, 199.
Arménie (Pierre d'), 183.
Aromatite, 191.
Astroïte, 173.
Azur (Pierre d'), 183.
Béril, 185.
— (Symb.), 192, 193, 194, 198, 199.
Bufonite, 191.
Calcédoine, 192, 195, 197.
— (Symb.), 192, 194, 199.
Chélidoine, 188.
Chrysolithe, 185, 186.
— (Symb.), 192, 193, 194, 198, 199.
Chrysoprase, 187, 193, 195.
— (Symb.), 199.
Corail, 186, 189 à 190, 362.
— blanc, 186.
Cornaline, 190.
Corsoïde, 183.
Diamant, 173, 190.
— (Symb.), 198.
— jaune, V. *Jargon*.
Electrum, 53, 54.
Emeraude, 184, 361.
— (Symb.), 192, 194, 197, 199.
— Orientale, 186.
Escarboucle, 173, 190.
— (Symb.), 199.
Galactite, 183.
Girasol, 191.
Grammatite, 183.
Grenat, V. *Escarboucle*.
— oriental, 186.
Héliotrope, 183.
Hématite, 191.

Hirondelle (Pierre d'), V. *Chélidoine*.
Hyacinthe, 173, 186, 192.
— (Symb.), 193 à 195, 198, 199.
— (Electuaire d'), 186.
— orientale, 186.
Jais, 188, 361, 362.
Jargon, 191.
Jaspe, 182 à 183, 192, 361.
— (Symb.), 192, 194, 197, 199.
Jayet, V. *Jais*.
Marcassite, 191.
Mica, 191.
Ollaire, 191.
Onyx, 184 à 185.
— (Symb.), 198, 199.
Opale, 195.
— dorée, 191.
Panthère, 183.
Paranite, 191.
Perle, 173, 186, 191, 195, 210.
— (Symb.), 198.
Polygramme, 183.
Pseudomalachite, 183.
Pseudoprase, 183.
Pseudosaphir, 183.
Rubis, V. *Escarboucle*.
— (Symb.), 199.
Saphir, 173, 183, 192.
— (Symb.), 192, 194, 199.
— oriental, 186.
Sarde, 192, 362.
— (Symb.), 192 à 194, 198, 199.
Sardoine, 192, 195.
— (Symb.), 192, 194, 197, 199.
Sardonyx, V. *Sardoine*.
Serpentine, 191.
Smaragdo-prase, 191.
Talc, 191.
Tarqueuse, 191.
Térébenthine, 183.
Topaze, 185, 186, 192.
— (Symb.), 193, 195, 199.
— orientale, 186.
Tourmaline, 191.
Turquoise, 191.

Latin d'Eglise, 12 à 15.
Lauda Sion, 243.
Laude Eremi (De) 13.
Laudes crucis, 242.
Laudes B. M. V., 262.

Laudibus Virginis (De), 135.
Lazare, 49, 137, 138.
Leconte de Lisle, 244.
Lemures, 184.
Léon X, 253.
Lesbia, 68.
Le Tourneux (N.), 336.
Libellus precum, 133.
Libera (le), 12, 287.
Liber de planctu naturae, 172 à 176.
Liber vitae meritorum, 129.
Licorne (Corne de), 170, 186.
Liguori, 17.
Litanies, 113 à 147.
— origine, 133.
— rythmées, versifiées, 133 à 135.
— gréco-latines, 134 à 135.
— séquences, 135, 136.
— diverses, 136 à 139, 142 à 143.
— dialoguées, 139.
— des pénitences publiques, 140.
— du Jugement de Dieu, 141 à 142.
— de Grande consolation, 143.
— de la sainte Vierge, 144 à 147.
— de Ste Claire, de S. François, etc. 147.
Liturgie, 41, 62.
— Mozarabe, 85 à 86, 136, 137.
— des pénitences publiques, 140.
— de la Bénédiction de l'huile, 140 à 141.
— des Jugements de Dieu, 141 à 142.
— (les Proses en), 104, 152.
— musicale, 151.
Livre des Gemmes (le), 181 à 191.
Lombards (les), 83, 92.
Lorenzini, 337.
Loth (la femme de), 35.
Louis le Débonnaire, 96, 97.
Luc (S.), 312.
Lucie (Ste), 159.
Lucis creator optime, 41.
Lupus (le pape), 62.
Luxeuil (Monastère de), 83, 84.
Luxorius, 179.
Macchabées (les), 36.
Macer Floridus, 98.

Madeleine (Ste), 100, 114, 115 302, 301.
Mages (les), 38, 108.
Mahomet, 165, 166.
Majorien, 60.
Malachie, 81.
Mamelles (Symbolisme des), 43 à 44.
Mammès (S.), 97.
Manus sanctae, vos avelo, 213.
Marbode, 179 à 195, 197.
Marc (S.), 258.
Mariage (le), 90.

Marie (La Vierge)

Marie, *passim*.
— 267 à 283.
— vierge et mère 39, 40,52, 62, 107 à , 121 à 126, 146, 209, , 228, 239 ; — métaphores à ce sujet, 272 à 283 ; — discussions théologiques sur la fécondation par le Saint-Esprit, et la formule *Sine virili semine*, 280 à 283.
— préside aux épousailles célestes, 158 à 159.
— son anneau incrusté de gemmes, 197 à 198.
— mère de son père et mère de son amant (*amatorem*), 270.
— (culte du ventre, des mamelles, de l'utérus de), 278 à 279.
— (Métaphores sur) : fenêtre du ciel, porte de la lumière, 76 ; étoile, 121 à 124, etc. ; porte close, 121 ; belle comme l'éclair, 121, 122 ; grâce du Divin, 124 ; tige, diadème, miroir, 125 ; marjolaine de pureté, romarin, etc., 144 ; lit de repos, garde-meuble, chapelle, encensoir, cythare, cymbale, lampe, bibliothèque, cellier, etc., 147 ; trésor, jardin, fontaine, source, etc., 210 ; palais, manoir, exorde, toison, terre vierge, sanctuaire, gemme, lingot d'or, etc., 222 ; fleur d'épine sans épines, 238 ; buisson ardent, rose, luminaire, tabernacle, lis, etc., 254 ; puits, gâteau, cellule, lumière sans éclipse, baume, cave, toison de brebis, candélabre, lit de la pudeur, fontaine d'édulcoration, halo éthéré, lanterne, cour royale, etc., 274 ; porte de cristal, officine du Pain vivant, tour de guerre, conque, pâture, parasol, racine, échanson, tourterelle, vierge colombine, salle de festin, etc., 275.
— (Ventre de), jardin où l'on récolte : myrrhe, encens, ambre, storax, aloès, résine, tutie, galbanum, safran, genièvre, térébinthe, etc., 146 à 147.

Marie de la Présentation (Sœur), 143.
Marius Victor, 14, 17, 66 à 68, 69.
Marius Victorinus, 36.
Martial d'Auvergne, 207, 208.
Martin (S.), 61, 78.
Martyriser (Outils à), 43 à 44.
Martyrs (les), 159 à 160.
Matthieu (S.), 35, 292.
Matthieu de Vendôme, 224 à 225, 226.
Maurice (S.), 87.
Mavortius, 79.
Maximin (le juge), 44.
Médicis (Laurent de), 99.
Mercure, 30.
Me recepiet Sion illa, 165.
Meretrice (De), 179.
Mérobaudes, 278.
Métrique, 27, 151, 152.
Milton, 68.

Minium, 67, 68.
Minucius Felix, 27.
Missale mixtum, V. *Liturgie mozarabe*.
Missel de Salzbourg, 280.
Moeslae parentis, 308.
Moines, 13.
— (Règles des), 215 à 216.
Mort (la), 167, 203 à 208.
— mystique de l'âme, 259.
Morts (Danse des), 207 à 208.
Mort Saint-Innocent (la), 208 à 209.
Moselle (la), 37.
Muse, 187.
Muses (les), 37.

N

Nard, 85.
Nature (la), 173 à 175.
Néron, 21, 28, 29.
Nicée (Concile de), 280, 281.
Nicholas Bozon, 191.
Noël, 39, 208.
Normands (les), 96, 101.
Notger, 119.
Notker Balbulus, 103 à 110, 119, 120, 321.
Notker de Liège, 119.
Nuit obscure de l'âme (la), 155.

O

Odon de Cluny, 18, 100, 162, 203, 291.
Odon de Sully, 105.
O dulcissime Jesu, 212.
Office de la Vierge (Petit), 70.
O filii, 120.
O gloriosa Domina, 76.
O miranda vanitas.
O miseratrix, 157.
Ongles, 43, 44.
Oppien, 91.
Optatien Porphyre, 222.
Opus paschale, 63.
Or (Feuilles d'), 187.
Oratione piae, 330.
Orientius, 64 à 66.
Origine mundi (De), 68.
Orphiques (Hymnes), 181.

Othlonus, 292.
Ovide, 15, 67, 68, 79, 86, 226.
Ozanam, 255.

P

Pange lingua gloriosi corporis, 215.
Pange lingua gloriosi praelium, 73.
Panthéisme, 110 à 212.
Pâques, 77, 119, 120.
Paraclet, V. *Saint-Esprit*.
Paradis (Description du), 158 à 160, 197.
Paradisus animae, 215.
Paul (S.), 17, 28, 68, 226, 254.
Paul Diacre, 92.
Paulin de Nole, 37 à 38.
Paulin de Pella, 63.
Paulin de Périgueux, 78.
Pauvre (le), 87 à 88, 94, 158.
Pierre (S.), 28, 113.
Pierre Damien, 155 à 157, 248, 293.
Pierre de Blois, 231 à 232.
Pierre de Corbeil, 111.
Pierre le Diacre, 229 à 231.
Pierre le Vénérable, 103, 227 à 228.
Pierre philosophale, 191.
Pierres précieuses, V. *Lapidaire*.
Peignes, 43, 44.
Pélage (S.), 99 à 100.
Pénitences publiques, 139 à 140.
Pentecôte, 128.
Peristephanon, 47 à 49.
Pernety (Dom), 181.
Perpetuus, 61.
Petreius, 73.
Perversité des mœurs (De la) 66 à 68.
Petrucci (H.), 335.
Pharisiens, 114, 115.
Philippe de Harveng, 223.
Philomena, 255 à 260.
Phoenix, 36.
Phoenice (De), 35 à 36.
Physologus (le) d'Hildebert, 165 à 171.
Pie V, 335.
Piante de la Madona, 313.
Pierre de Riga, 222.
Pindare, 15.
Planctus B. M. V., 308.

PLANTAIRE.

Ache, 98.
Aloès, 115, 186.
Amaranthe, 159.
Angélique, 187.
Baume, 159.
Bétoine, 98.
Bistorte, 187.
Cèdre, 115.
Cerfeuil, 98.
Chardon bénit, 187.
Cinnamome, 146.
Cobar (Bois de), 187.
Coriandre, 187.
Crocus, 187.
Cyprès, 115.
Dictame, 187.
Douve, 49.
Eclaire, 98.
Encens, 145, 159.
Fenouil, 225.
Figuier, 145.
Galbanum, 146.
Genièvre, 146.
Gingembre, 225.
Glaïeul, 98.
Hysope, 146.
Laurier, 146, 185.
Livèche, 98.
Lys, 40, 68, 144, 159, 225.
Marguerite, 144.
Marjolaine, 144.
Maroube, 98.
Mûrier, 145.
Myrrhe, 145, 191.
Nard, 146, 159.
Ongle, 145.
Oseille, 187.
Pavot, 98.
Pervenche, 187.
Pouliot, 98.
Raifort, 98.
Résine, 146.
Romarin, 144, 146.
Rose, 48, 53, 144, 159, 187.
Roseau, 145.
Rue caprine, 187.
Safran, 146, 159.
Sandalum, 187.
Sauge, 99.
Souci, 144, 145.
Storax, 145.
Térébinthe, 146.
Thym, 159.
Troène, 85.
Tormentille, 187.

Tutio, 146.
Vigne, 90, 110, 147, 160.
Violette, 53, 68, 114, 117, 225.

———

Platon, 126.
Plaute, 13.
Pline l'Ancien, 181, 187.
Polemius, 61.
Port-Royal, 78.
Proclos, 17.
Proserpine, 36.
Proses, V. *Séquences*.
Prosodie, 14.
Prosper d'Aquitaine, 78.
Protoévangile de Jacques, 62.
Prudence, 12, 45 à 55, 73, 78, 152.
Prüm (Monastère de), 96.
Psaltérion, 159, 160.
Psalterium B. M. V., 262.
Psychomachie, 12, 52 à 55.

R

Raban Maur, 91 à 95, 222.
Racine (Louis), 78.
Rameaux (les), 88.
Raphaël, 83.
Raymond Lulle, 89.
Recordare sanctae Crucis, 260.
Rector potens verax Deus, 41.
Reinier, 224.
Remy (S.), 96.
Renaissance (la), 84, 207, 255.
— Carlovingienne, 84.
Renan, 14.
Rerum Deus tenax vigor, 41.
Rythme, 111, 115, 151.
Rythmus de sanctissima Virgine, 153 à 156.
Riccio (A.), 170.
Robert de France, 95, 127, 153, 222.
Roswitha, 99 à 100.
Rottach (Ul. St. de), 247, 248, 279, 297.
Roth, 134.
Rubrique sur tous les états, 156 à 157.

Ruinart (Dom), 13, 18.
Ruricius, 61.
Rusticus Elpidius, 79.
Rutebœuf, 269.

S

Sacy (M. de), 325.
Sadisme, 43 à 44.
Saint-Esprit (le), 94, 95, 112, 124 à 127, 147, 222, 224, 236 à 237.
— appellations diverses, 127, 153, 154.
— Âme du monde, 126.
— lumière, feu, 127, 158.
— baume, condiment, ferment, 237.
— (Culte du), 126.
— (Péché contre le), 126, 166.
— son rôle dans l'Incarnation, 280 à 283.
Saint-Gall (Abbaye de), 83 à 85, 97, 104, 105, 113, 122, 134, 151.
Saint-Sacrement (Office du), 246.
Salomon, 68, 205.
— (Trône de), 43.
Salve caput cruentatum, 214.
Salve dies, 211.
Salve festa dies, 77.
Salve mater Salvatoris, 238, 271.
Salve regina, 15, 123, 125, 221.
Salvete flores martyrum, 47 à 49.
Sanctorum meritis, 152, 153.
Sang (le), 44, 48.
Santeul, 208, 336.
Santeul (Claude), 336.
Sapho, 84.
Sarrasins (les), 268.
Saxons (les), 59.
Scots (les), 83.
Sedulius, 39, 62, 258.
Sénèque, 17.
Séquences irrégulières, 102, à 129.
— régulières, 152 à 153.
— gréco-latines, 122, 123.
Sequentia contra Turcas, 269.
Séquentiaires (les), 13, 103 à 129.
Sères (les), 68.
Serlon, 292.
Sersaon, 61.
Sibylles (les), 291 à 292, 301.
Sicambres (les), 59.

Sidoine Apollinaire, 59 à 62, 73.
Silvius Antonianus, 335, 339.
Sirmond (le P.), 23.
Six ailes des Chérubins (les) 172.
Smaragde, 14.
Sodome, 35.
Sodoma (De), 35.
Sodomie, 140, 176.
Soliloquium animae, 329.
Sophonie, 297.
Stabat mater, 16, 307 à 320.
— texte, 318.
— trad., 319.
Stace, 17.
Statu animae (De), 73.
Strada (F.), 335.
Stöcklins, V. Rotlach.
Sub tuum praesidium, 263.
Sully-Prud'homme, 16.
Symbolique (la), obscure et incohérente, 171, 198, 258.
Symbolique (le langage), 146.
Symboliques (Vers), 100.
Symbolisme, passim. V. Bestiaire, Lapidaire, Marie (la Vierge), Jésus-Christ, etc.
— planétaire des gemmes, 173.
Symphosius Coelius, 222.

T

Tacite, 15.
Tailhade (L.), 267.
Tantum ergo, 245.
Tatwine, 223.
Te Deum, 42, 113.
Te lucis ante terminum, 41.
Térence, 12, 67,68.
Terre bolaire, 187.
— sigillée, 187.
Terret me dies terroris, 298.
Tertullien, 18, 27, 31, 65.
Théa de Gaza, 44.
Théodoric, 79.
Théodosia (la Tyrienne), 44.
Théodule, 158.
Théodulphe, 13, 14, 47, 86 à 98.
Théophane, 278.
Théophraste, 181.
Thomas a Kempis, 103, 114, 212 à 213, 214, 325 à 331.
Thomas d'Aquin, 73, 144, 152, 243 à 249, 282.

Thomas de Celano, 287 à 301, 313.
Tibullo, 320.
Timée (lo), 126.
Trento (Concilo de), 335.
Trinité (la Sainte), figurée par toute la Nature : soleil, cime, sentier, pierre, fontaine, rosée, etc., 111 à 112.
Tristes erant Apostoli, 42.
Tropes, V. *Séquences*.
Turcs (les), 268 à 270.
Tutilo, 85.
Tympanon, 159.
Tyro Prosper, 78.

U

Ulrich de Wessobrun, 212.
Umbra noctis inclinatur, 224.
Urbain IV, 246.
Urbain VIII, 335.
Urbs beata Jerusalem, 195, 196.
Ursule (Ste), 159.

V

Valentine de Césarée, 44.
Vallis liliorum, 329.
Vandales (les), 61.

Veni creator, 91.
Veni redemptor gentium, 39.
Veni Sancte Spiritus, 153.
Verbo (le), 322.
Verbum supernum prodiens nec Patris, 241.
Veris grato tempore, 227.
Verlaine, 12, 321.
Vers français (Origine du), 152.
Vexilla regis, 75.
Victimae paschali, 119.
Vierge (la Sainte), V. *Marie*.
Vierges (les), 40.
— leurs plaisirs au Ciel, 115, 116.
— jouent et cohabitent avec l'Agneau, 115, 116.
— vêtues de lin et de pourpre, 116.
— jouent du tympanon, 159, 160.
Virgile, 13, 15, 21, 35, 86.
Villon, 83, 206 à 207.
Virginité (la), 89 à 91.

W

Walafrid Strabo, 95, 97 à 99.
Walburge (Ste), 158.
Wandalbert, 96, 166.
Warnefrid (Paul), V. *Paul Diacre*.
Willibrord (S.), 113, 114.
Wipo, 119, 120.

FIN

ACHEVÉ D'IMPRIMER

Le 20 Septembre 1892

Sur les Presses de Edmond Monnoyer

Au Mans (Sarthe)

www.ingramcontent.com/pod-product-compliance
Lightning Source LLC
Chambersburg PA
CBHW050421170426
43201CB00008B/495